情義與隙末

看清物重晚人

蔡登山——著

代序／照見歷史長流

歷史是條長河，蜿蜒漫流，既難見盡頭，亦不易溯源。而儘管其中的某一小段，亦支流旁出，本源難覓。因之治史者，要探河溯源，釐清真相，實非易事。又因為年遠代湮，檔案文獻多所散佚，加之人為有意的遮蔽、扭曲、竄改等等，都讓後人所見者離真相愈來愈遠。因此當有新材料出土，常會有新發現，有時雖是細微的事件，也會影響全局，甚至改變你對某人某事的既定印象。

我早年讀中文系，但卻偏重於文學人物、史事的觀照，在文學作品中去探討作者的心靈與人生閱歷，意圖達到「知人論世」。而後也因此去拍攝《作家身影》系列紀錄片，將史料與影像融於一爐。四年間完成魯迅、周作人、郁達夫、徐志摩、朱自清、老舍、冰心、沈從文、巴金、曹禺、蕭乾、張愛玲諸人之傳記影像，開探索作家心靈風氣之先。在拍攝的過程中做了許多田野調查，發現許多與書本所述不符之處。二〇〇五年我在做陳寅恪的紀錄片時，更發現他父親陳三立（散原老人），這位以「憑欄一片風雲氣，來作神州袖手人」為人傳頌的江西詩派領袖、同光體詩派之祭酒，他中進士的時間，一般的說法常認為是光緒十二年丙戌，但那是錯誤的。當年他確實是考中了，但復試時書法未合格，「未應殿試」，因此不能稱進士。陳三立書法取法黃山谷，參以北碑，堪稱名家，何以無法過關呢？蓋因到了晚清咸豐、同治、光緒時期，科舉考試宛如書法比賽，而且要求要「黑、方、光」的「館閣體」，陳三立是書法名家，是不屑寫這種字體的，就如同你要請臺靜農先生，寫這種字體也做不到一樣。於是他在給父執許振禕的信中說：「三立謬舉禮科，以楷法不中律，格於廷試，退而學書」，故三年後也就是光緒十五年再次赴京才補中己丑科進士。我因此到江西義寧（今修水）去尋訪陳寶箴、陳三立的陳家祖宅，學者劉經富先生指著陳家祖宅門口矗立的「進士礅」，上面刻有「光緒己丑主政陳三立」，鐵證如山。這時任何傳記文獻資料在此完全失色，不足為憑。這也是做史料者，不能僅靠書面文獻，有時更需參考地下之物，如王國維以殷墟出土文物來研究甲骨文，提倡以「地下之新材料」補「紙上之材料」，是為「二重證據法」。

歷史真相，常常見之於細微之處，而一般的歷史論著大都偏向於宏大的敘述，對於細節甚少去顧及，有些看似不重要的材料甚至被忽略了，須知這些材料有時影響甚大，可能會把你的整個論述推翻掉。因此我常常在這些細節上，下功夫，這或許和我做過數年的紀錄片有關，別人或許會用幾句旁白來帶過一些情節，但我常常要拍攝或找到資料影像來呈現，「一定要有畫面」是我做紀錄片堅持的一句話，而這換成我在寫文史方面的著作時就是要求證據在哪裡，你總不成隨意去推斷或臆測某些事情的發展，那和所謂稗雜者流的捕風捉影之說，又有何區別呢？

基於此，本書的寫作特別關注於一些細節，例如趙烈文的《能靜居日記》是研究太平天國的珍貴重要史料。但該日記長久以來一直躺在圖書館的故紙堆中乏人問津，後雖有影印本問世，但是因為趙氏字跡自由奔放，屬行草風格，宛如「天書」，讀者辨識不易。後來湖南嶽麓書社費數年之功，在二〇一三年七月推出標點排印本，終於讓我們得見南京城被攻破，李秀成被俘的種種情況。趙烈文忠於史實，無所隱諱，宛如一優秀的戰地記者般地忠實報導。再加上李秀成在囚籠中親筆所寫的《李秀成自述》手稿本，被曾國藩後人密藏將近百年，他的曾孫曾約農帶來臺灣才在一九六二年交與世界書局影印問世。而我們先前所看到的是曾國藩將李秀成的親筆供辭刪定並找人繕寫而後刊刻發行的「安慶本」。如今能以手稿本去比對刪去的部分，再證之當時趙烈文親見親聞所寫下的日記，將可「逼近」歷史的真相。

左宗棠曾經談起他與曾國藩的關係說：「弟與文正論交最早，彼此推誠許與，天下所共知，晚歲凶終隙末，亦天下所共見。」但在同治十一年（一八七二）二月曾國藩病逝南京後，左宗棠得知消息非常悲痛。不僅致賻四百金，並輓之云：「知人之明，謀國之忠，自愧不如元輔；同心若金，攻錯若石，相期毋負平生。」從此正如他信中所說的：「然文正逝後，待文正之子若弟及親友，無異文正之生存也。」筆者根據曾國藩的女兒曾紀芬的《崇德老人八十自訂年譜》和左宗棠在回覆上海機器製造局總辦李興銳的來信，來看左宗棠如何地照顧曾國藩的女婿聶緝槼（仲芳）的。而同時也發現曾國藩的兒子曾紀澤的日記中對小舅子聶仲芳有負面的評語，而後來影印出版的《曾惠敏公手寫日記》，卻找不到此段記載。據查光緒七年秋最早出版的《曾侯日記》是有記載的，後來因為聶仲芳也混出名堂來了，曾紀澤於是把這天的日記重寫，不留下任何塗抹之跡。由此可見日記也可以刪改的，例如《翁同龢日記》手稿本也有過挖補的痕跡。

翁同龢與張蔭桓兩人的關係始密終疏，跟康有為有極大的關係。過去史學界總認為，光緒召見、任用康有為是出於翁同龢的密薦。康有為對外宣稱翁同龢推薦他，這是康有為要藉著這位兩代帝師的極高聲望，來抬高自己，來不斷擴大其影響力，並掩蓋自己通過非常途徑被進用之內情。因此翁同龢「薦康」之說是不確的，實際保薦康有為的乃是張蔭桓。當戊戌變法前夕，張蔭桓最得光緒皇帝的寵眷，一生沉浮宦海的翁同龢開始退縮自保，主動疏遠張蔭桓、康有為，甚至不惜冒犯皇帝，最終翁同龢被開缺回籍。翁、張兩人在光緒皇帝面前此消彼長的態勢，在此時已昭然若揭了。但慈禧重新訓政，張蔭桓一夕之間成為階下囚，而且險遭問斬。雖暫時保住性命，流放新疆，但兩年後還是魂斷絕域。翁同龢始終相信會再有還朝之日，但他始終沒有等到那一天，他抱著淒涼的心境，謝世了。這些變化都是其來有自的，所謂大風起於青萍之末，端看你如何去細細地審視這些細節的變化。

戊戌政變後，康有為逃亡海外之初，仍然不放棄派人暗殺慈禧之舉。甚至到光緒三十年（一九〇四）還派梁鐵君入京行刺，但由於康、梁年譜都語焉不詳，並未能道出真相。只有章士釗在一九六一年寫的〈吳道明案始末〉（案：吳道明為梁鐵君之化名）一文，有較詳細的談及此事，但關於此事梁鐵君是有信給康有為的，承蒙最近在拍賣中獲得此書信的香港收藏家吾友許禮平先生的應允，惠賭書信，我加以釋文（許先生並予與核對），並首次公布四封信的全文。再加之康有為文孫康保延家藏梁鐵君之遺札及學者孔祥吉所發現一封梁鐵君給康有為的信，筆者據這些信函重新梳理此段史實。舊時人物寫信都不記年月日，要從其信中內容去詳加考訂，明其時間及原由，才能甄別剪裁，置之該放的時間段落裡。而這些書信字跡信筆由之，揮灑自成一格，可謂龍飛鳳舞，如何辨識，如何才不至於魯魚亥豕，也都需要專業鑑識。然後又參照康有為的詩集、梁啟超的書信、康門弟子徐勤、伍莊等人的親見親聞，而詳其此事之顛末。包括梁鐵君案失敗後，康有為等人的反應及影響。

端方是金石文物收藏家，因此他會把別人給他的信札，好好珍藏，不會隨意毀棄的。可惜他在保路運動而被殺，他的藏札也因此而大量散佚。例如最為人所熟知的是光緒三十三年（一九〇七）四月十九日袁世凱致他的密札，因為是屬於絕對機密，袁世凱還在信中囑咐他閱後即當「付丙」（燒掉），就因為端方是藏家，自然不會將這珍貴文物燒掉，端方死後不知何時該密札流出市面，學者沈雲龍說：「此札可見奕、袁傾軋瞿、岑，布置之周密，設詞之工巧，手段之狠辣，無怪瞿、岑非其敵手，即明察如慈禧，亦墮其彀中矣！」。這是有關「丁未政潮」極其珍貴之史料，信中袁世凱的陰謀，和盤托出，遂成千古信讞矣。而如果沒有此信，則史家只能猜臆，對「丁未政潮」的內情將無從論斷矣。《匋齋（端方）存牘》是日人佐久間楨（一八八六—一九七九）一九三八年在北京購得之端方藏札五十三封，其內容涉及政治、社會、教育、收藏等等，史料價值極高。例如李鴻章嫡孫李國杰在光緒三十三年間寫信給端方，顯示兩人交情頗好的，沒料到光緒三十四年八月發生楊崇伊持鎗率眾，夜入吳韶生家逞兇之事。當時江蘇布政使瑞澂揭發楊崇伊在地方上種種胡作非為後，呈報江蘇巡撫陳啟泰和兩江總督端方，請予嚴辦。楊崇伊被「革職，又永不敘用」，又加上「嚴加管束」，終於病死。楊崇伊遺言要女婿李國杰替他報仇，因此當宣統元年十月，端方已升任直隸總督，在慈禧出殯之時因拍照驚擾隆裕皇太后，輿從橫衝神路，時任農工商部左丞的李國杰逮到機會馬上彈劾，而端方因此事被革職。

又光緒二十七年（一九〇一）三月端方接任湖北巡撫，而此時張之洞早已是湖廣總督了。光緒二十八年九月初五，兩江總督劉坤一在任病歿，朝廷要張之洞去接署兩江總督。而張之洞所遺的湖廣總督由端方暫署，端方身兼二職，等於升了官。但張之洞椅子都還沒有坐熱，上頭已經調雲貴總督魏光燾來接兩江總督，張之洞仍需回湖廣總督本任。聽說端方想盡辦法要把張之洞困在北京，讓自己有時間謀取真除湖廣總督，梁鼎芬是張之洞幕府的重要人物，但他和端方也有交情的，雖不為端方策劃，但端方的企圖，官場中必有人為之奔走，梁鼎芬牽涉在內，也不是不可能的。吳天任的《梁節庵先生年譜》對這種說法，持反對的態度，顯然有為傳主梁鼎芬諱之嫌。然根據曾任張之洞幕府的高友唐（繼宗）的《高高軒隨筆》記載，推測張之洞與梁鼎芬因為此事曾一度交惡應實有其事，但時間不長。事後，梁鼎芬反思張之洞提攜之恩，深感慚悔；而張之洞也存老輩風度，一經解釋，嫌疑頓消，友誼又恢復了。

同樣呂碧城和英斂之的關係也有足以探究的地方，呂碧城初到天津、生活無著，英斂之為她解決了住宿和工作的問題，而且還在《大公報》上連續發表呂碧城的詩詞和文章，「由是京、津間聞名來訪者踵相接，與督署諸幕僚詩詞唱和無虛日」。呂碧城欲辦女學，英斂之除在《大公報》上提供版面為之鼓吹，還介紹她與袁世凱的重要謀士梁士詒、直隸提學使傅增湘等人結識。可見正是英斂之的提攜揚揄，為呂碧城打通了進入天津文化界、教育界的道路。在此後一段時間內，呂碧城也一直對英斂之心存感念，兩人保持了較好的關係。而女學堂在籌辦期間，兩人竟漸生齟齬，隔閡日深。至一九〇八年九月，兩人從此絕交。根據學者方豪所編錄的《英斂之先生日記遺稿》不難找出其原因。

他如張謇若沒有遇上翁同龢，他就無法登上清光緒二十年（一八九四）甲午科狀元，當然也無法投身在南通興辦實業和教育，更不會有南通伶工學社——中國最早的一所培養京劇演員的新型學校的創立。也不會有更俗劇場的創辦與演出，當然也不會有「梅歐閣」——這為「紀念」梅蘭芳和歐陽予倩兩位的「藝術」而設的橫匾。同樣若不是一九一四年張謇決定在南通女子師範學校設繡工科，而請沈壽（雪君）來主持之緣起，也不會發生他與沈壽這位被稱為「針神」繡手的一段戀情。

總之，本書寫出晚清重要人物之間的情深義重或凶終隙末，而這些情況往往影響到整個大局。但要解讀這些人際交往的變化，實非易事，因為在史書的敘述中不會記載，容或有提到也是一語帶過。因此必須靠書信、日記等等史料才能窺出端倪。由於有這些新發現及新出土的材料，才會帶給你嶄新的視角，令原先的瓶頸或疑竇，頓時豁然開朗。當然要找到這些材料絕非易事，我跑遍了許多大型的圖書館，甚至查了拍賣圖錄，拜訪不少收藏家，才寫出這二十二篇文字，當然這只是晚清人物中的一小部分，還有漫漫長路要走，野人獻曝，先以此就正於方家。

目次

曾國藩何以速殺李秀成

清同治三年（一八六四）六月十六日曾國荃攻破太平天國據守的南京城，當時曾國藩和弟弟曾國荃的重要幕僚趙烈文隨以入城，親身目睹當時景況，趙烈文在《能靜居日記》寫道：「……又一人至，言地堡城地道已裝藥，各營隊俱齊隊，午未間發火，眾聞之復鼓舞。午時正刻，余在房內聞地道發隆隆如雷，趨至外，用遠鏡窺視，見城北煙霧塞空，蔽鍾山下半不見。約一飯頃，見城內龍廣山頂，皆官軍已登。少選，旗幟漫山而下，燦爛如撒星。又少選，山足下屋火起。又少選，城中火大起，偽天王府火驟發，衝入雲，則賊藏藥處燃也。時南門外官軍皆揚旗排立城上，賊亦揚旗拒之。又少選，通濟門一帶火起。又少選，南門軍皆渡濠從舊缺口登，城上賊遁。又少選，南門軍分二支，東西循城去。又少選，西門外賊壘火起。又少選，中關攔江磯賊壘火起，城定已破，眾歡聲如雷。」當時攻城陷陣的武器還相當笨拙，雙方採取挖地道的方式，湘軍自朝陽門至鐘阜門共開地道三十三處。而在前一天晚上湘軍信字營李臣典所挖地堡城下地道已告成，而李鴻章亦派兵前來相助，因此久攻不下的南京城終於攻破。

趙烈文描寫得歷歷如繪，接著又說：「中刻將盡，忽報中丞（按：曾國荃）回營，余偕眾賀。中丞衣短布衣，跣足，汗淚交下，止眾弗賀，出傳單示余，命作奏。始知居前鋒者為武明良、劉連捷、朱洪章。火發時城崩凡二十餘丈，磚石飛落如雨，各軍為石擊傷數十名。煙起蔽天，時東南風，吹煙過北，劉、朱為煙所蔽，不見缺口，武原派三隊接應，在稍後見之，躍馬先入，賊死拒，官軍一擁皆上，先踞龍廣山。朱洪章與伍維壽等與賊戰山下甚苦。劉連捷及張詩日等循城而北，逐殺守賊至神策門，適朱南桂、梁美材梯攻而入。武明良、蕭孚泗、蕭慶衍等循城而南，逐殺守賊至聚寶門，適陳湜、彭椿年從舊缺口登。陳湜之部焚西門營，水師焚中關營，城遂陷。」

又說：「……余恐事中變，勸中丞再出鎮壓，中丞時乏甚，聞言意頗忤。張目曰，君欲余何往？余曰缺口甚大，恐當親往堵禦，中丞搖首不答。至戌末，余見龍脖子至孝陵衛一帶放砲，知有竄賊。時城雖復，而首逆未就擒，悍黨李秀成、林紹章等咸不知下落，大事未為了當。……至四鼓時，城北來報，有馬賊二百餘，步賊千計，假冒官軍衣裝，並攜帶婦女從缺口衝出，守汛者昆字及湘後左右營精銳大半在城內未返，餘皆疲頓，不能阻之，僅殺數人。出城後由孝陵衛福字李泰山、節字蕭孚泗等營卡門出，亦莫能遏，其眾投句容路而去云云。報者不敢驚中丞臥，余以意度之，偽酋必在其中無疑。……」

趙烈文自同治二年五月起至同治三年六月十六日攻克南京城，這一年多的日記，對太平軍及湘軍有非常詳細真切的觀察，是研究太平天國的珍貴重要史料。名小說家高陽甚至說《能靜居日記》的史料價值高過於李慈銘的《越縵堂日記》、王闓運的《湘綺樓日記》、葉昌熾的《緣督廬日記》，而可方駕翁同龢的《翁文恭日記》。他說原因有四：「一是身經危難，見聞真切；二是交遊廣闊，尤其是與曾氏兄弟有極深的淵源，復為李鴻章部屬多年，對當時政治、軍事上的內幕，有極深的瞭解；三是態度客觀，見解高超；四是秉筆直書，毫無隱諱。」高陽認為《能靜居日記》既不像李慈銘日記原要人看，亦不像翁同龢日記惟恐人看，都不免矯飾隱諱；趙烈文的

「秉筆直書，毫無隱諱」最難能可貴而深符史學的要求。如上所引湘軍在攻克南京時，搶奪燒殺的劣跡暴行，較前任何戰役為甚。趙烈文在草擬咨文奏稿時雖然盡量替湘軍掩飾開脫，但在日記中仍然忠於史實，無所隱諱，他身為湘軍的幕僚這是非常難能可貴的。

南京城陷，忠王李秀成保護「小天王」洪福瑱從太平門突圍，經過血戰後，李秀成掉了隊，暫避於方山民家，六月十九日被奸人出賣被擒。曾國藩的門人薛福成在《庸盦筆記》中有詳述，略云：李秀成在方山，突遇樵者八人，李秀成要他們引導他至湖州，願以三萬金為酬。樵夫相與聚謀，以為不如執獻大營，且可獲重賞。其中有村民陶姓者，時有族人在太平門外李臣典營中，將往告之。道過鍾山，時提督蕭孚泗駐營鍾山，營中有伙夫素與陶姓相識，遂入少憩，語及獻俘事。孚泗自率親兵百餘，擒獲秀成歸，盡收其珍寶，將並殺陶姓以滅口。蕭孚泗並因此膺一等男爵之封。但趙烈文則有不同的說法，他說李秀成係方山民人陶大蘭縛送至蕭孚泗營內的。

《能靜居日記》六月二十日記載：「聞生擒偽忠王至，中丞親訊，置刀錐於前，欲細割之，或告余，余以此人內中所重，急趨至中丞處，耳語止之。中丞盛怒於座躍起，厲聲言：此土賊耳，安足留，豈欲獻俘耶！叱勇割其臂股皆流血，忠酋殊不動。少選，復縛偽王次兄福王洪仁達至，逆首之胞兄也。刑之如忠酋，亦閉口不一語。余見不可諫，遂退。少刻，中丞意忽悟，命收禁，延余入問當如何？且言此人緩誅亦可，吾恐有獻俘事將益朝廷驕也。余言獻俘與否不必自我發，但此係巨酋，既是先擒，理當請上裁決，譬如公部將擒之而擅殺之，可乎？不可乎？中丞無以應，因命備文咨曾中堂（按：曾國藩）。」是曾國荃想要凌遲李秀成，以消兩年來與太平軍苦戰的心頭之恨，而完全沒有考慮獻俘及錄供之事，還好是趙烈文提醒他，否則即行將李秀成殺之，屆時朝廷查問，則有口難辯矣。

此時曾國藩在安慶聞捷，立刻於六月二十三日奏報朝廷，言及處置李秀成辦法，奏稱：「應否檻送京師，抑或即在金陵正法。咨請定奪。……臣國藩拜摺後，即行馳赴金陵。李秀成、洪仁達應否獻俘，俟到金陵後察酌具奏。」。由此可見曾國藩此時尚無定見。二十五日亭午，曾國藩至南京，之後親訊李秀成數次，李秀成自六月二十七日至七月初六日在囚籠裡寫供，寫下了三萬六千一百字的親筆供辭（此簡稱《李秀成自述》手稿本）。但到了七月初六日供辭甫將書竟之時曾國藩卻將李秀成處死，何以不等朝廷的覆旨到，便以迅雷不及掩耳的手段，把李秀成草草殺了？曾國藩在七月七日的奏摺中提出他的理由：「日來在事文武，皆請將李秀成檻送京師，即洋人戈登、雅妥瑪等來賀者，亦以忠酋解京為快。臣竊以聖朝天威，滅此小醜，除僭號之洪秀全外，其餘皆可不必獻俘。陳玉成、石達開即有成例可援。且自來元惡解京，必須誘以甘言，許以不死。李秀成自知萬無可活，在途或不食而死，或竄奪而逃，翻恐逃顯戮而貽巨患。與臣弟國荃熟商，意見相同。輒於七月初六日將李秀成凌遲處死。」

而當朝廷接到曾國藩六月二十五日的奏摺之後，六月二十九日便發出諭旨：「其逆首李秀成、洪仁達等，均係內地亂民，不必獻俘，第該逆等罪惡貫盈，自應檻送京師，審明後盡法懲治，以泄神人之憤。著曾國藩遴派妥員，將李秀成、洪仁達押解來京，並咨明沿途督撫，飭地方文武多派兵役小心護送，毋稍大意。」但曾國藩聲稱於七月十日才接到此份諭旨，而此時李秀成已經死去四天，而洪仁達已死去六天了。

曾國藩於七月二十日再次上摺申奏：「李秀成權術要結，頗得民心。城破後，竄逸鄉間，鄉民憐而匿之，蕭孚泗生擒李逆之後，鄉民竟將親兵王三清捉去，殺而投諸水中，若替李逆報私忿者。李秀成既入囚籠，次日又擒偽松王陳德風到營，一見李逆，即長跪請安。臣聞此二端，惡其民心之未去，黨羽之尚堅，即決計就地正法。厥後鞫訊累日，觀者極眾。營中文武各員，始則紛紛請解京師，繼則因李秀成言能收降江西湖州各股，又紛紛請貸其一死，留為雉媒，以招餘黨，臣則力主速殺，免致疏虞，以貽後患，遂於初六日正法……」

曾國藩前後兩次陳明殺李秀成的理由，粗看似乎十分充分，可是仔細體察，卻實在牽強。李秀成的地位雖然不能與洪秀全相比，然而他卻是後期支撐太平天國的擎天柱，於情於理，都應押送京師，由朝廷處治。曾國藩以石達開、陳玉成未被解送京師來為自己辯解，但他卻忽略了一個細節。石達開、陳玉成被擒之時，太平天國仍保持著相當的實力，長途跋涉，押解京師，稍有疏漏，必定前功盡棄。而李秀成被擒之時，太平天國已告滅亡，餘下的太平軍自顧尚且不暇，從南京至北京，已完全被清軍控制，李秀成逃脫或被劫，可能性均甚微。至於說因為李秀成深得人心，恐貽後患，儘可在檻送李秀成時，具摺奏明，請即正法，還怕朝廷不依嗎？那麼，殺李秀成於北京，和殺之於南京，又有多大的差別呢？曾國藩實無速殺李秀成的理由。箇中隱秘，著實令人費解。

曾國藩其實速殺李秀成是早有成算的，在六月二十六日，也就是他抵達南京親訊李秀成後的第二日，他給曾紀澤的信稱：「偽忠王曾親訊一次，擬在此殺之。」又《能靜居日記》七月二日：「晚至中堂處久譚，擬即將李秀成正法，不俟旨，以問余。余答言：『生擒已十餘日，眾目共睹，且經中堂錄供，當無人復疑，而此賊甚狡，不宜使入都。』與中堂意同。」又七月初四曾國藩致弟澄甫書稱：「偽忠王訊供為畢，擬即在此正法，不必解京，用陳玉成、石達開之例。」可見曾國藩心意已決，不擬「察酌具奏」，甚至把援陳玉成、石達開之例的理由都想好了。我們再看《能靜居日記》七月四日：「傍晚入，與中堂、中丞久談。中堂具奏初七發洪秀全已伏冥誅之事，及李秀成先行正法各情。」在七月四日時早已把七月七日要上的奏摺都擬好了，可見曾國藩的精心佈局與巧思。

《能靜居日記》七月六日：「中堂甚憐惜之。昨日親問一次，有乞恩之意，中堂答以聽旨，連日正踟躕此事，俟定見後再相覆。今日遣李眉生告以國法難逭，不能開脫。李曰：『中堂厚德，銘刻不忘，今世已誤，來生願圖報』云云。傍晚赴市，復作絕命詞十句，無韻而俚鄙可笑，付監刑龐省三，敘其盡忠之意，遂就誅。中堂令免凌遲，其首傳示各省，而棺殮其軀，亦幸矣。」七月初五日曾國藩曾又親問李秀成一次，並告訴李秀成「聽旨」而辦，其實是在誆騙李秀成，他其實正在等李秀成趕快把親筆自供寫完，馬上要將其問斬。「連日正踟躕此事」才是曾國藩的真心話。因為曾國藩推算上諭應該在初六、七日將到，屆時如果清廷堅令其將李秀成檻送京師時，那一切佈局將歸泡影，不如在上諭未到之前，來個先斬後奏。

太平天國史專家謝興堯在《太平天國史事論叢》中認為曾國藩實際上在初六日已經接到諭旨，為求脫卸責任，故意將奉旨日期改至初十日。這是根據曾國藩在七月二十日的另一段覆奏：「初十日始奉將二酋解京之旨。扣算日期，臣處應於初六日接到批旨；乃驛站由安慶轉遞江寧，致遲四日之久。臣查軍機處封面及兵部火票皆注明『遞至江寧』字樣，不知驛站何處錯誤？應即行文挨站查辦！」而推斷的。學者陶英惠認為謝興堯是冤枉了曾國藩，根據《能靜居日記》七月初八日記載：「下午，得悉恩旨，中堂封一等侯，中丞一等伯，官相（按：官文）、李撫（按：李鴻章）亦一等伯，餘尚未至。緣此信係富帥（按：富明阿）咨到廷寄，結銜如此，本處尚未奉到也。入內賀喜。余笑言：『此後當稱中堂，抑稱侯爺？』中堂笑云：『君勿稱猴子可矣。』大噱而出。少選，中丞歸。復詣賀。」又七月十日：「見頒到恩旨：中堂加太子太保，中丞太子少保，俱雙眼花翎。」由此兩段日記觀之，得知封賞的消息是在七月八日，而收到正式諭旨是在七月十日無誤。謝興堯的說法顯係不正確的，曾國藩並無更改收到諭旨的日期。

曾國藩之殺李秀成事先並沒有得到清廷的同意，曾氏兄弟為了某些私下的顧忌，擅自處決了李秀成。曾國藩為了平息當時外界各種不利於己的謠諑，將李秀成的親筆供辭刪定並找人繕寫。《曾文正公日記》七月初七日謂：「將李秀成之供，分作八九人繕寫，共寫一百三十葉，每葉二百一十六字，裝成一本，點句畫段，並用紅紙簽分段落，封送軍機處備查。」，此稱為《李秀成自述》「摺進本」。同時在七月十一日，也就是李秀成被殺後的第五日，曾國藩以「摺進本」寄往安慶，著其子曾紀澤立即刊刻發行，此稱為《李秀成自述》「安慶本」。李鴻章在同年八月十七日在蘇州已得見「安慶本」。它與「摺進本」是否全同，抑又有所刪改，學者楊家駱認為以「摺進本」至今尚未在故宮檔案中發現，因此無從懸揣。但「安慶本」有曾國藩的批記曰：「以上皆李秀成在囚籠中親筆所寫，自六月二十七日至七月初六日，每日約寫七千字。其別字改之，其諛頌楚軍者刪之，閒言重複者刪之，其宛轉求生乞貸一命，請招降江西、湖北各賊以贖罪，言招降事宜有十要，言洪逆敗亡有十誤，亦均刪之，其餘雖文理不通，事實不符，概不刪改，以存其真。兩江總督曾批記。」曾國藩雖然把李秀成的手稿本請人謄寫後又刪改並刊刻了，但仍難杜眾人悠悠之口，各種謠言和揣測仍然不脛而走，人們並不相信他所刪去的僅僅是這些，而認為一定有某些不利於曾國藩及其所統湘軍的重要供證，被刪去了。於是陸陸續續出現了多達二十種不同的《李秀成自述》版本，其中亂刪妄增，任意竄改之處則更多。當年清史研究專家孟森（一八六八～一九三八）就曾經表示過：希望曾國藩後人「善彰世德」，把《李秀成自述》手稿本真跡公諸於世。但曾氏的後人並沒有接受此建議，而這份《李秀成自述》手稿本就轉入家府富厚堂藏書樓密藏，後來它被帶至臺灣，在曾國藩逝世九十週年的一九六二年，其曾孫曾約農才把這冊珍藏將近百年的手稿本拿出來，交與世界書局影印問世。

比對手稿本和「摺進本」（因「摺進本」未能得見，暫依「安慶本」為之），發現原本手稿本談到洪秀全之死說：「此時大概三月將尾，四月將初之候，斯時我在東門城上，天王斯時已病甚重，四月二十一日而故。此人之病，不食藥方，任病任好，不好亦不服藥也。是以四月二十一日而亡。」而曾國藩「摺進本」則改為：「此時大約四月將尾，我在東門城上，見九帥之兵處虎地道近城，天王焦急，日日煩躁，即於四月二十七日服毒而亡。」何以要如此刪改呢？因為曾國藩為了報功，在同治三年六月二十三日上奏清廷卻說洪秀全在「官軍猛攻時，服毒而死」。等到看到李秀成供辭手稿，發現與先前的說法矛盾，經此改動，洪秀全的死不是由於生病，而是曾國荃日日攻城逼迫而死。改動之意不言自明。（但據幼天王及干王洪仁玕被俘後的供辭，都說洪秀全全是病死的。《能靜居日記》五月初六日也記載：「聞探報稟稱，逆首洪秀全已於四月廿八日病死。」）

至於李秀成被俘之事，手稿本說：「這幫百姓密藏於我，那幫百姓得我寶物，民家見利而爭，因此我藏不住，是以被兩國（個）奸民獲拿，解送前來。」曾國藩把「是以被兩國奸民」七字勾去，「獲拿」兩字倒調，先改為「遂被曾帥官兵拿獲」，後又改為「遂被曾帥追兵拿獲」。因為若讓清廷得知是方山百姓縛送的，則「擒獲敵首」的功勞不會落到曾國荃和蕭孚泗身上，相反的，蕭孚泗還殺害縛送的百姓是要獲罪的。曾國藩這麼一改，把曾國荃和蕭孚泗兩人的渾身罪惡，洗刷得一乾二淨。蕭孚泗更由掠財縱敵，殘害百姓的罪人，一躍而為擒獲「逆酋」的大功臣，後來還被封為一等男爵。

還有，李秀成寫自己保衛幼天王從缺口突圍事，手稿本是這樣寫：「是日將夜，尋思無計，……不得以，初更之候，捨死領頭衝鋒」，「自向帶幼主在後而來，衝由九帥放倒城牆（缺口）而出，君臣捨命衝出關來。」初更（十九時至二十時之間）也就是天剛黑，就被衝出，這顯示出湘軍防守不力是要受處分的。因此曾國藩的奏稿向清廷揑報說，官兵苦戰到「見星」才收隊，「結為圓陣，站立龍廣山」，「分守要隘」，以防太平軍的衝突，而伏兵卻一直深入進攻天王府，到三更（約在二十三時）還沒收隊。那時李秀成傳令放火燒天王府和各王府，到四更（第二天凌晨一時）就從太平門缺口衝出。對於《李秀成自述》手稿，曾國藩只能用墨筆把「初」更改為「四」更。（可惜，字雖改，原來的「初」字仍依稀可辨。）曾國藩耍了個小聰明，改動一字就把被處分之責推得乾乾淨淨。

另外李秀成身為主將與清軍作戰之事，他是瞭若指掌的。趙烈文日記也說，李秀成敘太平天國「自咸豐四、五年後均甚詳」。可是稿本中凡敘述太平軍與湘軍的主要戰役均略而不詳。以「安慶本」又刪去手稿本中曾國藩在祁門的記載為例，可以相信，曾國藩是刪去了太平軍與湘軍作戰的重要部分。曾國藩在歷次奏報中，多有誇飾，常與事實不符。一旦李秀成被押送至京，必將一一為其所戳穿。也是這一原因，使他以李秀成「不宜使入都」為由，殺以滅口。

另外南京城破後，曾國荃縱兵劫掠，入城的湘軍將城內金銀衣物搜刮淨盡，根據《能靜居日記》六月十六日記載：「酉戌間，望城中火光燭天。回想吾里及蘇省陷時，景象不異，生世不幸，逢此多艱，既以干戈將定為喜，復以昆岡一炬為悲，五中紛亂，惝恍無主。傍晚聞各軍入城後，貪掠奪，頗亂伍。余又見中軍各勇留營者皆去搜刮，甚至各棚廝役皆去，擔負相屬於道。」根據《能靜居日記》的記載，六月十七日，太平軍和湘軍都在城中放火，太平軍占比十分之三，湘軍反而占比十分之七，數座偽王府和大片民居均付之一炬。六月十九日，湘軍都在搜曳婦女，搶奪兒童，搜刮財物。六月二十一日，湘軍將士在城中掘地三尺，遍挖陵墓和地窖，搜尋金銀珠寶。六月二十三日，湘軍大開殺戒：「沿街死屍十之九皆老者，其幼孩未滿二三歲者亦斫戮以為戲，匍匐道上。婦女四十歲以下者，一人俱無，老者無不負傷，或十餘刀，數十刀，哀號之聲達於四遠，其亂如此，可為髮指。」「又蕭孚泗在偽天王府取出金銀不貲，即縱火燒屋以滅跡。」

曾國藩在公、私文牘中，卻盡量為乃弟隱瞞，如六月二十五日致郭意城書：「此次攻克逆巢，舍弟號令嚴明，將士人人用命，盡洗向來搶奪財物子女之習。」參之《能靜居日記》所述景況，曾文正公實在睜眼說瞎話。然後曾國藩在奏稿中又將焚城之罪，全部推到李秀成身上，「偽忠王傳令群賊，將天王府及各偽王府，同時舉火焚燒。偽宮殿火藥沖霄，煙焰滿城」。而這也被趙烈文的日記「賊所焚十之三，兵所焚十之七」的說法打臉了。誰敢保證李秀成一旦其被押至京師，他不把曾國荃及其湘軍在天京的劫掠情形和盤托出？僅憑這一點，曾氏兄弟就無論如何不能押解李秀成去北京了。

曾國藩為何急於在極短的時間內要將刪改過的《李秀成自述》刊刻印行呢？其原因是他想要通過李秀成的自述來為自己進行證明。雖然他已堂而皇之地找出諸多理由來為擅殺李秀成進行辯解，但他心裡明白，僅此並不能使朝廷上下信服，因為僧格林沁已派親信富明阿至江寧，來尋查李秀成一事。《能靜居日記》七月二十一日記載：「富將軍前日來此，托言來此查看旗城，其實僧王有信令其訪查忠酋真偽及城內各事……逢人輒論偽忠王是否的確云云。幸此人留之半月，經中堂親詢口供，眾難偽造，又夷人及各路來人見之者甚多，然猶眾議如此，若本日戮之，則剖心視眾，無以明之矣。」這是趙烈文在六月二十日所以諫阻曾國荃立殺李秀成，要使眾目共睹而且要錄下口供，否則會百口莫辯的原因。趙烈文的先見之明，可說是幫了曾氏兄弟一個大忙！

因此對於李秀成的《自述》，多有不利於曾國藩兄弟及湘軍的地方，曾國藩不得不擅自更改。正如史學大師陳寅恪所說的那樣：曾國藩不肯把它（《李秀成自述》手稿）公佈，必有不可告人之隱。而由於李秀成對曾國藩和湘軍的潛在威脅，曾國藩必須速殺李秀成，甚至不惜違抗朝廷意旨。

又在一九七七年十二月十六日曾國藩的曾外孫女、北京大學俞大縝教授特地寫了一封信給研究太平天國的羅爾綱先生。根據羅爾綱所述，俞大縝教授說，一九四六年秋，她路過南京，探望她母親曾廣珊（曾國藩孫女）。有一天，她母親和家中幾個人在臥室內聊天，從她母親出生地的清朝兩江總督衙門，談到天王府，談到了李秀成。後來她母親又親口對她說，李秀成勸文正公當皇帝，文正公不敢。又說：「她母親是虔誠的基督徒，是決不說謊話的。」

學者潘旭瀾在《太平雜說》一書中，對於俞大縝的說法，認為是可信的。他說：「聯繫供辭全文、李秀成性格、當時處境、國內外環境，李秀成寫這供辭，決不是只是保存太平軍史實，為自己留個自傳。他的最高期望值是，曾國藩真的擁兵稱帝，那麼他可能就有機可乘，在曾與清政府你死我活鬥爭之際，重整太平軍，三家爭天下。倘不能重整太平軍，漢人曾國藩做皇帝，也比滿族要好得多。在他看來，曾國藩敢作皇帝的話，成功的可能性比較大。如果曾國藩被清廷鎮壓下去，太平軍也有伺機再起繼續反清的可能。倘若不能策動曾國藩稱帝反清，那麼答應太平軍放下武器就不殺遣還，免得太平軍殘部繼續受追擊、屠殺，免得老百姓再受戰爭之殃，也好。他想到這些，是十分正常的。否則，就不會被曾國藩等人一提起就說他『悍滑』、『狡悍異常』了。

證據呢？一是曾要刪掉一部分供辭，並將真跡藏起來；二是曾不敢送他進北京就擅自匆忙將他殺了；三是俞大縝的證詞。這三條證據，是很難推翻的。」

又趙烈文的日記中記載咸豐十一年（一八六一）秋，趙烈文從上海乘英國輪船溯江前赴九江，與其同行者有一狂妄的廣東士人曾耀光，於舟泊南京附近時竟「投賊巢」而去，同時卻又將名片託趙烈文轉交曾國藩，說是「日後尚擬到營」。一個多月後，趙烈文在拜會曾國藩時提及此人，曾國藩告訴他：此人五六日前已到此，「以其語悖謬殺之矣」。（《能靜居日記》，咸豐十一年七月初五、八月二十九）這位曾耀光在太平天國的天京究竟有過什麼樣的活動我們已不得而知，但至少太平天國方面沒有殺害他，更沒有阻止他前往曾國藩湘軍的大營。學者眭達明認為而他死在曾國藩手上，並不是因為私通太平軍的嫌犯身份，而是在曾國藩面前所說的話語十分「悖謬」。眭達明認為「合理的解釋可能是：曾耀光要麼遊說曾國藩與太平軍聯合起來，共同對付清政府；要麼鼓動曾國藩起兵造反，自立為帝。如果有別的解釋，曾耀光就不會招致殺身之禍。不是到了不殺曾耀光不足以洗脫自己的程度，對這位曾氏兄弟，曾國藩應該不會如此斷然地痛下殺手。」曾國藩的速殺李秀成應該與李秀成要他稱帝有關，這也是原因之一。

空留高詠滿江山——也談王闓運與曾國藩

王闓運（一八三二—一九一六）字壬秋又字壬父，號湘綺，湖南湘潭人。當他去世後，他的同鄉吳熙曾輓之曰：「文章不能與氣數相爭，時際末流，大名高壽皆為累；人物總看輕宋唐以下，學成別派，霸才雄筆固無倫。」道盡了這位近代大儒與奇士一生的寫照。王闓運少時天資魯鈍，因得良師激勵，發憤苦學，學業猛進。十五歲明訓詁，十九歲補諸生，二十四歲撰《儀禮講》十二篇，二十八歲通《春秋》，張公羊、申何休，一變乾嘉諸老之古文學家言，開現代今文學之先河。因此錢基博曾讚之曰：「方民國之肇造也，一時言文章老宿者，首推湘潭王闓運云！」。

在晚清之際，一般學者，承乾嘉以來之餘風，重考證，略論辯，不講修詞。而王闓運卻認為做文必須講究修詞，他說：「文章者，聖之所托，禮之所寄；史賴之以信後世，人賴之以為語言；詞不修則意不達；意不達則藝文廢。」而修詞必須追古：「文不取裁於古，則亡法！文而學摹乎古，則亡意！」大抵前清一代，學駢仗者，像汪容甫一流人物，皆主張四六文體。王闓運崛起，能夠不受風氣的影響，有魏晉的遺風。盧冀野則認為王闓運做文章推源於《詩》、《禮》、《春秋》，而糝以莊、列、賈、董。所以他的文章，有庾信的精彩，而能夠去其糟粕，很像魏晉時代人的作品。汪國垣的《光宣詩壇點將錄》把托塔天王晁蓋比他；正因為他能夠開一代之風氣。

咸豐七年（一八五七）湖南補行壬子（咸豐二年）、乙卯（咸豐五年）兩科鄉試，王闓運中第五名舉人，湖南督學張金鏞閱其卷，驚為「此奇才也，他日必以文雄天下」，並當面勉之曰：「湖嶽英靈，鬱久必發，其在子乎」。但王闓運「科運」不佳，咸豐九年（一八五九）赴京師應禮部會試卻落第，他不想回故鄉，僦居北京法源寺與一般名士交往，當時他的同窗好友龍汝霖在肅順家教書，李壽蓉在戶部作主事，為肅順賞識，龍、李二人以肅順延攬人才，便把王闓運介紹給肅順。當時肅順權勢熏天，遇事敢作敢為，易招人怨。好友嚴正基勸王闓運要小心，王闓運大懼，於是託故去山東雲遊，總計在肅順幕府不過半年時光。不料咸豐皇帝突然崩殂，慈禧太后垂簾聽政，肅順遭伏誅。

錢基博在《現代中國文學史》中有記載王闓運與肅順的關係，云：「應禮部試，入都。肅順柄政，待為上賓。一日，為草封事，文宗歎賞，問屬草者為誰。肅順對曰：『湖南舉人王闓運。』上問何不令仕，曰：『此人非衣貂不肯仕。』上曰：『可以賞貂。』故事，翰林得衣貂。時闓運在公車，意不欲他途進也。既，文宗崩，孝欽皇后驟用事，誅肅順。而闓運方客山東，得肅順書招之，將入都，聞肅順誅，臨河而止，有〈人日寄南昌高心夔伯足詩〉曰：『當時意氣各無倫，顧我曾為丞相賓。俄羅酒味猶在口，幾回夢哭春華新。』即詠肅順也，不勝華屋山丘之感。」王闓運從此宦途偃蹇，於是更加放誕不羈，目無餘子，自是更無人敢為保薦，以致侘傺一生。

錢基博又云：「後數十年，闓運老矣，而主講船山書院時，一夜朗誦此詩，說肅順故事，曰：『人詆逆臣，我自府主。』淚涔涔下。某歲走京師，託言計偕，而實未與試，陰以賣文所獲數千金，恤肅順之家云。闓運詼諧善謔，獨於朋友死生之際，風義不苟如此。」「人詆逆臣，我自府主！」意思是說，人說肅順是逆臣，但對我而言，則為恩主，可見其深情矣。而錢氏說其入京而沒有入場應試，是不正確的。王闓運是同治十年（一八七一）入京會試的，可是卻名落孫山。他在北京住了五個月，到七月將南返時，才去找肅順的兩個兒子，七月六、八日的《湘綺樓日記》有云：「至二龍坑劈柴胡同，見豫庭二兒，一曰徵善，出繼故鄭王端華；一曰承善，年十八，甚英發。」、「園亭荒蕪，竹樹猶茂，臺傾池平，為之悵然。」是年王闓運正四十歲，回想十三年前盛事，自不能無感，但日記中沒有提及以金錢資助肅順之子，恐怕有所不便吧。

王闓運晚年自題對聯一副：「《春秋》表未成，幸有佳兒述詩禮；縱橫計不就，空留高詠滿江山。」可見其一生醉心於「帝王學」。所謂「帝王學」，據傳記作家唐浩明的解釋：「其中最重要的內容有帝王如何駕馭臣下，權臣如何挾帝王以令群僚，野心家如何窺伺方向，選擇有利時機，網羅親信，籠絡人心，從帝王手中奪取最高權力，自己做九五之尊。」帝王學的關鍵在於「借權」。試想，一介書生孤懸於世，究竟能夠有多大能耐？若非附草依木，假手於人，則大志難伸。但要實行帝王之術，需要找合適的人。這合適的人選，必須是有相當政治能力以及政治勢力的人，王闓運當時相中的是曾國藩。

據學者楊立明、王園園的《曾國藩家書中的成功密碼》書中說：「據王闓運晚年的弟子楊度後來追述，當時王氏『擊劍學縱橫，遊說諸侯割據，東南帶甲為連橫』。說的是王闓運曾遊說曾國藩、胡林翼與太平軍『連橫』反清。王、楊師徒交情甚密，且當時王尚健在，故其說宜有據。計算他向曾國藩進言的時間，當在一八五五年（按：咸豐五年）冬王闓運到武昌曾軍探望時。但曾國藩把王闓運看作狂放不羈的文士，雖詩歌唱酬，優禮甚至，而於其意見，殊少採納，也是事實。」據學者柯秉芳從王代功編的《湘綺府君年譜》推斷，自咸豐四年（一八五四）至十年（一八六〇）之間，王闓運曾經多次向曾國藩獻議計策。咸豐四年（一八五四），王闓運向曾國藩提出「力言行軍」之見，未果。咸豐六年（一八五六），曾上書曾國藩提出：「撤團防、廢捐輸、清理田賦，以蘇民困而清盜源。」未被採納。咸豐八年（一八五八），獻議：「公行軍久疲，屢勝兵驕，克城留軍不足以為聲援，不留軍則後路空虛，且虞阻塞，取敗之道也。」咸豐十年（一八六〇），曾國藩授兩江總督之命，進駐祁門，並言即日渡江，以固吳會之人心。王闓運以為：「安慶去江寧、蘇州，均近於祁門，豈人心以遠而固乎？宜從淮揚進規常鎮，使公弟國荃攻安慶，左宗棠出浙江，與皖相響應，乃得形便。若不得已，亦宜駐徽州，以固寧國之守。」然曾國藩念已上奏，若遽圖改，恐動軍心，故未採納。

當時三湘才俊，或率師干，或參戎幕，幾無不被曾國藩所網羅，王闓運咸豐十年此行當然有攀附之意。除了獻計外，兩人秘密晤談，談了些什麼內容，如今已成千古之謎。王闓運的《湘綺樓日記》起始於同治八年（一八六九），因此之前的事蹟無記載。但從曾國藩咸豐十年（一八六〇）六月十日到八月十八日這七十天的日記中，他們兩人有過十四次久談，其中七月十六日一則：「傍夕與王壬秋久談，夜不成寐。」若只是尋常的聊天，曾國藩何至於通宵失眠？王闓運後來有〈發祁門雜詩二十二首，寄曾總督國藩，兼呈同行諸君子〉中的第一首：「已作三年客，秋登萬里臺。異鄉驚落葉，斜日過空槐。霧失旌旗斂，煙昏鼓吹開。獨慚攜短劍，真為看山來。」詩人陳衍（石遺）在《石遺室詩話》中說：「〈祁門〉五言律二十首之一最工，……首二句將少陵『萬里悲秋常作客，百年多病獨登臺』調換言之耳；攜短劍而作客三年，亦濡滯矣，而託言為看山來，末韻不可謂不冷雋。」陳石遺是以詩人眼光而讚此二語殊冷雋，而不知此中固大有事在，王闓運獻計不成，「行不得也」，只能以看山自我解嘲了。於是他帶著曾國藩送給他的程儀，回湘潭雲湖橋看他的老母妻兒去了。

咸豐十一年（一八六一）七月十七日咸豐皇帝在熱河行宮駕崩，六歲的獨子載淳即位，在有些人看來，幼主即位、人心未定、天下很可能出現大亂，曾國藩剛好可取而代之。於是他們借著克復安慶的機會要盛筵相賀，曾國藩以皇帝崩駕而不許，只准每人各賀一聯。湘軍儒將李次青（元度）第一個撰聯，據曾國藩幕僚署名楚狂的《投筆漫談》記載：「次青首擬聯成，有：『將相無種，帝王有真』語，為文正毀斥，次青大不懌。嗣後文正每勉次青戒慎，而次清從此亦多蹭蹬。」後來曾國藩病逝，李次青有詩哭之：「記入元戎幕，吳西又皖東。追隨憂患日，生死笑談中。末路時多故，前期我負公。雷霆與雨露，一例是春風」，是李次青於此時已曉然於「先生之風，山高水長」者矣！

其實三湘間也曾盛傳胡林翼等，有勸曾國藩「自為」之意。曾國藩生日時，胡林翼曾贈聯曰：「用霹靂手段；顯菩薩心腸」，上款書「滌翁壽」三字，下款書「潤之胡林翼」五字。據《投筆漫談》記載：「昨胡公來謁公，親送此聯，公極為激賞。胡臨行，遺一小紙條於案次，公方去送胡，余偶趨視，則赫然『東南半壁無主，我公其有意乎！』十二字。余驚駭，即退離室，俄而公入室，當必看到此紙條。……」

至於左宗棠的勸進，根據筆記小說的記載，則是通過題寫對聯的方式。在樊燮案結束後，左宗棠〈題神鼎山〉聯語曰：「神所憑依，將在德矣；鼎之輕重，似可問焉。」據後來收藏此聯者的題跋云：「……一日，左氏忽專差封此對聯稿致胡（林翼）轉曾（國藩），請同為刪改。胡啟視，見對句『似可問焉』四字，當然已知來意，因一字不易，加封轉曾。曾閱後，僅將下句『似』字改為『未』字，又原遞還胡。……」胡林翼知道曾國藩的良苦用心，提筆在曾修改的對聯旁批了八個字：「一似一未，我何詞費。」當然這聯稿並沒有再送還左宗棠，否則胡林翼必不肯批此八字，以觸發左宗棠之羞怒；再則如左宗棠看到曾胡二公如此批法，必「仰天長嘆」而拍案撕毀無疑，則此妙聯妙批當無存於世間了。左宗棠此聯，暗示曾國藩可以放手一搏。而曾國藩將「似」改為「未」後，則變為否定之意，表示自己既沒有此心，也沒有此力。

同治三年（一八六四）六月曾國荃攻破南京，曾國藩更是經歷了一次險象環生的「逼進」。某日晚上，曾國藩審完李秀成諸犯畢入臥室休息，室外傳來巨大的喧鬧聲。約三十名湘軍將領集於前廳，要求曾國藩接見。曾國藩知道這是弟弟曾國荃搞的鬼。曾國荃知道自己勸哥哥稱帝，一定會被罵得狗血淋頭，於是慫恿同樣有著不滿情緒的將士出面。曾國藩問身邊的人：「九帥（曾國荃）來了沒有？」屬下答道：「沒有。」曾國藩於是徐起凝立，凜如天人，指巡弁曰：請九帥！過了一會兒曾國荃扶病應命到來，曾國藩從臥室出來，背手而立，指眾坐。眾見曾國藩嚴肅至極，迥異平時，仰視之不敢，遑論坐！良久，曾國藩忽呼左右取來大紅箋紙，揮筆寫下「倚天照海花無數，流水高山心自知」一聯，寫完此聯將筆一擲，一語不發，（按：「倚天照海」直是胸中並無此事，至「心自知」三字，則說盡此世無人能測度我之心懷意態，有自負意，亦有自嘆知音難得之意。）眾屏息惶悚有頃，曾國荃慢慢趨前就案前視所書，眾始敢趨視，有的呆若木雞，有的長嘆一聲，有的細味而頻頻點頭者，亦有熱淚盈眶者！曾國荃始似忿然，繼亦凜然，終乃皇然說：「大家不要再講什麼了，這件事今後千萬不可再提，有任何枝節，我一人擔當好了。」於是眾始惘惘然散去。

對於曾國藩「不敢」自立為帝，學者潘旭瀾在《太平雜說》一書中有著詳細地分析：「首先是，太平軍的殘部加上與之合作的捻軍還有幾十萬之眾，徹底打敗並消滅之，絕不是輕而易舉的事。後來事實證明，果然如此。倘若接受李秀成建議，讓他去收羅太平軍殘部，結果很可能上當，造成太平軍死灰復燃，從而形成湘軍、清廷、太平軍三方面爭奪天下的局面。清廷方面，僧格林沁所部的王牌軍有相當強的戰鬥力，如湘軍與之對壘，在水師無用武之地的北方，要戰而勝之，也需費時費力。再從南方漢人大員來說，李鴻章雖然曾經是他的學生和幕僚，但隨著淮軍的日益強大，李對他表面上執弟子之禮甚恭，但內心卻日益不順從，一旦形勢複雜化，到底李會效忠清廷或擁立他這個老師，就很難預料。那個江西巡撫沈葆楨，在一八六二年就與他因爭軍餉而公開衝突，而且這個林則徐的外甥兼女婿，必然會秉承林的遺志，從全局出發反對他作皇帝。有了沈葆楨帶頭，別的一些督撫倒向哪一邊就很難說了。更可怕的是，如果他在湘軍控制的地盤稱帝，造成群雄逐鹿的四分五裂的局面，列強尤其是英、法、俄乘機介入中國的內戰，不平等條約、割地、賠款都是不言而喻的，中國被瓜分也並非危言聳聽。連李秀成在供辭中都提醒他，在太平軍失敗後，『防鬼反為先』（鬼，指洋鬼子，侵略中國的列強軍隊）。」因此一向能將個人及家族命運與「天下安危」聯繫起來，以行事穩當著稱的曾國藩面對如此險峻的環境，他必然非常清醒地推測未來。他不能讓自己背上大奸似忠、千古罪人的惡名；也不能讓他的子孫後代陷於萬劫不復之中。我們從他後來「裁湘留淮」的策略可知，他希望通過裁撤湘軍以消除清廷的疑忌，通過保留不敏感的淮軍，藉以自重，以避免日後朝廷中當權滿族官僚對他的過多壓制。

而此時，王闓運也蠟屐重來，他先前對曾國荃主張曾國藩於收復金陵，掃蕩洪楊餘黨之日，應自立局面，推翻滿清，以江淮為根據地，揮師北指，提搗幽燕。當時曾國荃頗表心許，約他金陵收復，當再重作計議。但無人有此膽量敢向曾國藩作此獻議。於是王闓運又以客人身份，慨然請見曾國藩，款款陳詞。相傳王闓運希望曾國藩取清以自代，進言道：「與其出死力替別人爭天下，何不自己來創業垂統？」嚇得曾國藩不敢答話。據《投筆漫談》記載：「……王壬秋來閱公，語刺刺不休，公惟唯唯。而以指蘸杯中茶汁，頗有所點畫。適公因他事少離座，王竊起視，則所畫者，皆『荒謬』二字……」。曾國藩的離座，或許是有意的。大概曾國藩以王闓運書生狂縱，避之若浼，因此以這種半幽默態度，逼王闓運收科，王闓運只好知難而去。直到曾國藩去世，王闓運在日記中還說：「念曾侯魂歸故山，真如大夢，惜其賫志有不敢行者，可惋也。」

同治十一年（一八七二）二月曾國藩病逝南京，王闓運輓以聯曰：「平生以霍子孟、張叔大自期，異代不同功，勘定只傳方面略；經術在紀河間、阮儀徵而上，致身何太早，龍蛇遺恨禮堂書。」輓聯意思皮裡陽秋，諷刺曾國藩無相業，無著述，立功立言不成。曾國藩不曾入值軍機處（相當於未登相位），沒有留下專著（按：老規矩，奏摺、日記、書信不能算數），乃是他人生的兩大遺憾，均被王闓運信手拈出，是往事固仍在心頭。

光緒元年（一八七五），曾國藩長子曾紀澤出面，力邀「文翰頗翩翩」的王闓運主修《湘軍志》。王闓運不僅才名頗盛，而且與許多湘軍將領多有交往且關係很深，由此自然成了撰寫《湘軍志》的最佳人選。光緒二年（一八七六），王闓運回到長沙，花費兩年時間，寫下了洋洋灑灑十一萬字的《湘軍志》。在撰寫過程中，王闓運深感修史之難：「不同時，失實；同時，循情；才學識皆窮，僅紀其跡耳。」但他秉性使然，力求做到既真實，又不循情。為此，他除親身所經歷及走訪調查外，還設法借閱了軍機處的大量檔案，仔細閱讀了曾國藩的日記，還並請人製作了地圖，在此基礎上據實秉筆直書。在論及曾國藩用兵得失：「曾國藩以懼教士，以慎行軍，用將則勝，自將則敗。」一直陳得失，無所諱言。但令曾國荃最惱火的是，金陵決戰明明是他戎馬生涯中最大的亮點，王闓運卻輕描淡寫，把太平軍視為烏合之眾，使其軍功大為減色。曾國荃的門人怒於市而色於室，責罵王闓運不肯與人為善，專揭九帥的瘡疤，專尋九帥的晦氣，專跟九帥過不去。由此，湘軍將領一致認為王闓運寫的《湘軍志》是「謗書」，而王闓運則堅定己說，於寄給黎庶昌的信說：「曾公事業，在《湘軍志》者，殊炳炳麟麟，而沅浦以為謗書。竟承特採，曷勝感激。三不朽之業，著一豪俗見不得，節下蟬翼軒冕，一意立言，真人豪也。」頗以著《湘軍志》自豪。但「殺人成性」的曾國荃對此更是暴跳如雷，揚言要「宰」了王闓運，並安排其幕僚王定安另起爐灶，重作一部《湘軍記》，試圖挽回影響。王闓運不勝其煩，不堪其擾，終於妥協，將《湘軍志》的雕版和部分成書交給郭嵩燾，任其毀棄。可是王闓運的蜀中弟子不畏強權，硬是將這部書刻印出來，使它廣為流播，巋存於世間。

而曾國藩的大紅箋紙寫的「倚天照海花無數，流水高山心自知」一聯，據香港朱氏說他曾祖父因為跟隨曾國藩司文墨兼管卷檔，因此得以收藏。據朱氏稱：「民國四年，先祖特攜文正聯謁湘綺老人，縷述世守經過，求為跋識數語，以垂信來者。湘綺驚嘆曰：有是乎？滌丈襟懷，今日以前，我只知一半，今而後，乃全知。吾老矣，微君相示，幾不知文正之所以為文正，更不知左老三（按：左宗棠）之所以為左老三。老人沉思有頃，即欣然命筆，為此書聯畢，曰：吾不敢著墨文正聯上，以重污文正。另書此，紀文正之大，且以志吾過！」是王闓運至此時才幡然悔悟，而寫下：「花鳥總知春浩蕩；江山為助意縱橫。」因為此時王闓運已經歷了清亡、袁世凱復辟敗亡等重大的歷史事變，才對曾國藩當初不自立為帝的看法有了改變。

王闓運晚歲作自輓聯，道是：「《春秋》表僅成，正賴佳兒學詩禮；縱橫志不就，空留高詠滿江山！」好一個「空」字，暗含了內心偌大的沮喪和諸多的無奈。

左宗棠照顧曾國藩後人

光緒八年（一八八二）左宗棠在回覆上海機器製造局總辦李興銳的來信中說到：「……弟與文正論交最早，彼此推誠許與，天下所共知，晚歲凶終隙末，亦天下所共見，然文正逝後，待文正之子若弟及親友，無異文正之生存也。……」信中的文正，指的是曾國藩。左宗棠當年能稍露頭角，乃出於曾國藩與胡林翼之力薦。但左宗棠則自負才望遠過此二人，不肯承認他們曾引薦過自己。他對於同時人物均有夷然不屑之概，他給郭嵩燾弟弟崑燾的信就有我和曾國藩、胡林翼相提並論，我還不太高興，若李鴻章者，更不及我遠甚，其人何足齒者也。

曾、左兩人交惡，相傳始於太平天國覆亡之時，清廷三番兩次要追查洪秀全之子「小天王」洪福瑱的下落，為的是要斬草除根，永絕後患。當時曾國藩的弟弟曾國荃率領湘軍攻入南京城後，向曾國藩邀功時表示洪福瑱已經死於亂軍當中，曾國藩信以為真並以此上報朝廷：「城破後洪福瑱積薪自焚」。此時左宗棠在江西，他得到很確切的消息，洪福瑱沒有死於湘軍攻城，而是逃出南京城來到江西廣德。左宗棠得知此一消息後，並沒有告知曾國藩，他直接向朝廷上了一道奏摺：「偽幼主洪福瑱於六月二十一日由東垻逃至廣德」。曾國藩乃認為左宗棠有意和他過不去，於是上疏抗辯，左宗棠也毫不客氣，再上疏爭論其事，而且辭氣激昂。到了同年十一月，朝廷接到江西巡撫沈葆楨的奏報，「小天王」為湘軍將領江西按察使席寶田所擒，已在南京「正法」了。此一奏報，簡直打了曾國藩重重的一記耳光，兩人從此交惡。

當然這不過只是導火線而已，曾、左交惡有其兩人個性上的差異，黃濬（秋岳）在《花隨人聖庵摭憶》一書就說：「予頗疑曾文正為一極深沉有心術之人，性毗陰柔，實師黃老。而左文襄（按：左宗棠去世後的諡號）則為陽剛，好大言出奇計之人，但龘豪耳。兩人賦性，絕不同，故不易訢合。」近人對曾、左也有一比喻，兩人同讀蘇東坡〈留侯論〉，曾國藩剪取「天下有大勇者，卒然臨之而不驚，無故加之而不怒」三句，且真算切切實實做到了；左宗棠則截取「拔劍而起，挺身而鬥」兩句，也剛剛做到了，然而兩人性格卻高下立判。

對於兩人交情晚疏，黃秋岳提到王闓運（湘綺）曾奔走調停，在《湘綺樓日記》有云：「季高（按：左宗棠）方踞百尺樓，余何從攀談。」又云：「夜過滌丈（按：曾國藩），談家事，及修好左季丈事，滌有恨於季，重視季也。季名望遠不及滌，唯當優容之，故余為季言甚力，正所以為滌也。」但兩人終至還是無法調停，甚至彼此不通書信。曾國藩的門人薛福成就說：「左文襄公自同治甲子與曾文正公絕交以後，彼此不通音問。」

在早年胡林翼嘗寫信給曾國藩云：「季高謀人忠，用情摯而專一，其性情偏激處，如朝有諍臣，室有烈婦，平時當小拂意，臨危難乃知可靠。」而又有致左宗棠書云：「滌公之德，吳楚一人，名太高，望大切，則異日之怨謗，亦且不測，公其善為保全，毋使蒙千秋之誣也。」是胡林翼也看出曾、左兩人的交誼，未來將會有所乖離。可惜的是胡林翼早在咸豐十一年（一八六一）就去世了，否則以胡林翼的輩份及善於調解的能力，或許可使他們言歸於好。左宗棠在祭胡林翼文云：「我剛而褊，公通而介」，又說：「自公云亡，無與為善，孰拯我窮，孰救我褊？」左宗棠這一生，確實只有胡林翼能救其弊，再無他人。

同治十一年（一八七二）二月曾國藩病逝南京，左宗棠得知消息後非常悲痛。在寫給兒子孝威的信就說：「曾侯之喪，吾甚悲之，不但時局可慮，且交遊情誼，亦難恝然也。已致賻四百金，並輓之云：『知人之明，謀國之忠，自愧不如元輔；同心若金，攻錯若石，相期毋負平生。』蓋紀實也。見何小宋代懇恩卹一疏，於侯心事頗道得著，闡發不遺餘力，知劼剛亦能言父實際，可謂無忝矣。君臣朋友之間，居心宜直，用情宜厚。從前彼此爭論，每拜疏後，即錄稿諮送，可謂鉏去陵谷，絕無城府。至茲感傷不暇，乃負氣耶？『知人之明，謀國之忠』兩語，久見奏章，非始毀今譽。兒當知吾心也。」他並要兒子孝威能去弔喪：「過湘干時，爾宜赴弔，以敬父執；牲醴肴饌，自不可少；更能作誄哀之，申吾不盡之意，尤是道理。」同時也表明他和曾國藩有所爭執，全是為了「國勢兵略」，絕非「爭權競勢」，對於「纖儒妄生揣疑之詞，何值一哂耶！」。這信寫得感人肺腑，可謂字字皆由心窩迸出，真乃一生一死，交情乃見。

也因此左宗棠在曾國藩死後，對於其弟及子女，甚至女婿都極為照顧。光緒二年（一八七六）左宗棠西征時，聽說曾國荃以河道總督調任山西巡撫，他便立即上奏清廷云：「曾國荃與臣素相契洽勇，於任事，本所深知，合應仰懇天恩，飭速赴晉撫新任，冀於時務有裨。」其提攜之情，可見一斑。光緒三年曾國藩的次子曾紀鴻因家人病重無錢治病，寧願向左宗棠和曾國藩共同的老部下、遠在新疆的劉錦棠借錢，而不向左宗棠開口，親疏之別，顯然可見。左宗棠得知後大為感慨，於是送給了曾家三百兩銀子，並且在給兒子的信中說：「吾與文正交誼，非同泛常。所爭者國家公事，而彼此性情相與，固無絲毫芥蒂，豈以死生而異乎？以中興元老之子，而不免飢困，可以見文正之清節足為後世法矣。」

曾國藩一生帶過數十萬兵、用過數百名將領、推薦過十數位督撫封疆大吏，並以「識人之明」見稱。但在擇婿方面卻屢屢看走眼！因此他生前自嘆「坦運」不佳（「坦運」一詞，乃左宗棠所創，謂曾國藩對諸婿皆不甚許可）。曾國藩長女曾紀靜嫁的是曾國藩翰林院的同事、好友袁芳瑛之子袁秉楨。袁秉楨放蕩兇暴，結果使得曾紀靜在三十歲就去世了。次女曾紀耀嫁的是陳源兗之子陳遠濟，他幼時很聰明，令曾國藩非常滿意，誰知道長大後變得平庸無為，缺乏上進心，導致曾紀耀一直鬱鬱寡歡。曾國藩三女曾紀琛嫁的是羅澤南之子羅允吉。羅允吉是個花花公子，不務正業，曾紀琛一年到頭常在娘家避難。曾國藩四女曾紀純嫁的是晚清重臣郭嵩燾之子郭剛基。曾國藩與郭嵩燾交情甚密，郭剛基品學兼優，但可惜體弱多病，在二十一歲就病死了，曾紀純只得帶著兩個兒子辛酸度日。

也因此曾國藩對小女兒曾紀芬的婚事十分慎重，直到十八歲時才許配給了聶爾康之子聶緝椝（仲芳）。聶爾康是咸豐三年（一八五三）癸丑科庶吉士，散館改知縣，歷任廣東增城、新會知縣，高州府知府，與曾國藩的關係也很平常。聶仲芳也不出色，科舉數次落第，終身只是一個監生。曾紀芬與聶仲芳締婚於同治八年（一八六九），後來因為曾國藩及聶仲芳的父親先後去世，婚期延至光緒元年（一八七五）始舉行，當時曾紀芬已經是二十四歲高齡，這在清代已是十足的「晚婚」了。

聶仲芳雖成為曾家的女婿，但曾家似乎沒有大力與予提攜。光緒四年（一八七八）曾紀澤被清政府任命為駐英、駐法公使，他以妹婿陳遠濟為二等參贊官，當他陛見兩宮太后時，他對慈禧太后說：「陳遠濟係臣妹婿，臣敢援古人內舉不避親之例，帶之出洋。緣事任較重，非臣親信朋友素日深知底蘊者，不敢將就派之。」又極力稱讚陳遠濟「操守廉潔，甚有父風」。而此時聶仲芳也請求跟隨大舅子曾紀澤一起出洋見見世面，豈料卻遭到曾紀澤的一番教訓，陳遠濟、聶仲芳同為曾紀澤的妹婿，但待遇卻迥然有別，何以故呢？曾紀澤在九月十五日日記中云：「午飯後，寫一函答妹婿聶仲芳，阻其出洋之請。同為妹婿，挈松生（遠濟之字）而阻仲芳，將來必招怨恨。然數萬里遠行，又非余之私事，勢不能徇親戚之情面，苟且遷就也。松生德器學識，朋友中實罕其匹，同行必使於使事有益。仲芳年輕，而紈袴習氣太重，除應酬外，乃無一長，又性根無定，喜怒無常，何可攜以自累？是以毅然辭之。」日記中對於聶仲芳這位妹婿大有微詞，認其為紈袴子弟，又太年輕。其時聶仲芳二十四歲，而陳遠濟也不過三十歲，僅差六歲而已。

光緒七年六月，聶仲芳跟他的姐夫陳展堂往南京走找工作。同年十一月，因聶仲芳一再函促，曾紀芬攜兒女往南京團聚，路經武漢，其時李鴻章之兄李瀚章為湖廣總督，「曾李一家」，聶仲芳乃囑曾紀芬經過武昌時，憑著世誼（按：曾國藩和李鴻章之父愚荃是同年之誼）去拜候李瀚章的母親，當然談及景況不好的話，第二日，李瀚章就送乾修（按：不用上班而領薪水）每月五十兩，在湖北督銷局掛個空銜。這樣，他們一家才能在南京安居下來。

光緒八年春，時任兩江總督的左宗棠，又安置聶仲芳在營務處，月支津貼八元。而後因用度不繼，曾紀芬又向左宗棠的兒媳提起，於是同年又委任聶仲芳為上海製造局會辦。曾紀芬在《崇德老人八十自訂年譜》有云：「來寧就差，亦既兩年，僅恃湖北督銷局五十金，用度不繼，遂略向左文襄之兒媳言之，非中丞公（按：聶仲芳後官至巡撫，巡撫雅稱中丞）所願也。是年始奉委上海製造局會辦。進見之日，同坐者數輩，皆得委當時所謂闊差而退。文襄送客，而獨留中丞公小坐，謂之曰：『君今日得無不快意耶？若輩皆為貧而仕；惟君可任大事，勉自為之也。』故中丞公一生感激文襄知遇最深。」

當時上海製造局總辦為李興銳，他原本對聶仲芳本無成見，但因見曾紀澤日記批評過聶仲芳，而認為聶仲芳只不過是個未曾做過事的紈袴子弟，為製造局著想，最好只送乾薪到南京給他，不必叫他到上海到差。李興銳於是上書給左宗棠，但左宗棠卻不答應，他回覆李興銳的信云：「來信具悉。聶仲芳非弟素識，其差赴上海局，由王若農及司道僉稱其人肯說直話，弟見其在此尚稱馴謹，故遂委之。又近來於造船購炮諸事，極意講求，機器一局，正可磨勵人才。仲芳尚有志西學，故令其入局學習，並非以此位置閒人，代謀薪水也。」而對於曾紀澤批評聶仲芳的話語，左宗棠自有他自己的看法，他說：「來書所陳曾侯舊論，弟固無所聞，劼剛（按：曾紀澤）聰明仁孝，與松生密而與仲芳疏，必自有說。惟弟於此，亦有不能釋然於懷者。曾文正自笑坦運不佳，於諸婿中少所許可，即栗諴（按：曾紀鴻）亦不甚得其歡心，其所許可者祇劼剛一人，而又頗憂其聰明太露，此必有所見而云然。然吾輩待其後昆，不敢以此稍形軒輊。」

對於曾紀鴻在北京時生活困頓的情況，當時身為軍機大臣的左宗棠曾給予種種的資助。光緒七年三月曾紀鴻因考不上進士，在北京鬱鬱謝世，年僅三十四歲。左宗棠在給李興銳的同信中說：「上年弟在京寓，目睹栗諴苦窘情狀，不覺慨然，為謀藥餌之資、殯殮衣冠、及還葬鄉里之費，亦未敢有所歧視也。劼剛在倫敦致書言謝，卻極拳拳，是於骨肉間不敢妄生愛憎厚薄之念，亦概可想。茲於仲芳，何獨不然？日記云云，是劼剛一時失檢，未可據為定評。《傳》曰：『思其人，尤愛其樹，君子用情，惟其厚焉。』以此言之，閣下之處仲芳，亦自有道。」

左宗棠又建議李興銳要如何提攜和照顧聶仲芳，他信中又說：「局員非官僚之比，局務非政事之比，仲芳能則進之；不能則稟撤之，其幸而無過也，容之；不幸而有過，則攻之、訐之，俾有感奮激厲之心，以生其歡忻鼓舞激勵震懼之念，庶仲芳有所成就，不至於棄為廢材，而閣下有以處仲芳，亦有以對曾文正矣。」自曾國藩死後，左宗棠惓惓故人之意，時時可見，而這深情就反映在對曾國藩後人的照拂之上。左宗棠一生從不因裙帶關係而為人謀職位，也從來不給別人寫推薦信。當年他在西北十多年，曾經有許多親友遠從湖南千里迢迢趕去投奔，希望能夠得到一份職務，謀個前程，卻都被他婉言拒絕了。此次卻打破慣例，只因為聶仲芳是曾國藩的女婿，他更不願看到故友的女兒曾紀芬因此受到生活上的煎熬。

至於曾紀澤的日記中對聶仲芳負面的評語，左宗棠認為「日記云云，是劼剛一時失檢，未可據為定評」。而吳沃堯（趼人）的《二十年目睹之怪現狀》第九十回〈差池臭味郎舅成仇・巴結功深葭莩复合〉也曾寫到曾紀澤與聶仲芳不和之事，有此一段云：「這蘇州撫台姓葉，號叫伯芬，本是赫赫侯門的一位郡馬。起先捐了個京職，在京里住過幾年，學了一身的京油子氣。他有一位大舅爺，是個京堂，倒是一位嚴正君子，每日做事，必寫日記。那日記當中，提到他那位葉妹夫，便說他年輕而紈袴習氣太重。除應酬外，乃一無所長，又性根未定，喜怒無常云云。伯芬的為人，也就可想而知了。」吳沃堯曾在上海製造局任事多年，他入局辦事那些時日中，聶仲芳曾經是他的上司，其間必然流傳許多故事，吳沃堯就拾取材料，寫入書中。他用的是隱射的手法，葉伯芬，乃指聶仲芳，葉、聶字音相近，伯對仲、芬對芳正是相稱的。聶仲芳後來也成為江蘇巡撫，恰合小說中的蘇州撫台。至於說聶仲芳「年輕而紈袴習氣太重。除應酬外，乃一無所長，又性根未定，喜怒無常」云云，是直接抄錄自曾紀澤的日記。

但關於曾紀澤光緒四年九月十五日的這段日記，據香港掌故大家高伯雨說僅見於最早的《曾侯日記》（光緒七年秋申報館仿聚珍版排印，尊聞閣主人編），而後來的《曾惠敏公日記》，（見《曾惠敏公遺集》，光緒十九年江南製造總局刊印），及曾紀澤的孫子曾約農在臺灣影印的《曾惠敏公手寫日記》，（見吳相湘主編之《中國史學叢書》第十三輯，臺灣學生書局一九六五年據手稿影印出版。）均找不到此段記載。高伯雨認為「曾紀澤一定後來因妹夫已漸『生性』，而且也出來替皇上辦事了，不好留下這些話給子孫，傷了兩家的感情，於是把這天的日記重寫，不留一些塗抹之跡。」由此可見日記也可以刪改的，例如《翁同龢日記》手稿本也有過挖補的痕跡。

而先前婉拒聶仲芳隨行的曾紀澤，在光緒八年忽然又打電報叫聶仲芳前往歐洲。曾紀芬的《自訂年譜》云：「初惠敏之出使也，中丞公本有意隨行，以陳氏姐婿在奏調之列，未便聯翩而往，不果。及本年春間來電調往，則以堂上年高，不聽遠離，余又方有身，不克同行，復不果。郭筠老曾為往復代酌此事，其手函尚在。」郭筠老就是郭嵩燾，是中國首位駐外使節，曾任駐英國、法國公使。他與曾國藩、左宗棠都是兒女親家。曾紀澤此次被任命為駐英、駐法公使就是接任郭嵩燾位置的。

曾紀芬又記錄光緒八年時任兩江總督的左宗棠約她見面的情形。原來十年前，擔任兩江總督之任的正是曾國藩，那時候曾紀芬尚待字閨中，隨父母一同住在這座府邸裡。曾紀芬說：「別此地正十年，撫今追昔，百感交集，故其後文襄雖屢次詢及，余終不願往」。左宗棠知悉其意後，特意打開總督府的正門，派人把曾紀芬請進去。曾紀芬在其《自訂年譜》中云：「肩輿直至三堂，下輿相見禮畢，文襄謂余曰：『文正是壬申生耶？』余曰：『辛未也。』文襄曰：『然則長吾一歲，宜以叔父視吾矣。』因令余周視署中，重尋十年前臥起之室，余敬諾之。」左宗棠與曾紀芬這段對話，非常精妙。曾國藩長左宗棠一歲，左宗棠固久知之，此處顯然是故意說錯曾國藩的生年，然後借機搭話，向曾紀芬表達關照的意願，做得自然而然、不露痕跡。然後左宗棠很暖心地陪著曾紀芬找到了當年她曾經住過的起居之室。可以想像當時曾紀芬的內心，會是何等的溫暖。都說官場人情淡薄，而左宗棠卻在曾國藩故去多年之後，把他心底最溫情的父輩之情給了曾紀芬。後來曾國荃到南京時，曾紀芬還回憶道：「嗣後忠襄公（按：曾國荃）至寧，文襄語及之曰：『滿小姐已認吾家為其外家矣。』湘俗謂小者曰滿，故以稱余也。」——也就是說，左宗棠認為自己家就是曾國藩小女曾紀芬的娘家了。

光緒十一年七月左宗棠死於福州，其時曾紀澤尚出使在外國，有一聯寄輓左宗棠云：

昔居南國，戲稱武侯，爵位埒前賢，評將略則更無遺恨；
慟哭西州，感懷謝傅，齒牙藉餘論，登薦章而忝冠群英。

而曾國荃也有輓左宗棠聯曰：

佐聖主東戡福建，西定回疆。天恩最重武鄉侯，前後愈三十年，實同是鞠躬盡瘁。
維賢臣生並湖湘，位兼將相。地下若逢曾太傅，縱橫已萬餘里，庶無負以人事君。

而幾十年後（一九四二年）聶仲芳的兒子聶其杰有〈仲芳公軼事〉一文，應該是得自於其母曾紀芬講述的，云：「先君初謁左文襄公於金陵，年方二十七歲。文襄問：『有名繼模，作〈誡子書〉者，是府上先代否？』先君答：『是先高。』文襄問：『尚能記憶其文否？』答曰：『能』。文襄曰：『我二十年前，於《皇清經世文編》中讀此文，甚為嘉歎，至今尚能成誦。』即對先君背誦其文數段。先君於其漏落處，為正其誤。文襄甚喜，曰：『數典不忘其祖，可嘉也。』即留飯，並命常進見，見必同飯。次年，蒙委任兩江營務處會辦，營務處即今之參謀處，為籌畫軍事之機關。自平定新疆歸來，數年間初無軍事，而文襄注重軍備不稍暇，設營務處於署內。每日數小時至處辦事，並在處午餐，總會辦皆陪食。其學問之博，謀略之遠，治事之勤，求才之切，皆有不可及者。文襄膳食，常有犬肉，一日以箸送犬肉至先君飯碗。先君伺隙潛置案上。文襄見之，即曰：『此名地羊肉，味甚美，何為不食？』先君對曰：『素戒食牛犬，不敢犯耳。』文襄笑而諾之。又明年，蒙委任上海製造局會辦。時廣西越南邊事已萌動，文襄命先君赴滬，日夜加緊造械。除夕前一日奉札即行，不許在家過年也。」

連舉人功名都沒有的聶仲芳有了左宗棠以及李鴻章等大老的提攜，一步一台階地往上升官，從江南機器製造會辦，不久升任總辦。果然不負期望，短短幾年的時間裡，就將原本虧空二十多萬兩銀子的製造局救活，而且盈利頗豐。光緒十六年（一八九〇）出任蘇松太道（上海道台）。在上海道台任上幹了四年，成績斐然。光緒十九年（一八九三），調任浙江按察使兼任杭州洋務總局督辦；光緒二十二年（一八九六）任江蘇布政使；光緒二十五年（一八九九）任江蘇巡撫；光緒二十六年（一九〇〇）任湖北巡撫；光緒二十八年（一九〇二）任安徽巡撫；光緒二十九年（一九〇三）任浙江巡撫。

聶仲芳受知左宗棠，畀任上海製造局，由是著聲，遂得置身通顯，揚歷封疆，至是極感知遇之恩。聶其杰的〈仲芳公軼事〉云：「先君仲芳公始以京秩蒙左文襄公知遇，歷加委任，後由製造局差洊升滬道，歷任蘇、皖、浙三省巡撫。」又云：「先君蒙左文襄公器重，歷加委任，幸得薪水以支家用。先母晚年談及昔時情況，猶有時淚隨聲下焉。」聶家感念左宗棠的提攜之情，由此可見。

翁同龢與張蔭桓之間

江蘇常熟翁氏家族，父子（翁心存、翁同龢）同為宰相，同為帝師；叔侄（翁同龢、翁曾源）聯魁，狀元及第；三子公卿，四世翰苑。這在中國縉紳中甚為罕見，可謂家門鼎盛了。家族中最著名人物當屬翁同龢。他是三考出身的，早歲便中了秀才，補廩後又考中舉人，殿試又中了狀元，少年便掇高科，甚為得意。同治四年（一八六五）奉派弘德殿行走，教小皇帝讀書，同時授讀的還有倭仁、徐桐、李鴻藻。光緒元年（一八七五）八月升戶部右侍郎，十二月奉派在毓慶宮授讀。光緒四年（一八七八），升左都御史，次年一月遷刑部尚書，四月調工部。自光緒五年起，他已是正卿，朝廷的重要大員了。光緒八年（一八八二），以工部尚書入值軍機處，雖未大拜，但已行使宰相之權，其時只五十三歲，尚稱早達。此後十七年間，他做過總理事務衙門大臣、戶部尚書，尤以戶部做得最久，自光緒十一年至二十四年罷職止。這十四年是他最得意的時期，因為身為帝師，光緒與他最為親近，未免言聽計從。光緒二十三年（一八九七），協辦大學士李鴻藻去世，由翁同龢補上，此時遂為名符其實的宰相了。可惜入相未一年，就被革職驅逐回籍，交地方官嚴加管束。

不同於翁同龢狀元出身的玉堂金馬人物，張蔭桓卻是捐班出身，起家於小吏。在清代最重科舉，沒有科舉功名者，在官場是備受歧視的。偏偏的是張蔭桓連個秀才都考不上，於是只能買個小官幹幹，但他靠的是異於常人的才幹，多次得到封疆大吏的保舉，以外職崛起，而位至卿貳。到清光緒末年，翁同龢的職銜是戶部尚書、軍機處行走、協辦大學士，張蔭桓的職銜是戶部左侍郎，翁張兩人均兼總理各國事務衙門事務，交情最好。

翁同龢與張蔭桓訂交於光緒十年（一八八四），其時張蔭桓方任安徽寧池太廣道，是年四月三十日翁同龢日記云：「晚張樵野（案：張蔭桓）來長談，此人有文采，熟海疆情形，其言切實，蓋雨生（案：丁日昌）得意人，余曾於雨生、若農（案：李文田）處識之。」丁日昌於洪楊後首任江蘇巡撫，與翁同龢為換帖兄弟。丁日昌好藏書，同治十年（一八七一）在方耀的資金幫助下築其府第丁公館，其藏書所初名「實事求是齋」，後改稱「持靜齋」，又稱「百蘭山館」。光緒四年丁日昌退休，基本上就把其十餘萬書藏在「持靜齋」，輯有《持靜齋書目》五卷。又有其學生林達泉編輯的《百蘭山館藏書目錄》；同樣是藏書大家的好友莫友芝代編的《持靜齋藏書紀要》，從這些目錄，大致可以窺見丁日昌藏書狀況。

張蔭桓既貴之後，以出身自慚，讀書之外，亦以收藏知名，以期與扢揚風雅的翁同龢、潘祖蔭、李鴻藻、盛昱接席。張蔭桓富收藏，精鑒別，是研究清初「四王」的專家。清初四王是指王時敏（遜之），王鑒（元照），王翬（石谷），王原祈（茂京），又稱江左四王。四人畫風接近，「四王」屬於正統畫派，同時也屬文人畫家，他們倡導南宗的繪畫風格，創造出了另一種新風格。將中國畫的筆墨水平發展到了前所未有的高度。《孽海花》小說第十九回寫張蔭桓的兒子張塏徵不惜用卑鄙手段去弄到一幅王石谷山水獻給老子。據說，張蔭桓喜歡王石谷的畫，收藏至一百件之多，故其書齋名曰「百石齋」。

而翁同龢非常得意的一件收獲，是清王翬《長江萬里圖》長卷，日記所載頗詳，光緒元年三月二十六日在廠肆見到，因索價千金未得；後賈人送來，越看越美，折回博古齋講價，除三百，不賣。一共四天，留在他手中欣賞，可是在取走的時候，店家說非四百不可。四月二十三日日記寫：「重見長江圖……目前一樂也！」他把預備買房子喬遷的錢換了王翬名作！翁同龢在此卷木匣蓋上題詩一首：「長江之圖疑有神，翁子得之忘其貧。典屋買畫今幾人，約不出門客莫嗔。」

光緒十一年六月，張蔭桓奉旨出使美國、西班牙和秘魯三國。光緒十六年閏二月初返國，再次出署總理衙門。自此與翁同龢的蹤跡漸密。張蔭桓好飲食，宴客肴饌，必精必潔，翁同龢以應張之招為一樂事。光緒十六年九月二十八日，翁同龢日記就說：「張樵野請吃洋菜，甚可口。又送電氣匣治臂病，試之。」翁所謂的「電氣匣」，恐怕就是張蔭桓從國外帶回的電動按摩器。

吳永（漁川）在光緒二十一年底，因李鴻章奉旨辦理日本商約事宜，他奉調充任文案委員。未幾，李鴻章出使俄國，對日商約談判改由張蔭桓接辦，吳永仍然留用。因此吳永曾從張蔭桓左右，相處逾年，他相當佩服張蔭桓的精強敏贍。他在《庚子西狩叢談》書中說：「（張蔭桓）在總署多年，尤練外勢。翁常熟（案：翁同龢）當國時，倚之直如左右手，凡事必諮而後行。每日手函往復，動至三五次。翁名輩遠在張上，而函中乃署稱吾兄，我兄，有時竟稱吾師，其推崇傾倒，殆已臻於極地。今張氏裒輯此項手札，多至數十巨冊，現尚有八冊存余處，其當時之親密可想。每至晚間，則以專足送一巨封來，凡是日經辦奏疏文牘，均在其內，必一一經其寓目審定，而後發布。」

翁同龢原是個守舊派，在未和張蔭桓深交之前，一點世界知識都沒有，一旦得聆聽張氏談論外國的風俗政教，其富國強兵之道，於是對於泰西的「新潮」也發生興趣，由興趣而有信心。而張蔭桓是個有野心的人，他雖然想向光緒皇帝說些心腹的話，到底他並非近臣，不敢隨便進言。

而翁同龢就不同，他是光緒皇帝的師傅，君臣之間的談話可以很隨便。所以張蔭桓一定要拉攏翁師傅才可以達成他的目標。

吳永又說：「張公好為押寶之戲，每晚間飯罷，則招集親知僚幕，圍坐合局，而自為囊主，置匣於案，聽人下注，人占一門，視其內之向背以為勝負。翁宅包封，往往以此時送達。有時寶匣已出，則以手勢令勿開，即就案角啟封檢閱。封中文件雜沓，多或至數十通，一家人秉燭侍其左，一人自右進濡筆，隨閱隨改，塗抹勾勒，有原稿數千字而僅存百餘字者，亦有添改至數十百字者，如疾風掃葉，頃刻都盡，亟推付左右曰：『開寶！開寶！』檢視各注，輸贏出入，仍一一親自核計，錙銖不爽。於適才處分如許大事，似毫不置之胸中。然次日常熟每有手函致謝，謂某事一言破的，某字點鐵成金，感佩之詞，淋漓滿紙，足見其倉猝塗竄，固大有精思偉識，足以決謀定計，絕非草草搪塞者，而當時眾目環視，但見其手揮目送，意到筆隨，毫不覺其有慘淡經營之跡，此真所謂舉重若輕，才大心細者，宜常熟之服膺不置也。」

此段文字寫翁同龢對張蔭桓如此傾佩及張蔭桓如此才大精敏，容或有過分渲染之處，但亦可見兩人關係之深。一九七七年台北故宮博物院影印出版了《松禪老人尺牘墨跡》，收錄有翁同龢致張蔭桓手札一百零三封，就是吳永所收藏的一部份。這些手札的寫作時間起自光緒二十年二月七日，迄於光緒二十四年五月六日，首尾相續，整整四年三個月。吳永有女兒吳芷青後來嫁給翁同龢的後人翁舲雨先生，吳永遂以此翁氏遺墨當作陪嫁的奩物，於是這批信札得以重歸常熟翁氏收藏。蔣復璁在《松禪老人尺牘墨跡》序言中說：「大陸板蕩，赤焰南侵，翁君乘桴東渡，執教於美國愛渥華大學，遺墨相隨有年，嘗謀出版而未果，不幸賚志以歿。去歲，其遺孀吳芷青女士返台，錢賓四先生以為此先賢手澤，不宜流落異域，遂亟為撮合，售歸本院。」這批珍貴的信札是如何到吳永手中的呢？世人多不知。其實在光緒二十四年八月，張蔭桓遣戍新疆途中經直隸境內時，吳永曾親往迎送。他在《庚子西狩叢談》書中說：「予時已奉補懷來缺，尚未到任，百計張羅，勉集五百金，趕至天津途次，為之贐別。相見慘惻，謂：『君此時亦正須用錢，安有餘力，乃尚顧念及我』。語咽已不復成聲。予欲勉出一言以相慰藉而竟不可得，惟有相對垂淚而已。」患難見真情，吳永除贈與張蔭桓五百金盤纏外，又為張蔭桓添置行裝，精心料理生活瑣事，持弟子禮甚恭。張蔭桓感激之餘，特將這些函札交給吳永保存，沒想到一年多後，張蔭桓斷首新疆，這些函札成為贈送給吳永的最後紀念物了。這是後話。

光緒二十一年十月六日，翁同龢日記有「張樵野長談，此人才調究勝於吾。」

光緒二十三年十二月十六日日記：「觀樵野和樊雲門詩，真絕才也。」但到了光緒二十三年膠澳事件中，張蔭桓先全力贊翁，從而叛翁。從翁同龢十二月初六日記觀之，翁同龢於軍事一竅不通，故有德占一岸，保留一岸，俾能開通商碼頭，使各國利益均沾，以杜另有需索的如意算盤。但張蔭桓應明此理，而事先竟不為解釋，足見態度已有變化，雖與翁同龢同辦一事，實則虛與委蛇而已。後來對德交涉，雖大致定局，但仍有若干細節需要磋商，而張蔭桓託病，不再與聞其事，僅由翁同龢指揮蔭昌，與德國公使翻譯福蘭格聯絡，往來傳話。如翁同龢之所謂「儀公卸責，我輩任咎」者，最後自朝臣中看，變成翁同龢獨任其咎。因之歷史小說家高陽（許晏駢）曾批評翁同龢：「有原則而不能堅持；既從權又不甚徹底，一己清名之一念，盤亙胸中而不能去，往往動輒得咎，兩面不討好，既誤己，又誤國，為翁同龢一生大病。」

光緒二十四年正月二十八日，翁同龢日記云：「本約午初訪赫德，因疾未往，以署開釐金單送敬公面交。敬公、樵野皆來晤，據赫云，商款無礙，樵亦未詣赫也。」這是指為償日賠款，廷議大借外債，一次償清，李鴻章主張借俄款，張蔭桓主張借英款，後來兩者都沒採納，改由赫德議借商款一千六百萬鎊，以鹽釐作抵之事。敬公指敬信，當時為戶部尚書。此處尤可注意者，是張蔭桓與敬信相偕，為背棄翁同龢的明顯跡象。因為張蔭桓在與李鴻章作成「交易」後，借赫德匯豐之款一事，已成定局，但張蔭桓雖亦為「堂官」，畢竟是「卿貳」，奏報如何與赫德定議時，不能沒有尚書；翁同龢已在局外，而張蔭桓又不能以局中內幕相告，同時以翁同龢當時的地位而言，成事不足，敗事有餘，是故張蔭桓挾戶部尚書敬信以「備用」。而借款條件有「一萬萬、四釐五息、八三扣、二釐五用錢」，其中八三扣即借款一億，實收八千三百萬。少收的一千七百萬，一部分貼還原借行，作為信用上擔風險的補償；一部分則所有經手人皆得分潤。這就是後來御史胡孚辰參劾張蔭桓受賄二百六十萬與翁同龢平分的由來，因為明的佣金二釐五，也不過二十五萬而已，何來二百六十萬呢？但此次「受賄」，張蔭桓、赫德以外，敬信亦必然有分，而翁同龢則確實是局外人。當年五月八日翁同龢日記云：「樵野來告，胡孚辰摺，仍斥得賄二百六十萬，與余平分。又云軍機見東朝，極嚴責當辦，先已傳拏，廖公力求始罷，余漫聽漫應之而已。」翁同龢沒吃著羊肉卻惹得一身騷，慈禧對此大為震怒，面諭左翼總兵英年查抄張蔭桓住宅。因得曾是張蔭桓在總理事務衙門的同事，現為步軍統領崇禮（受之）從中斡旋，乃免於抄家之禍。張蔭桓五月八日日記亦詳細記載此事，並說：「乘暇訪常熟（按：翁同龢），告以受之（按：崇禮）之說。常熟謂不類，但宜確查云，詞色間，甚為余焦急。」

最後由於缺乏佐證，終無法以借款事治罪張蔭桓。

又光緒二十四年春天北京政界還盛傳清廷批准俄國租借旅順、大連之約，李鴻章、張蔭桓都有收受俄國賄賂之事。關於此賄賂案，有一些學者表示不同意見：一、李鴻章沒有必要受賄。

二、所謂的賄款為李鴻章基金，不是給予其個人。三、除俄方的記錄之外，國內沒有任何信史證明李受賄。這事後來一個負責與李鴻章在俄京簽訂中俄密約的財政大臣維特（Witte）伯爵，在下臺後寫有回憶錄，一九二八年王光祈從德文節譯一部份名為《李鴻章遊俄紀事》，其中一章記俄國強租旅順、大連，這麼說：「現在余看見（中國）太后陛下不願讓步，而且如和平調解不能辦到，我們軍隊勢將上陸，倘遇抵抗之舉，必將（開戰）流血。至是余乃不能袖手旁觀，特電我們財部代表Pokotilow（原注：此君其後被任命駐華公使），請彼往訪李鴻章以及另一大臣張蔭桓。用余名義，勸告彼等盡力設法接受我們條件；而且事成余願送彼兩人重大禮物，對李贈送五十萬盧布，對張贈送二十五萬盧布云云。」而張蓉初譯《紅檔雜誌有關中國交涉史料選譯》書中，一八九八年（光緒二十四年）三月九日帝俄七等文官璞科第（Pokotilow）由北京致俄國財政大臣密碼云：「今天我得到代辦的同意，和李鴻章及張蔭桓作機密談話，允許他們：假使旅順口及大連灣問題，在我們指定期間辦妥，並不需要我方的非常措施時，當各酬他們銀五十萬兩。」對此學者孔祥吉查考清宮檔案，「曾檢獲不少臺諫官員的奏章，交相彈劾張蔭桓利用對英、俄交涉，貪贓受賄，徐桐甚至上書光緒帝，請將張氏立正刑典，以防禍起肘腋，是中方檔案之記載，亦與璞氏密電略同，更可證明俄人行賄確有其事。」

民國時期因具體操辦「李鴻章基金」的華俄道勝銀行倒閉清算，內中有部分華人存款無人認領（當時並未披露存款人真實姓名），小說家高陽以為很有可能即是李鴻章所受賄賂。如今華俄道勝銀行的清算案卷（原屬國民政府財政部管理），不知是否已經銷毀，或者還在天壤間，如能直接查對清算檔案，或者可解開這個謎底。

當戊戌變法前夕，張蔭桓最得光緒皇帝的寵眷，尤其是戊戌三月一個月中就有七次的召見。

以一舉劾倒禮部六堂官而名噪一時的王照就說：「是時德宗親信之臣，以蔭桓為第一」，甚至權在軍機大臣以上。而相對於翁同龢而言，卻在光緒二十四年四月初，為了索取康有為的著作，君臣間有過不愉快，翁同龢四月初七日記云：「上命臣索康有為所進書，令再寫一份遞進。臣對：與康不往來。上問：何也？對以此人居心叵測。曰：前此何以不說？對：臣近見其《孔子改制考》知之。」又初八日記云：「上又問康書，臣對如昨，上發怒詰責。臣對：傳總署令進，上不允，必欲臣詣張蔭桓傳知，臣曰：張某日日進見，何不面諭？上仍不允，退乃傳知張君，張正在園寓也。」翁同龢居然敢對皇上反唇相譏，言語間流露對皇帝頻繁召見張蔭桓的不快。學者馬忠文指出「四月初，朝局動盪，翁同龢、張蔭桓因內政外交危機受到中外官員的嚴厲參劾；特別是光緒帝受張蔭桓、康有為影響表現出的改革傾向引起慈禧不滿時，一生沉浮宦海的翁同龢開始退縮自保，主動疏遠張、康，甚至不惜冒犯皇帝，拒絕代呈康書。」這是光緒與翁同龢的矛盾已趨表面化了。

而四月二十四日翁同龢日記說：「上欲於宮內接見外使（按：此乃張蔭桓一手安排），臣以為不可，頗被詰責。又以張蔭桓被劾，疑臣與彼有隙，欲臣推重力保之。臣據理力陳，不敢阿附也，語特長，不悉記。」這是翁同龢被罷黜前與光緒的最後一次長談，學者孔祥吉認為「圍繞張蔭桓的問題，君臣之間展開了長時間的爭論，最後不歡而散，翁同龢的保守固執，使光緒皇帝十分失望。」

兩天後，光緒皇帝賞給李鴻章、張蔭桓「一等第三寶星」，胡思敬在《戊戌履霜錄》稱「前此所未有也」。而三天之後，四月二十七日光緒頒發硃諭說：「協辦大學士戶部尚書翁同龢，近來辦事都未允洽協，以致眾論不服，屢經有人參奏，且每與召對時，諮詢之事，任意可否，喜怒見於詞色，漸露攬權狂悖情狀，斷難勝樞機之任。本應查明究辦，予以重懲，姑念其在毓慶宮行走有年，不忍遽加嚴譴。翁同龢著即開缺回籍，以示保全。特諭。」。這意味著光緒皇帝在內政外交方面已經完全採納了張蔭桓的改革路線，同時光緒皇帝也已經不能容忍翁同龢對他的那些老掉牙的規勸。學者孔祥吉認為翁同龢開缺的原因錯綜複雜，「既有言官親貴的參奏，又有后黨人物對翁氏的排擠，但是，應該說起主導作用的還是光緒。當然，翁係帝黨要員，與慈禧亦不甚融洽，光緒要開缺他，是極易得到慈禧允諾的。然而長期以來卻廣為流傳著慈禧『強迫光緒下令罷黜翁同龢』的說法，顯然有悖史實。」

翁、張兩人在光緒皇帝面前此消彼長的態勢，在此時已昭然若揭了。晚清進士出身的金梁（息侯）在《四朝佚聞》中談及翁、張關係的演變，這麼說：「翁文恭以帝師而兼樞密……周旋帝后，同見寵信……甲午起……挈張為己助，翁不能無動，而康適求進，遂並薦之。不意張、康漸合，共邀特遇，翁之進退乃維谷矣。」而由於翁同龢對於新政採取消極的態度，終至被罷黜。而「維新之詔，聯翩而下」，幾有一日千里之勢。然而僅僅百天，卻風雲變化，戊戌政變慈禧重新訓政，張蔭桓在迅雷不及掩耳的狀況之下，被捕入獄，曾經位及卿貳，一夕之間成為階下囚，而且險遭問斬。雖暫時保住性命，流放新疆，但兩年後還是魂斷絕域。

反觀翁同龢出京之後，始終相信會再有還朝之日。他相信慈禧一定會對他的過去諒解，而可復召。但他始終沒有等到那一天，他抱著淒涼的心境，直到光緒三十年五月二十日謝世。他臨終口占一絕云：「六十年中事，淒涼到蓋棺。不將兩行淚，輕向汝曹彈」！可見其晚年內心的哀戚。

繁華畢竟歸搖落——也談張蔭桓

在晚清人物中，若以才識之卓越、仕途之坎坷、死事之壯烈而言，當推張蔭桓。他早年曾參加科舉考試，但連秀才都未考取，遂摒棄八股文，改究心於洋務。到了同治三年（一八六四），他以捐納的方式，奉派到山東聽候調遣，才總算踏上仕途，這時他已二十七歲了。他深為巡撫閻敬銘及藩司丁寶楨所器重，先後延其入幕，掌筦文牘，極為信任。張蔭桓雖非科第出身，但詩文書畫，無不擅長；又生於廣東海隅，感染到西潮的衝擊，曾與西人講求泰西政情及礮臺機器的技能，在當時而言，確是一位學貫中西，能開風氣之先的嶄新人物。同治八年，他以道員分發湖北候補，湖廣總督李瀚章對其並沒有重用，在他給荊山書院山長王柏心的信中說：「此間枹鼓不鳴，大可藏拙，雖復涉獵文史，而鹽車之質，牛蹄之涔，迄無是處也。」其不得意可知。

同治十一年，張蔭桓在丁寶楨的極力推薦下，到山東籌辦海防，這是他辦理洋務之始。光緒二年（一八七六），李鴻章因英國翻譯官馬嘉理在雲南騰越被戕案，出任為全權大臣，至煙台與英國公使威瑪辦理交涉，張蔭桓因助理交涉，獲得李鴻章的賞識，不久就以道員加按察使銜，署理登萊青道，大大重用了。光緒七年，他擢升至山東鹽運使，其後又簡放安徽徽寧池太廣道。在山東與安徽兩省政績極為卓越。光緒十年，中法越南戰爭爆發，清廷在急需延攬外交人才之際，張蔭桓再度以「才略瑰異，洞識世務」受到薦舉。被光緒皇帝召見，賞給三品卿銜，在總理各國事務衙門學習行走。這是張蔭桓致身中央行政機構參預外交之始，而且由外官內調，不久便又補授太常寺少卿，更是一種非常的「特擢」。時距他分發到湖北，業已十五年之久，雖說仕途一帆風順，卻也不無遲滯，並不如論者所說的那麼迅捷。

張蔭桓以外職崛起，既無門蔭，亦未及第，即使苟安保全，不露鋒芒，也難久安於位，何況他機鋒四露，驕縱攬權，於是在總理衙門僅三個月就被參而離開了。而內閣大學士徐致祥更極力反對他出任太常寺少卿，以「名器不可輕假」要求朝廷收回成命。在這種所謂「清議」的壓力下，張蔭桓被降調為直隸大順廣道。但不久他就受到李鴻章的奏薦，在光緒十一年六月奉旨以三四品京堂候補出使美國、西班牙和秘魯三國。他的日記中說：「先後兩蒙召見，訓誨周詳，復蒙皇太后諭：『爾向來辦事認真，能辦事人往往招忌。』跪聆感涕，雖捐糜頂踵，不足言報也。」光緒十六年，張蔭桓返抵國門，再次出署總理衙門。此後數年之間，他先後出任禮部侍郎、戶部侍郎，並兼管錢法與三庫事務，同時加賞尚書銜，一身兼負外交與財政重責。

光緒二十年甲午戰爭爆發，中國海軍敗潰，張蔭桓與湖南巡撫邵友濂赴日議和，由於國書上沒有「全權」字樣，為日人所拒，始由李鴻章以全權大臣於次年前往復議，其重要決策，仍時時諮商於張蔭桓，電文往來不絕。至於償日賠款，廷議大借外債，一次償清，李鴻章主張借俄款，張蔭桓主張借英款，兩人相持不下，而英俄亦競爭至烈，所附政治條件，均極苛刻。後來兩者都沒採納，改由赫德議借商款一千六百萬鎊，以鹽釐作抵，經張蔭桓直接奏准而定議，於是御史胡孚宸參劾張蔭桓受賄二百六十萬與翁同龢平分，慈禧大為震怒，下旨查辦，由於缺乏佐證，終無法以借款事治罪張蔭桓。此時已是光緒二十四年五月初六日，而翁同龢早在十天前被罷黜，命其開缺回籍。中國近代史上一件極關重要的大事——戊戌政變即將發生。

光緒二十四年八月初六日，慈禧重新「訓政」，清晨一支武裝騎兵，封鎖張蔭桓府第的東西巷口。當時張蔭桓尚在家中，看到這幅情景，正納悶著查封的原因。忽聽得一陣吶喊傳入耳中，才恍然醒悟官兵正在搜捕康有為。心中雖有不安，仍到部上班。初七日，張蔭桓隨班上朝，太后下令廖壽恒擬拿辦康有為諭旨。廖壽恒隨即擬妥，呈給皇上，皇上轉呈太后，太后閱畢乃遞交皇上，皇上手持諭旨，目視群臣，躊躇良久，始行發下。這一日表面上是平安無事，事實上拿辦康有為的諭旨已電寄天津的榮祿，著榮祿於火車到達及塘沽一帶，嚴密查拏；並著李希杰、蔡均、明保於輪船到時，立即捕獲。初九日，「諭軍機大臣等，張蔭桓、徐致靖、楊深秀、楊銳、林旭、譚嗣同、劉光第等均先行革職，交步軍統領衙門，拏解刑部治罪。」張蔭桓終於與戊戌六君子同時被捕。

張蔭桓被捕消息傳出後，北京外國人士均為之震驚。英國駐華公使竇納樂曾致函李鴻章極力營救，宣稱張蔭桓職位既高，又為歐人所熟知，若以莫須有的罪名殺之，將有極不良的影響。同時他又與日本駐華代理公使林權助商議，請當時正在中國的日本外相伊藤博文設法援救。他們透過李鴻章威脅慈禧，宣稱如果張蔭桓被殺，列國將出面干涉。慈禧迫於情勢，乃於八月十一日下詔，謂「張蔭桓雖經有人參奏，劣跡昭著，惟尚非康有為之黨，著刑部暫行看管，聽候諭旨。」十三日，六君子以「大逆不道」論斬。十四日，張蔭桓以「居心巧詐，行蹤詭秘，趨炎附勢，反覆無常」的罪名被發配新疆。

張蔭桓前往新疆途中，按照朝廷諭旨，沿途經過地方，各省督撫均選派官員押解，「入境出境，隨時詳報」，可見監管之嚴。學者馬忠文指出，究其原因，除外國公使營救引起清廷的警惕外，當與英國人莫理循謀劫張蔭桓的計畫有直接的關係。莫理循與張蔭桓私誼甚深，他一方面向英國公使竇納樂發出呼籲，請求給予力所能及的幫助和支持外，另一方面，他又找到了張蔭桓的親信梁誠，希望他設法與張蔭桓取得聯繫。但除了竇納樂拒絕援手外，張蔭桓也堅決反對這樣做。因為他不能允許外國人來干預中國朝廷的司法過程。謀劫之事雖未成，但風聲波及於外，傳聞四起，使得清廷採取嚴防的措施。

幾經輾轉張蔭桓於光緒二十五年二月二十一日始抵達新疆迪化。但一年後的光緒二十六年六月初七日，清廷寄諭云：「已革戶部侍郎張蔭桓著即正法，將此由六百里加緊諭令饒應祺知之。」新疆巡撫饒應祺不敢緩辦，張蔭桓遂於七月二十六日被戮於戍所。

戊戌變法失敗，慈禧重行垂簾，大拏新黨的當口，張蔭桓以「莫名所以」的罪名，流放新疆。兩年後，庚子拳匪之亂，卻又被矯詔（或者是密詔）處死。朝旨不宣其罪而亂命殺人，且戮之唯恐不速。其獲何罪，需斷首新疆，史書中似乎找不出確切的原因。

與張蔭桓有舊的吳永在《庚子西狩叢談》一書中，認為張蔭桓以進獻禮品，致失慈禧太后歡心。據其說光緒二十三年張蔭桓使英回國之時，購有兩枚寶石，一是「紅披霞」，一是「祖母綠」，準備分獻兩宮。紅寶石進呈皇上，綠寶石貢奉太后，在價格上言，綠勝於紅。按當時的通例，但凡京外大員進奉，必先經過太監李蓮英之手，呈明太后以後，方始進獻皇上。因此，在進獻時，必須另備一份重禮，以酬謝李蓮英的轉呈。張蔭桓平素已才高氣傲，並未把李氏放在眼內，更何況寵遇方隆之際呢？而李蓮英對張蔭桓的目中無人早懷恨意，這次又無餽贈，自然恨意更濃了。當慈禧拈視貢品時，李蓮英在旁冷言道：「難得他如此分別得明白，難道咱們這邊就不配用紅的嗎？」按中國俗例，嫡庶衣飾用紅綠區別，正室可穿紅裙，作妾就只能用綠。慈禧以西宮出身，極忌諱此事，李蓮英一語刺中要害，慈禧也不覺惱羞成怒，深信張蔭桓確有譏諷之意，於是憤怒地退還兩份貢禮。此事在翁同龢丁酉日記九月二十六日記之：「張蔭桓到京，召對四刻，有進獻物。」接連幾天都有提及，但進獻何物則無說明。不久太后震怒的消息就很快的傳開了，對於嫉恨張蔭桓的人來說，這是一個落井下石的大好機會，果然，很快的張蔭桓就以借款一事再度被參劾了。

其實張蔭桓的被流放乃至被殺有著相當複雜的關係。他後來被捲入戊戌政變的漩渦中，其實是與他力主變法有關。康有為、梁啟超及殉難「六君子」的事跡，多為後人所熟知與推崇，但對張蔭桓一生的功業，後人多半忽略，事實上他是戊戌變法的實際推動者。在戊戌變法期間一舉劾倒禮部六堂官而名噪一時的王照就認為：「是時德宗親信之臣，以蔭桓為第一」，而黃秋岳在《花隨人聖庵摭憶》也說：「張樵野（案：張蔭桓）之生平，則極關政局，為甲午至戊戌間之幕後大人物。」由於光緒皇帝的特殊眷顧，使得張蔭桓參與策劃新政成為可能。

蘇繼祖《清廷戊戌朝變記》說：「南海張侍郎曾使外洋，曉然於歐美富強之機，每為皇上講述，上喜聞之，不時召見。其為人雖無足取，然啟誘聖聰，多賴其力。」因受光緒皇帝倚重，故不時被召見（據《張蔭桓戊戌日記》統計，自新曆一月二十二日至八月二十二日，曾被單獨接見二十四次），屢問新法。王照說：「是時，張蔭桓蒙眷最隆，雖不入樞府，而朝夕不時得參密勿，權在軍機大臣以上。」在光緒皇帝心目中，凡涉及西方事務，張蔭桓的意見都帶有一定的權威性。因此何炳棣在〈張蔭桓事跡〉文中就說：「非蔭桓之先啟沃君心，則維新之論不能遽入，非蔭桓之為有先容，則變法之計不能驟行。」可見張蔭桓在戊戌變法中所扮演角色之重要性。

再者過去史學界總認為，光緒召見、任用康有為是出於翁同龢的密薦。據當時的軍機大臣李鴻藻的外孫祁景頤在《鞠谷亭隨筆》中說：「侍郎翕熱功名，又恃兩宮俱有援繫，德宗召見時，私有所陳，兼進新學書籍，如康南海之進身，外傳翁文恭所保，其實由於侍郎密奏也。」祁氏曾見過張蔭桓，此說應當是可信的。黃秋岳也說：「以予所知，康南海（案：康有為）之得進於德宗，實樵野所密薦。常熟（案：翁同龢）詗知德宗意，始具摺保康。從南海自編年譜中，數見當時康梁與樵野往來之密。或疑南海年譜中，言常熟者多於樵野，以為南海純得常熟之力，此實大誤。南海來京，主樵野，此事瘻公（案：羅惇曧）、孺博（案：麥孟華）皆言之。常熟負重望，又有知己之感，故數言之。樵野結納深，而為謀主，故不數言之也。」這是因為康有為欲攀附翁同龢以自抬身價，自編年譜中，常虛構與翁交往的情形。學者黃彰健在《戊戌變法史研究》中就指出翁同龢挽留康有為此一情節，是在〈懷翁常熟去國〉一詩中首次披露，而那是在戊戌政變後補作的，康有為在一年前事件發生時，為何不做任何記載？又若康有為真與翁過從甚密，又何必央求張蔭桓來介紹他與翁同龢見面，更何況結果是翁同龢拒見康有為。學者李娜認為康有為對外宣稱翁同龢推薦他，其原因：一是此時外間盛傳康有為鑽營張蔭桓，為儘快擺脫此一說法，也為了掩蓋自己通過非常途徑被進用之內情；二是即便翁同龢開缺在即，但這位兩代帝師一直聲望極高，影響力巨大，若是由其推薦則更有利於康在日後的一系列政治活動中，獲得更多支持，不斷擴大其影響力。因此翁同龢「薦康」之說是不確的，實際保薦康有為的乃是張蔭桓。

因此力反變法的御史文悌在光緒二十四年五月二十日奏過一本，本來是專為攻擊康有為的，但有連帶上張蔭桓的地方，奏章內曾說：「康有為兩三月中，凡至奴才處十餘次，路隔重城，或且上燈後亦至，往往見其車中攜有衾枕。奴才家丁問其隨僕，皆言其行蹤詭秘，恒於深夜至錫拉胡同張大人處住宿。蓋戶部侍郎張蔭桓與康有為同縣同鄉，交深情密，是則許應騤言其夤緣要津，亦屬有因。」應該不是空穴來風的。況且，國子監司業貽穀後來進一步揭露：「張蔭桓與康有為往來最密，通國皆知。康有為時宿其家，無異家人父子，數月以來，種種悖逆，張蔭桓實與康有為同惡相濟。」所以，蕭一山在《清史通論》書中說：「總而言之，有為之受知於帝，由於同龢，其向用變法，則由於蔭桓，所謂徐致靖、楊深秀、高燮曾、李端棻等推薦，皆係官樣文章，其奏疏全出梁任公手，觀梁任公先生年譜稿可以知之。惟諸當事人所親記，如翁，如康，如梁，均只言其一方面，實際暗中為之運用者，皆張蔭桓，而蔭桓之名竟不彰，殊可惜耳。」

又在戊戌政變發生前夕，北京傳著對張蔭桓極為不利的謠言。當時日本外相伊藤博文正在北京訪問，京師盛傳伊藤博文這次來華，將會被皇上延聘為客卿，希望透過日本的勢力，加強維新變法，而這個策略的主謀者，即為張蔭桓。張蔭桓後來在《驛舍探幽錄》中說：「此次伊藤係自來遊歷。我因與彼有舊，至京時來見我，我遂款以酒筵。伊藤覲見，又係我帶領。時太后在簾內，到班時，我向伊藤拉手，乃外國禮，太后不知。上殿時挽伊之袖，對答詞畢，又挽伊袖令出，就賜坐。太后皆見之，遂疑我與彼有私。及後有康結日本謀劫太后之說，太后愈疑我矣！」這事發生後，第二天戊戌政變，三天後張蔭桓被捕，其間自然有著密切的關係。

其實在張蔭桓被捕的前一天，他已受到監視了。張蔭桓在《驛舍探幽錄》中回憶道：「初八日辰刻，提督崇禮遣翼尉率緹騎至我宅，邀我赴提督衙門接旨。我知有變，因尚未用飯，令其稍待。飯畢瀕行，翼尉忽謂我曰：『請赴內與夫人訣』。我始悟獲罪，將赴西市。負氣行，竟步入內。抵提督署，各官均未至，坐數時，天已暝，仍無確耗，遂令人取行李住一宿。次日有旨，拿交刑部審訊。」這由於袁世凱的密告，引發了慈禧對涉嫌「圍園」、「逆謀」的新黨人物的大肆搜捕，太后也疑張蔭桓牽涉逆案。以致於初九日的捉拿新黨諭旨，甚至把張蔭桓的名字列在譚嗣同等「戊戌六君子」之前。

根據丙戌翰林蔡金台的密札中說：「雖清河（按：張蔭桓）亦明表其非康黨，而上意堅欲並誅之。略園（按：榮祿）乃為乞恩，謂張某不無微勞，且明詔業已剔開，求少寬以示區別。於是眾軍機環而叩首，且並及東海。上意不可回，得意旨乃解，是以張、徐（按：徐致靖）不及於難。」為何反而是光緒皇帝執意要殺張蔭桓呢？對此學者孔祥吉認為：「顯然，這同政變之後皇帝的精神狀態有關。經此重創，皇帝萬念俱灰，『頗有自怨自艾之意，一切情形，直言不諱』，他追前想後，後悔上了張蔭桓的當，他把勸說自己變法的『元凶』，歸結到張氏身上，故而非殺張氏不可。當然，光緒帝此時對張氏感情是複雜的，不排除他痛恨張蔭桓出爾反爾，擅自改動諭旨。」

由於英、日等國公使的營救，張蔭桓得以暫免一死，流放新疆。但兩年後卻又以六百里加緊諭令將張蔭桓著即正法。學者馬忠文指出，張蔭桓之死還須從庚子年夏季特定的政治氣氛中去尋找原因。當時慈禧在載漪等人的慫恿下，利用義和團濫殺洋人，並向世界各國宣戰，當時所有持反對意見的大臣，如：吏部左侍郎許景澄、太常寺卿袁昶、兵部尚書徐用儀、戶部尚書立山、內閣學士聯元，均以「漢奸」、「通敵」的罪名遭到殺害。可以想見，像張蔭桓這樣長期被守舊勢力罵為「漢奸」的外交家，又怎能逃脫劫難？馬忠文更進一步指出，協辦大學士徐桐對戊戌變法極端仇視，戊戌五月曾上摺「密參張蔭桓，詆為罪魁」，請將張「立予嚴譴，禁錮終身」，但光緒皇帝置之不理。政變發生後，徐桐「欲死蔭桓」，甚至叫囂「不殺蔭桓者是舉為無名」，但因外人干預而不得遂願。到了庚子五月朝旨命徐桐參樞務，遂得以將張蔭桓置於死地。因之可說徐桐是縱容慈禧處死張蔭桓的主謀人物。

張蔭桓自號紅棉老人，他的親戚李文田寫過一首紅棉詩「幽默」他。這首詩在當時膾炙人

梁鼎芬的丟官與失妻

說到梁鼎芬，現代的人知道他的已經不多了。他是「末代皇帝」溥儀的三位中文師傅之一。在清朝已經遜位的一九一五年，因為另一個師傅陸潤庠逝世，由陳寶琛推薦，以梁鼎芬補上，次年他就成為赫赫的「帝師」了。後來和陳寶琛、朱益藩、梁鼎芬同為「帝師」的英國人莊士敦（Reginald Fleming Johnston）在其著作《紫禁城的黃昏》（Twilight in the Forbidden City）就記載著梁鼎芬的身影。他說：「一九一九年我初入紫禁城的時候，毓慶宮已有三位教中國文字的師傅，一位教滿州文的師傅。中文師傅梁鼎芬，我始終未見過，他是個體弱多病，半身不遂的廣東人，就在這一年底他死去了。（案：梁鼎芬在一九一八年八月中風，次年陰曆十一月十四日逝世，享年六十一歲。）……當梁鼎芬死後，我在宮中聽到同事們談及他的一個故事。丁巳復辟時，紫禁城附近成為戰場，正在廝殺得熱烈之時，這一天恰是梁鼎芬入宮授課之日。他坐上騾車，開往神武門，沿途所經的街道，滿布毫無紀律的軍隊。但梁鼎芬絕不駭怕，不肯躲在家裡以保安全，置死生於度外，直趨入宮，盡其責任。當他到達神武門前，發現他平日所坐的轎子如常放在地上等候著他，但轎夫請他最好還是不要進宮裡去，因為軍隊在屋頂和民國的軍隊開火，槍彈橫飛，很危險呢。梁鼎芬跑下騾車，坐上轎子，叫轎夫抬他進去。轎夫無可奈何，勉強從命……走不多遠，忽有一子彈射中圍牆，磚頭四散，剛好轎子經過，一塊磚瓦擊中師傅的轎子，轎夫大驚，求梁師傅准予將轎子抬到一個安全的地方，避一避流彈，待戰火停下才進去。梁鼎芬高聲答道：『我的責任要緊！我的責任要緊！』轎夫大受感動，勇氣驟增，把他一直抬。如果他忘記本身的責任，只求個人安全，他就覺得生不如死了。照我的推測，這一天毓慶宮必定沒有上課的，但梁鼎芬不肯放棄他的責任，依時而至。」莊士敦的說法，應該是「實錄」。可見梁鼎芬在「烽火連天」中依然入宮授讀的負責任，令人感動！

梁鼎芬是個不折不扣的「遺老」，當辛亥年（一九一一）十二月二十五日亦即清廷遜政之日，他「即日穿孝，終身如此」。除此他還學著前人的風雅，準確地說是節義，做起一件當時極其轟動的事來──「廬陵」。所謂「廬陵」，便是在皇帝陵旁結廬居守。周黎庵（周劭）對此便說過：「梁鼎芬以一個草莽小臣，跟清德宗光緒帝似乎生前不會有過什麼接觸，但一九〇八年光緒去世後，卻獨個兒到梁格莊陵去守居了三年。他以一個三品微秩的漢族小臣而能做出這樣愚忠的事來，使亡國後一批清室王公大臣和遺老極為慚愧，自嘆不如。」一九一三年，光緒皇帝的皇后世稱「隆裕太后」死去，棺木暫時移到光緒帝的崇陵，等候安葬。是年十一月十六日，光緒帝夫婦安葬，梁鼎芬奔赴哭陵。於是便派他經理崇陵種樹事宜，他就在梁格莊之西，行宮之東，築小屋三楹，名曰種樹廬。他日夕荷鋤澆灌，種成樹木十多萬株，不愧「種樹大臣」之名。種了三年多，在一九一六年秋回京，八月奉旨在毓慶宮行走，為遜帝溥儀授讀。又三年多，梁鼎芬病逝，他被葬在崇陵右旁的小山上，永遠地為光緒守陵。當時已被廢的溥儀還給了他一個「謚文忠」的「榮典」。

回顧梁鼎芬的一生，在他六十一歲的生命歷程中，可謂大起大落，際遇坎坷。他在光緒十年二十七歲時丟官，經過十七年，到光緒二十七年他才再當上地方官，一直到清廷垮臺後，他又以遺老名馳國中，最後做起遜帝溥儀的師傅，以至逝世，算算他重入仕途恰好也是十七年，正符合他的「恩起十七年廢籍」的聯句。

梁鼎芬是近代著名詩人，他與曾習經、黃節、羅癭公並稱為「嶺南近代四家」，著名詩人陳三立、沈曾植、康有為等都是他交往頗深的詩友。梁鼎芬滿臉大鬍子，給人以豪放的印象。但是他的詩歌卻字字含情，句句蓄淚，筆端盡露婉約之風。研究清詩的著名學者汪辟疆給他一個評語：「其髯戟張，其言嫵媚。」而李瑞清在《詩品》中評價他：「據其為人，竊以其詩必多雄偉慷慨之辭，然婉約幽秀，如怨如慕。」然而他臨終前，卻遺言不可刻其詩集，云：「我生孤苦，學無成就，一切皆不刻。今年燒了許多，有燒不盡者，見了再燒，勿留一字在世上。我心淒涼，文字不能傳出也。」其著作後來結集成遺書六卷及遺詩、遺稿等，皆係親朋故舊四處收集而成，已非梁的本意。

梁鼎芬的刻意以求世人的遺忘，和他一生充滿著迍邅不幸的際遇有關。他七歲喪母，十歲時父親亦見背，寄食於諸姑，生活極為困苦。光緒二年（一八七六）十八歲以國子監生資格應順天鄉試，中舉人。次年執贄於東塾先生陳蘭甫之門，與于式枚、文廷式、陳慶笙同門肄業於菊坡精舍。光緒六年（一八八〇）二月，又應會試，成進士，並入翰林，散館授編修。是年梁鼎芬才二十二歲，可謂少年得志矣。不僅考取功名，梁鼎芬同時還迎得如花美眷。據李慈銘的《越縵堂日記》光緒六年八月二十一日記：「同年廣東梁庶常鼎芬娶婦送賀分四千。庶常年少有文，而少孤，丙子舉順天鄉試，出湖北龔中書鎮湘之房，龔有兄女，亦少孤，育於其舅王益吾祭酒，遂以字梁，今年會試，梁出祭酒房，而龔升宗人府主事，亦與分校，復以梁撥入龔房，今日成嘉禮，聞新人美而能詩，亦一時佳話也。」這段話是說梁鼎芬在順天鄉試時，卷子就是龔鎮湘看的。今年會試，龔鎮湘與王先謙（益吾）皆為同考官，王為第一房，龔則為第十八房。梁鼎芬的卷子本來分給王先謙看的，薦而取中，拆彌封後，知是梁鼎芬。王、龔本是親戚，遂將梁卷改撥入龔房，使得鄉試、會試皆同出自一個房考之門，以成科舉佳話。梁鼎芬不僅成為龔鎮湘的門生，而且龔鎮湘愛才之餘，又以其頗有才名的侄女妻之，於是春風得意大登科，秋風得意小登科，這年八月裏才子佳人在京成親，真可謂是雙喜臨門，一時美談也。結婚後二年他們還搬進新居，題名曰「棲鳳苑」，在庭前雜植牡丹、梅、杏等花木，對名花，伴嬌妻，暇時則吟詩唱和為樂，可說是梁鼎芬一生中最順適快意的時光。

怎耐好景不長，光緒十年（一八八四）五月，時任直隸總督兼北洋大臣的李鴻章在中法戰爭中一味主和，與法國簽訂《中法簡明條約》，遷延觀望而坐失時機。人莫敢言，以敢於直諫著稱的梁鼎芬偏上疏光緒皇帝彈劾李鴻章，指責李在與法國議約中於中越問題上失當，稱李「驕橫奸恣，罪惡昭彰，有六可殺，請特旨明正典刑，以謝天下。」一個小小的編修膽敢彈劾當時權傾朝野的李鴻章，朝野上下為之一震，「至比之楊忠湣之參嚴嵩」。此疏觸怒慈禧太后，梁鼎芬「幾罹重譴」，幸虧戶部尚書閻敬銘從中斡旋，才得以緩和，最終被斥為「妄劾」，「交部嚴議，降五級調用」。《清史稿》梁鼎芬傳，只說他降五級，沒有說降後是什麼官，但由「正七品」的編修降五級，應該是「從九品」的太常寺司樂，從梁鼎芬死後的訃文，備列生平官銜，翰林院編修上即太常寺司樂，可為明證。翰林出身的他，當然不能去做這種佐雜小官，故憤而辭官，自鐫一方「年二十七罷官」小印，收拾包袱，歸返故里。一年之內，從一個翰林編修到被劾免官，這在清朝也恐怕是絕無僅有的事。

關於這一事件，有著另一種說法，據黃秋岳的《花隨人聖盦摭憶》說，梁鼎芬之所以有此

「膽大妄為」之舉，乃是因為他的同鄉順德李若農（文田）侍郎（案：李文田於晚清間，以博學重於時，清史有傳，謂其「學識淹通，述作有體，尤諳西北輿地。……」）精於子平之術，給他算了一卦，斷言他活不過二十七歲，如想禳解，必須幹一件驚天動地的事，才能改變他早夭的悲劇命運。梁鼎芬聽後大驚失色，為求逃過此劫，於是彈劾李鴻章，藉以避禍。又說彈劾李鴻章的奏摺，原是易實甫所戲擬的，他拿給梁鼎芬看，梁鼎芬高興之餘遂據為己用，沒想到卻遭此橫禍。不過綜觀梁氏一生，後來他重新為官後，曾三次參劾時任山東巡撫的袁世凱「居心叵測」等，最後一次的奏摺寫道「袁世凱貪私至極，若再怙惡不悛，臣隨時參奏，禍福不計」。而在光緒二十六年（一九〇〇），慈禧立「大阿哥」溥儁，準備廢除光緒帝，滿朝大臣無人敢言。次年，梁鼎芬在張之洞的引薦下，赴西安密陳西太后，以芝麻綠豆的一個知府，居然敢在「天威咫尺」之下，奏請廢去「大阿哥」名號。慈禧最終聽取了他的意見。「大膽敢言」，一直是他的秉性。

梁鼎芬因彈劾李鴻章而丟官，時論嗟惜，友朋欽嘆，而他自己則處之泰然。當光緒十一年九月他要離開京城之時，好友盛伯羲、楊銳等三十餘人為他餞別，並各賦詩贈行。梁鼎芬亦有出都留別詩云：「淒然諸子賦臨岐，折盡秋京楊柳枝。此日觚棱猶在目，今生犬馬竟無期。白雲迨遞心先往，黃鵠飛翔世豈知。蘭佩荷衣好將息，思量正是負恩時。」相傳梁鼎芬在罷官離京時，因與文廷式交契，於是將家眷託其照顧。郭則澐在《清詞玉屑》中說：「相傳梁節庵與道希夙善，其罷官歸，以眷屬託之，後遂有仳離之恨。棲鳳宅改，迸淚飛花，食魚齋寒，驚心覆水，亦可慨已。節庵室為長沙龔氏，亦能詩。」其中梁節庵是梁鼎芬，而道希是文廷式。又據錢仲聯所撰《文芸閣年譜》亦云：「時節庵罷官將出都，並以眷屬託先生」。其後錢仲聯又撰年譜補正，引葉遐庵云：「託眷無其事」，因刪末句。對此吳天任撰《梁節庵先生年譜》云：「託眷之事，近人言者鑿鑿，恐非無因，遐翁或為賢者諱耳，姑錄存以備考云。」葉遐庵是葉恭綽，他是文廷式的弟子，為師者諱，是理所當然的。

梁鼎芬託眷於文廷式，當時文廷式雖已娶妻陳氏，但隻身在京，住在梁鼎芬的棲鳳苑中，文廷式此番是第四次到京城。上一次入都在光緒八年，也住在梁家，北闈得意，中了順天鄉試第三名，才名傾動公卿，都說他第二年春闈聯捷，是必然之事。那知到了冬天丁憂，奔喪回廣東，如今服制已滿，提早進京，預備明年丙戌科會試，仍舊以棲鳳苑為居停。在梁家的聽差、丫頭和老媽子眼中，他的身分像舅老爺，因為穿房入戶，連龔夫人都不須避忌的。託眷之後，後面自然是「鵲巢鳩占」的情節了。

關於梁鼎芬的失妻，在晚清時幾乎很多人都知道這件事。我佛山人吳趼人的《二十年目睹之怪現狀》第一百零一回〈王醫生淋漓談父子・樑頂糞恩愛割夫妻〉及第一百零二回〈溫月江義讓夫人・裘致祿孽遺婦子〉，就專寫此段情節。其中樑頂糞自是諧音梁鼎芬，而溫月江、武秀樓則分別指梁鼎芬與文廷式，吳趼人以「溫對涼，月對星，江對海」，「涼（梁）星海」則是梁鼎芬的表字，同樣「武對文，香對芸，樓對閣」，「文芸閣」即是文廷式的表字也。掌故大家徐凌霄、徐一士的《凌霄一士隨筆》就說：「梁鼎芬之妻龔，捨梁從文（廷式），其事世競傳之。吳趼人小說《二十年目睹之怪現狀》第一百二回〈溫月江義讓夫人〉即演此。」小說這麼寫著：「那年溫月江來京會試，他自以為這一次禮闈，一定要中要點的。所以進京時，就帶了家眷同來。來到京裡，沒有下店，也不住會館，住在一個朋友家裡。可巧那朋友家裡，已經先住了一個人，姓武，號叫香樓，卻是一位太史公。溫月江因為武香樓是個翰林，便結交起來。等到臨會試那兩天，溫月江因為這朋友家在城外，進場不便，因此另外租了考寓，獨自一人住到城裡去，這本來是極平常的事情，誰知他出場之後，忽然來了一個極奇怪的變故。溫月江出場之後，回到朋友家裡，入到自己老婆房間，自以為這回三場得意，一定可以望中的。正打算拿頭場手藝，念給老婆聽聽，以自鳴其得意，誰知一腳才跨進房門口，耳邊已聽得一聲『哇！』溫月江吃了一驚，連忙站住了，抬頭一看，只見他夫人站在當路道：『你是誰，走到我這裡來？』溫月江訝道：『什麼事？什麼話？』他夫人道：『喝！這是哪裡來的？敢是一個瘋子？丫頭們都哪裡去了？還不給我打出去！』說聲未了，早走出四五個丫頭，都拿著門閂棒棍，打將出來，溫月江只得抱頭鼠竄而逃，自到書房歇下。這書房，本是武香樓下榻所在，與上房雖然隔著一個院子，卻與他夫人臥室遙遙相對。溫月江坐在書桌前面，臉對窗戶，從窗望過去，便是自己夫人的臥室。不覺定著眼睛，出了神，忽然看見武香樓從自己夫人臥室裡出來，向外便走。溫月江直跳起來，跑到院子外面，把武香樓一把捉住，嚇得香樓魂不附體，頓時臉色泛青，心裡突突兀兀的跳個不住，身子都抖起來。溫月江把他一把拖到書房裡，捺他坐下，然後再考籃裡取出一個護書，在護書裡取出一疊場稿來道：『請教請教看！還可以有望麼？』武香樓這才把心放下，定一定神勉強把他頭場文稿看了一遍，不住的擊節讚賞道：『氣量宏大，允稱佳作，這回一定恭喜的了！』月江不免洋洋得意。……及至三場的稿都讀完，月江呵呵大笑道：『兄弟此時沒有什麼望頭，只希望在閣下跟前，稱得一聲老前輩就夠了！』」

《二十年目睹之怪現狀》是所謂譴責小說，有些描寫不免過火，當不了真。我們也不知作者和梁鼎芬是否有什麼過節，因為在這部小說中罵過梁鼎芬好幾次，說他虛偽造作，是個色厲內荏的小人。在第二十四回更是大大地羞辱梁鼎芬一番：「……繼之笑道：『有一個廣東姓梁的翰林……曾經上摺子參過李中堂，非但參不倒他，自己倒把一個翰林幹掉了。摺子上去，皇上怒了，說他末學新進，妄議大臣，交部議處，部議得降五品調用。』我說：『編修降了五級是個什麼東西？』繼之道：『哪裡還有什麼東西，明明是部裡拿他開心罷了！』我屈手指頭算道：『降級是降正不降從的，降一級便是八品，三級未入流，四級就是平民。還有一級呢？哦，有了，平民之下，還有娼、優、隸、卒四種人，也算他四級，他那第五級，剛剛降到娼上，是個婊子了！』繼之道：『沒有男婊子的。』我道：『那麼就是王八。』」按照降官的定制，沒有所謂的「降正不降從的」，吳趼人在此故意說錯，無非是藉此辱罵梁鼎芬而已，而所謂「王八烏龜」亦隱諷梁鼎芬失妻之事。再者梁鼎芬於光緒六年二月應會試，成進士，並入翰林。到同年八月二十一日才娶了恩師龔鎮湘的侄女。託眷之事，則在五年後的光緒十一年九月。吳趼人有意將這些事混在一起，首先小說說梁鼎芬帶著家眷上京考試，完全不正確，當時梁鼎芬尚未結婚哪來家眷？更離譜的是梁鼎芬是光緒六年庚辰科的翰林，文廷式是光緒十六年庚寅科的榜眼，梁鼎芬比文廷式早入翰林五科，可以稱得上是文廷式的老前輩了（案：新入翰林的進士，要稱先入的翰林為老前輩），而小說反寫成文廷式是老前輩，梁鼎芬要竭力巴結他，甚至連太太讓給他也不加計較，此皆非事實。因此《凌霄一士隨筆》也說：「小說家言不必過於認真，然既顯有所指，宜大略有所考信，未可若是之以意為之耳。……吳氏為清末名小說家，筆致諧暢，善狀物情，然於京朝故事，未遑留意，故有此失。」

梁鼎芬丟官南歸之後，廣東省內書院紛紛延請禮聘，有欲延為山長，但是有議論說他年少不相稱。據劉成禺《世載堂雜憶》云：「節庵曰：『此易辦耳，愛少則難，愛老則易。』遂於二十九歲丁亥立春日，毅然蓄鬍。粵中名流賀之，廣設壽筵，稱『賀鬚會』。節庵之串腮鬍，從此飄然於南北江湖。」這也是梁鼎芬終身留著大鬍子的由來。光緒十五年十一月，梁鼎芬往上海，寄寓也是園的「在水一方」，終日以作詩寫字為樂。據說他每天太陽未出就起床，在園中散步，呼吸新鮮空氣，凡有人請他寫字，無不樂從，因此大南門一帶的人都來請他寫字，他也來者不拒，不久後，「引車賣漿者流」都有他的「墨寶」掛在家中了。喜歡作詩的人知道他會作詩，也拿詩來請教，他也樂得為人批改，因此這一帶的人都尊稱他為梁老夫子，他名叫什麼，反而少人知道。

據吳天任《梁節庵先生年譜》光緒十五年云：「寓上海也是園，嘗獨遊張氏園，又與陳伯嚴、文芸閣遊徐園。……」而光緒十六年四月二十一日，文廷式赴殿試。二十四日，殿試讀卷進呈御覽，翁同龢等彌封奏至廷式之名，光緒帝宣詔曰：「此人有名，作得好！」於是欽定文廷式殿試一甲第二名。文廷式得賜進士及第，授翰林院編修。五月，文廷式因為殿試策內「閭面」二字筆誤，遭外間物議。有人故意大造聲勢，「廣肆貼聯」，致使文廷式有「斯『文』掃地」之譏。接著，七月，御史劉綸襄上疏彈劾文廷式。同時，諭命調查原卷，原來文廷式的對策文章內有「留元氣於閭閻，而後邦本可以固」這一句，但他把「閭閻」寫成「閭面」了。《凌霄一士隨筆》就載有此事，說文卷落在讀卷官滿洲人福錕手上，他見「閭面」二字，正擬將此簽出，抑置三甲之後，恰在此時為翁同龢所見，就對福錕說：「這是江南名士文廷式的試卷，不必吹求吧！」福答：「我不管他是否名士，總之閭面二字卻狗屁不通，怎可放在十名之內？」翁說：「『閭面並非完全杜撰，也有根據的，我曾見過一篇古賦以閭面對簷牙者，足見所用非不典也。」汪鳴鑾連忙附和，力證此說，福錕以翁、汪二人皆朝中博學之士，「閭面」或真有所本，如果力排其議，一旦果有此典，豈非為人恥笑，於是勉從翁議，置文卷於第二。此事經調查屬實，諸讀卷大臣均奉旨交部議處，據翁同龢日記說是「罰俸六個月」。

文廷式逃過這一「劫」後，官運頗為亨通，光緒十九年放江南鄉試副考官。光緒二十年三月，他參加保和殿翰詹大考。未閱卷前，光緒帝特提朱筆御寫「文廷式一等」五個字交下閱卷房後，皇帝兩次傳下口諭：「除第一及另束五本毋動外，餘皆可動。」四月初八日，大考榜發，文廷式得一等第一名，並著以侍讀學士升用。一般人都說文廷式大考得第一，完全是珍妃之力，因為在珍妃未入宮之前，文廷式做過她的老師。王闓運對此即大表不滿，他在《湘綺樓日記》說：「光緒二十年四月十八日，遣人入城索大考單。第一名即閭面也，實為可笑。此人必革，第一例不善終也。」對於王闓運的說法，黃秋岳在《花隨人聖盦摭憶》有不同的看法，他說：「湘綺援信俗傳，謂大考第一必不善終，後卒如其言。道希以光緒二十二年丙申二月十七日，為楊崇伊所參，永遠革職，驅逐出京，湘綺度必撫掌稱驗。而不知文以新進勾結妃侍，獲得高科，取非其道，又處帝后猜忌之際，其取禍被謗，宜也，何關於第一必不善終之俗讖乎？」

文廷式為官僅六年，即遭革職並永不敘用。可說他官升得快，也跌得慘。對此黃秋岳認為是「以道希以與梁節庵關係，受舊日學者之掊擊，又以結納內官遭后黨之嫉，其時滿廷皆忌厭新黨者，不必西朝授意，而後發難也。」其中提到與梁節庵關係，受舊日學者之掊擊，蓋指梁鼎芬託眷之事，而最後卻是「鵲巢鳩占」。然而對此似乎沒有影響到梁鼎芬與文廷式的友情，梁鼎芬確實並未與文廷式交惡，他給文廷式的詩中有句云「謠諑成何意，幽潛欲與論」。可見梁鼎芬為了朋友，他認為那些中篝艷聞是不可輕信，也是不值得多說的。

相對於文廷式的被革職，此時的梁鼎芬在湖北則十分得意，他在湖廣總督張之洞幕府中，極得張之洞的信任。張之洞行新政，設立很多學堂，凡有關學務事宜，皆付梁鼎芬全權辦理。後來由張之洞的舉薦，又做了武昌府、漢陽府，升安襄鄖荊道、按察使、署布政使，紅極一時。相傳文廷式在窮困時，龔夫人還往湖北向前夫梁鼎芬打秋風。龔夫人每次來訪，梁鼎芬仍待以命婦之禮，穿好官服，開中門親自迎接，相敬如賓。而龔夫人在衙門裡有時也住上一月半月，臨別時，梁鼎芬必使一個丫頭送一些精巧禮物給她，無非是裝潢得很好看的詩文集或詩箋之類，外面看來似乎很薄的禮物，其實裡面有銀票一張，多時四五百兩，少亦二三百兩，總不使龔夫人失望空手而回的。據掌故大家高伯雨聽聞梁鼎芬衙門裡一個書啟對鄧爾雅說，最後一次龔夫人到湖北打秋風，據說這次只住了四五天，梁鼎芬的侍妾對她執大婦之禮，臨行時，龔夫人特許他的侍妾穿紅裙，以示自己是「退職夫人」了。

光緒三十年（一九〇四）初夏，政治流亡八年多的文廷式，再次歸返江西萍鄉故里，幽居文家大屋。一襲布衣，閉目靜坐，手捻佛珠，默誦經文，並作有《金剛經註解》。中秋節後的第九天子夜，悄然瞑目，無疾而終。年僅四十九歲。文廷式死後，龔夫人沒有復歸梁家，也沒有留在萍鄉，她回到長沙，獨自撫養她和文廷式所生的三個兒子。

而梁鼎芬當按察使時，有自題書齋聯云：「零落雨中花，舊夢驚回棲鳳宅；綢繆天下計，壯懷銷盡食魚齋。」棲鳳樓宅乃節庵當日青廬，王揖唐《今傳是樓詩話》稱「零落」句有感而發，蓋節庵傷心之事。而食魚齋乃是梁鼎芬在武昌邸宅中所取齋名。梁鼎芬官至按察使，何以壯心銷盡呢？這當然是十七年的沉滯所帶給他的打擊太深之故。「丟官失妻」可說他一生的隱痛，官在十七年後總算又當上了，但妻子呢，卻如他的詩中所云：「終古佳人去不還」！

文廷式的革職與脫險

光緒二十二年（一八九六）二月十七日，文廷式為御史楊崇伊所參，光緒帝下令：「著即革職，永不敘用，並驅逐回籍，不准在京逗留。」文廷式以博學強識，掇巍科，光緒光緒十六年庚寅成進士，殿試一甲第二名及第，授職編修，擢侍讀學士。文廷式是光緒帝一直大力拔擢的人，卻在此時中箭落馬被罷黜，當時朝野皆為之嘩然。其罷黜的原因據皇帝的聖旨說：「據稱翰林院侍讀學士文廷式，遇事生風，常於松筠庵廣集同類，互相標榜，議論時政，聯名執奏。並有與太監文姓結為兄弟情事等語。文廷式與內監往來，雖無實據，事出有因，且該員於每次召見時，語多狂妄。其平時不知謹慎，已可概見。」但這只是個託詞，其實並未道出真正的原因。黃秋岳在《花隨人聖盦摭憶》書中說：「文以新進勾結妃侍，獲得高科，取非其道，又處帝后猜忌之際，其取禍被謗，宜也。」或許更接近事實的真相。

文廷式以曾教珍妃姊妹讀書而著名於後世，也為世人所豔稱。其實他教珍妃姊妹讀書，是早在她們尚未被選入宮時。當時文廷式在廣州讀書時，因文名藉甚，與于式枚並推為陳蘭甫（澧）的高足。當時滿州人長善（樂初）正在做廣州將軍，最喜與文士交遊，文廷式亦被延之入幕，待以殊禮。與長善的姪子志銳（長敬之子，因長善無子女，故過繼給他。）、志鈞（長敬之子）亦有深交。珍妃的父親長敘，是長善的三弟。因此胡思敬撰文廷式傳時，說文廷式是在長善幕府時，教珍瑾二妃讀書，此說不確。因為文廷式入長善幕府始於光緒三年，約有三年之久，光緒三、四年時，瑾妃才四、五歲，珍妃才二、三歲，安有授讀之理。加上當時二妃之父長敘在京為官，並非流離失所，也不可能將此二弱女寄養於嶺外的廣州。所以教珍瑾二妃讀書之事，當在光緒十二至十四年間，當時文廷式常在北京，他在京時，常住在好友志銳家中，而其時長敘早已故世，瑾妃、珍妃就在堂兄志銳的安排下，搬進長善在北京的府第。時珍妃已十一、二歲，瑾妃亦十三、四歲，她們跟文廷式讀一些書，也是情理中的事。

瑾妃、珍妃姊妹為同父異母，在家族中瑾妃排行第四、珍妃排行第五。光緒十四年（一八八八）十月初五日，慈禧太后為光緒帝選后，慈禧以其弟弟桂祥的女兒，也就是光緒帝的表姐隆裕為皇后，瑾妃和妹妹珍妃同時入選，成為光緒帝的妃子，之後個別以瑾嬪和珍嬪的身分入宮，以後又被晉封為妃。慈禧選擇自己的姪女為后，主要是監視皇帝的行動。但在選后時，光緒帝原本看中的是別人，只是由於慈禧太后的干預，才選了隆裕。但他從沒想到從小在一起玩的表姐弟，會被慈禧太后指定為夫妻，他特別接受不了。光緒帝的個性特別執拗，此後他就偏寵珍妃，與隆裕皇后感情日漸交惡，實肇端於此。而當珍妃日漸得寵之際，因見光緒帝雖已親政，然一切用人行政，皆仍出於慈禧之手，為了幫助皇帝力振乾綱，乃極力舉薦她的蒙師文廷式。

光緒十六年四月二十一日，文廷式赴殿試。二十四日，殿試讀卷進呈御覽，翁同龢等彌封奏至廷式之名，光緒帝宣詔曰：「此人有名，作得好！」於是欽定文廷式殿試一甲第二名。光緒帝如何知道文廷式有名呢？如非珍妃屢有所言，當無印象如此之深也。到了光緒二十年三月，文廷式參加保和殿翰詹大考。未閱卷前，光緒帝特提朱筆御寫「文廷式一等」五個字交下閱卷房後，皇帝兩次傳下口諭：「除第一及另束五本毋動外，餘皆可動。」四月初八日，大考榜發，文廷式得一等第一名，並著以侍讀學士升用。文廷式再度因珍妃的關係而被拔擢，因此當時人諷刺說：「玉皇大帝召試十二生肖，兔子當首選，月裡嫦娥為通關節」，形容得極為刻薄。

珍妃的得寵，自然招致了疑心極重的慈禧太后的大忌。而賣官鬻爵的不法勾當，更引起了慈禧的強烈不滿。清朝制度，妃子例銀（工資）每年三百兩，嬪為二百兩。珍妃用度不足，又不會節省，還對宮中太監時有賞賜，虧空日甚。她遂串通太監，效仿慈禧的行為多次受賄賣官。因為有利可圖，當時太監中最有勢力的數人均染指其中。胡思敬的《國聞備乘》記載：「魯伯陽進四萬金於珍妃，珍妃言於德宗，遂簡放上海道」。魯伯陽上任一個月後被江督劉坤一彈劾罷免。對此慈禧曾當面拷問珍妃，並從其住處搜獲記有其賣官收入的一本賬本。但珍妃卻非但不肯認錯，反而強詞奪理，反唇相譏道：「祖宗家法亦自有壞之在先者，妾何敢爾？此太后主教也。」。慈禧怒不可遏，因此珍妃遭到了「褫衣廷杖」（剝去衣服，由太監用竹板重打袒裸的臀部）的懲罰。根據光緒二十年十月二十八日《宮中檔簿》被打當天珍妃當庭不省人事，夜半緊急召御醫，說：「抽搐氣閉，牙關緊急，周身筋脈顫動。」到了十一月初五日脈案記有：「早間吐痰帶有黑血，膈間內熱」，這種狀況一直延續半個月之久，直到十一月十六日才「脈息和緩，諸症俱好。」翁同龢十月二十九日的日記寫道：「皇太后召見樞臣於儀鸞殿，先問旅順事，次及宮闈事，謂瑾、珍二妃有祈請干預種種劣跡，即著繕旨降為貴人等語。臣等再三請緩辦，聖意不謂然。是日上未在座，因請問，上知之否？諭云：皇帝意正爾。命即退。……魯伯陽、玉銘、宜麟皆從中官乞請，河南巡撫慶寬欲營福州將軍，未果，內監永錄、常泰、高姓皆發，又一名忘之，皆西邊人也。」黃秋岳也認為珍妃賣缺導致她日後的悲慘下場，他在《花隨人聖盦摭憶》中說：「以予所聞，珍妃初得罪之由，實不勝太監婪索，奔訴那拉后，太監恨之，因悉舉發魯伯陽等事，以有乙未（按：當為甲午）十月之譴。」

也有論者以為此事與當時「議和」之事有關，瑾、珍二妃是積極支持光緒帝對日抵抗的，據胡思敬的《國聞備乘》記載：「東事起，咸言起兵。是時鴻章為北洋大臣……不敢開邊釁……於是文廷式等結志銳密通宮闈，使珍妃進言於上。」對此，梁啟超在《戊戌政變記》中說：「同時，將瑾妃、珍妃革去妃號，褫衣廷杖。妃、嬪而受廷杖，刑罰之慘，本朝所未聞也。」其實，珍妃獲罪的最主要原因，是慈禧太后與光緒帝之間的權力鬥爭。慈禧太后為打擊漸趨形成的帝黨集團，首先拿光緒帝最寵愛的珍妃開刀，對珍妃的一系列懲罰，尤其「褫衣廷杖」，遭受疼痛和羞辱的是珍妃，顏面盡失的卻是光緒帝。接著光緒帝奉慈禧皇太后懿旨，將瑾妃、珍妃著降為貴人（第七等），「以示薄懲」。珍妃被幽閉於宮西二長街百子門內牢院（也就是常說的「冷宮」），與光緒帝隔絕，不能見面。

而緊接著牽連剝奪了帝黨主要成員志銳、文廷式的權力，據《清史記事本末》說：「並謫妃兄志銳於烏里雅蘇臺。文廷式以託病出京，僅免於罪。」，帝黨集團受到致命打擊。在志銳前往蒙古赴任時，文廷式還寫了詞〈八聲甘州——送志伯愚侍郎赴烏里雅蘇臺參贊大臣之任，同盛伯羲祭酒、王幼霞御史、沈子培刑部作。〉云：「響驚飆、越甲動邊聲，烽火徹甘泉。有六韜奇策，七擒將略，欲畫淩煙。一枕瞢騰短夢，夢醒卻欣然。萬里安西道，坐嘯清邊。策馬凍雲陰裡，譜胡笳一闋，淒斷哀弦。看居庸關外，依舊草連天。更回首、淡煙喬木，問神州、今日是何年？還堪慰，男兒四十，不算華顛。」為他送行。文廷式在詞內感慨時局，明顯表達出他心中的不平之氣，希望志銳能夠在邊疆繼續報效國家。同年十一月初二日翁同龢於日記記道：「午正二刻入見於儀鸞殿，……次及言者雜遝，如昨論孫某，語涉狂誕，事定當將此輩整頓。」其中「昨論孫某，語涉狂誕」，蓋指文廷式彈劾孫毓汶之事。顯然是慈禧太后看到朝中支持皇帝主戰，公然彈劾軍機大臣孫毓汶、北洋大臣李鴻章的文人士大夫宛然已成勢力，連皇帝也大有主張，這使得她必須先下斷然措施，剪除皇帝的羽翼。因此對文廷式彈劾孫毓汶一折，斥為「語涉狂誕」，聲稱「事定當將比輩整頓」。

黃秋岳認為文廷式後來被逐是宮廷政爭所引起的，他在《花隨人聖盦摭憶》書中引某筆記載：「德宗憨直，上書房總師傅翁同龢亦頻以民間疾苦外交之事誘勉德宗。德宗常言，我不能為亡國之君，語侵慈禧，而廢立之說興焉。時坤宮與德宗弗睦，頻以讒間達慈禧，故事機益迫。甲午清兵潰，軍艦被擄，吳大澂、魏光燾督師關外，劉坤一督師關內，李鴻章議約多損失，幾定約焉。翰林學士文廷式，習聞宮中諸事，知內憂外患交乘，國將覆，往見坤一，請力爭約欵。坤一未會意，謂弱國無權利可言。廷式請屏左右，以廢立之說相告。且謂宮中蓄謀久，榮祿以疆臣督兵將不應恫之。慈禧有所作，每詢疆臣等意思若何？是宮中滋忌疆臣，疆臣資高負宿望者今惟君。某知爭約必不成，俾內廷因齗齗爭約，知廢立之難實行，則曲突徙薪之效見焉。坤一屬廷式代起草，而廢立之謀以止。」文廷式也明知爭取對日和約之緩期交換，是不可為之事，而所以要明知不可為而為之，是想藉著爭約一事，來表示疆臣對國政的關心，一旦國家有大事發生，疆臣絕不會袖手旁觀的。如此一來使得慈禧太后對廢立之說，能夠知難而退，免政爭於「未雨綢繆」也。黃秋岳也認為文廷式這主意立意良善，但同時也破壞了慈禧廢立之大計，他說：「據此，道希為德宗謀不為不忠，從權應變不為不智，西后必欲去之，已躍然愈急。」

在中日戰爭爆發後，文廷式與李鴻章由於雙方立場的不同，以致兩人關係急遽惡化。其間，李鴻章雖難辭其咎，但文廷式也未免攻訐太過，李鴻章自然會對文廷式有所積怨。尤其是光緒二十年八月，黃海大敗，李鴻章一生英名毀之殆盡。在帝黨和言官的交章彈劾下，被褫去了三眼花翎及黃馬褂，這對一生戰功彪炳的李鴻章而言，無疑是奇恥大辱。因此他後來不無感慨地說：「予少年科第，壯年戎馬，晚年洋務，一路扶搖，遭遇不謂不幸。自問亦未有何等隕越，乃無端發生中日交涉，至一生事業掃地無餘。如歐陽公所言：『生平名節，被後生輩描畫都盡。』環境所迫，無可如何？」他言下之意，對帝黨人物的清議，始終是耿耿於懷的。而文廷式是當時清議的領袖，李鴻章對其更是厭惡至極。只是他找不出文廷式有任何重大違誤，因此一時間只得隱忍。

光緒二十一年六月，文廷式出都南歸時，據顧家相《五餘讀書廛隨筆》記載：「芸閣主眷日隆，名震中外，嘗指陳時事，擬成奏稿七篇，置枕箱中，其語頗有侵合肥者。道出上海，箱忽被竊，時黃愛崇觀察承煊，方官上海令，為之追還原物，纖細畢具，而奏稿竟不可得，蓋早入合肥之手矣。」枕箱追回，僅奏稿遺失，李鴻章唆使人為之，嫌疑最大。李鴻章取得彈劾他的奏稿，更加速對文廷式的報復行動。於是才有光緒二十二年二月中旬的楊崇伊彈劾文廷式遇事生風並與太監結為兄弟之事。楊崇伊跟李鴻章的長子李經方（實為李鴻章六弟李昭慶之子，後過繼給李鴻章）是兒女親家，楊崇伊的兒子楊雲史娶李鴻章的孫女—李經方的女兒李國香（道清）為妻。而李鴻章的孫子李國杰則是楊崇伊的女婿。因此楊崇伊為李鴻章出手彈劾文廷式，則自然不過的事。

又據〈汪大燮致汪康年書〉所云：「又正月十三停毓慶宮。十四，楊崇伊為合肥訪查臺館彈劾東事之人，開一清單，凡三十餘人。十五、六，合肥又獨詣長信呈之。十八，楊即以彈芸閣章就正合肥。合肥臨行有言：『若輩與我過不去，我歸，自他們尚做得成官否？』至津又告人云：『劾我諸人，皆不妥矣。』其卅餘人之單，德使署有之，大約各署皆有，惟見其單者，固由德使給閱也。」又張孝若所著《張謇年譜》光緒二十二年條下亦載：「李相使俄，慈禧太后召見。李摺呈五十七人禁勿用，首文廷式。李出京，御史楊崇伊劾廷式，罷遣。」因此李鴻章挾私怨報復文廷式，授意楊崇伊彈劾，則已昭然若揭。

當然首先是文廷式自己捲入宮廷內鬥中，他屬於「帝黨」以翁同龢為首領的所謂「後清流」的一員幹將，也是慈禧太后想要除之而後快的目標。文廷式的被革職驅逐出京一事，當是慈禧太后親下的懿旨，若非慈禧下令，以光緒帝對他的寵信，必定徇情迴護，而楊崇伊之彈劾，則亦當難以得逞。被革職的文廷式出都南歸，經上海，過金陵，至漢口，轉長沙（按：王闓運《湘綺樓日記》說八月七日文廷式已到長沙），返回故里江西萍鄉。

光緒二十四年早春的北京城，維新變法正處於積極醞釀之中，光緒皇帝召見康有為等維新人士，徵詢國是。舊曆四月二十三日下詔，宣布變法。帝黨與后黨、維新派與頑固派進入短兵相接的階段。這期間輾轉於湘贛兩地的文廷式，深切關注京城政局，既感世事非變法不可，為光緒帝推行維新之舉而欣欣然，又深慮慈禧太后的心狠手辣，擔心變法受阻，難成氣候而憂憂然。八月初六日，慈禧發動政變，百日維新告終。光緒帝被囚禁中南海瀛臺。兵圍康有為住地，康有為逃往上海，遺下的信札有文廷式給他的長信洋洋數千言。八月初十日，上諭密電兩江總督劉坤一及署理江西巡撫翁曾桂「密飭訪拿」文廷式，押解來京。對此陳寅恪的侄女陳小從在〈庭聞憶述〉也說：「戊戌八月（按：指舊曆）政變，慈禧復出奪權，對已革翰林侍讀學士文廷式猶有餘憾，必欲置之死地。嘗降密旨謂：『無論行至何處，著即就地正法。』」

在風聲鶴唳的緝拿行動中，文廷式卻杳如黃鶴，不見蹤影。於是後人都認為文廷式避走日本，直至湯志鈞撰寫《戊戌變法人物傳稿》及其修訂本時，仍然說：「光緒二十四年（一八九八）政變作，廷式慮禍及，乃走日本。」其他各類近代史辭書和著作，凡涉及文廷式脫險一節者，幾乎一律沿用了這種說法。但根據文廷式的《東遊日記》的記載，他去日本是在光緒二十六年（一九〇〇）的事。

那當時文廷式又藏身何處呢？據學者張求會在〈文廷式戊戌脫險研究綜論〉一文的考證是：戊戌八月初十日，上諭密電訪拿文廷式，押解歸京。文廷式在湖南巡撫陳寶箴及其長子陳三立等人的幫助下，自長沙出逃至湘潭一粟河唐氏家中避難。而在陳寅恪遺作《寒柳堂記夢未定稿（補）》中也說：「戊戌政變未發，即先祖、先君尚未革職以前之短時間，軍機處廷寄兩江總督，謂文氏當在上海一帶，又寄江西巡撫，謂文氏或在江西原籍萍鄉，迅速拿解來京。其實文丈既不在上海，又不在江西，而與其夫人同寓長沙。先君既探知密旨，以三百金贈文丈，囑其速赴上海。而先祖發令，命長沙縣緝捕。長沙縣至其家，不見蹤跡。復以為文丈在妓院宴席，遂圍妓院搜索之，亦不獲。」文廷式與陳家同籍兼世交，陳寶箴及陳三立父子自然會加以營救。陳小從在〈庭聞憶述〉對此事亦加以補充說：「當時文廷式正隱藏長沙某處，密旨抵撫署，右銘公（按：陳寶箴）壓下未發，先祖（按：陳三立）密遣心腹，攜銀至文住處，勸其速逃。當時適有文之同里某候補知縣，來撫署告密，並言：如去捉欽犯，彼可帶路。先祖佯與應付，估計文已脫險，始虛張聲勢，派人扮演了一場捉拿欽犯的鬧劇。」至於從長沙逃至何處，在文廷式的手稿〈擷芳錄〉的後跋云：「戊戌八月，寓湘潭一粟河唐氏家。」

之後的行蹤又如何？根據當時日本駐上海代理總領事小田切萬壽曾有一專函給日本的外務次官，函中提到「……由於該人之存亡，事關將來清國之氣運，故小官試圖運用智謀，以將其從當地救出。或者該人由湖南隱身之處派出密使，或者發出密電，委託於小官，在做出種種考慮後，又密囑旅居漢口的東肥洋行主任緒放方二三，籌劃救助該人之策。聯絡中出現誤差，該人與其弟廷楷突然來到漢口。於是，緒方根據小官內囑的意見，使其更換服裝，登上大阪商船會社輪船天龍川丸，並特派人員加以保護。途中平安無事，於十九日抵達當地。」而據文廷式的〈冒淑人墓志〉文中云：「當余為世所厄，則毅然排眾議，偕逑庭兄送余至滬上」，是當時護送文廷式到上海的是他的族兄文煒（逑庭）和族嫂冒氏夫婦。而非小田切萬壽所說的文廷式的弟弟廷楷。

文廷式在光緒二十四年（一八九八）冬，以東行日本之計劃未獲日本官方允許，遂留在上海。據小田切萬壽函說：「該人最初的考慮是，平安逃脫後，立即來我國漫遊，但眼下急進黨失敗者康有為在我國，該人一派與康多少有過反目的歷史，不願意與康同時旅居我國。否則，將加深北京政府的疑心，或懷疑該人與康黨暗通，而魚目混珠則難以區分。如此一來，對該人將來非常不利。眼下，暫觀察形勢以相機勸告其漫遊我國。」

在光緒二十五年歲末，文廷式自家鄉出門，沿著長江出海，在長崎進入日本國境，後至神戶路過馬關——文廷式以其對中國為羞恥地，故未停留，逕經大阪、京都。當他到神戶時，即有友人中西正樹由東京到神戶來接他。光緒二十六年元月十八日他到達東京。而據當時（光緒二十五年九月至十一月）作為《萬朝報》的主筆身份遊歷中國的日人內藤虎次郎（內藤湖南），在遊歷華南華北期間，他通過面會筆談，結交了嚴復、文廷式、張元濟、羅振玉等，後來並出版《燕山楚水》一書，在其中〈禹域鴻爪記〉一文記載，他在光緒二十五年在上海與文廷式第一次訪談的內容，是其時文廷式還在上海，而還沒到日本。以此觀之，說戊戌政變後，文廷式為避禍而遠走日本，是不確的。後來文廷式直到一年多以後的光緒二十六年正月才在日人保護下去了日本。同年三月返回上海。

文廷式訪日，內藤湖南與他兩人屢屢晤面，這在文廷式的《東遊日記》多所記載。內藤湖南還將那珂通世、白鳥庫吉、桑原騭藏等人介紹給文廷式。而文廷式鈔寫給予內藤湖南的《蒙文元朝秘史》，後來促使那珂通世《成吉思汗實錄》的完成，而此一成果再影響屠寄《蒙兀兒史記》的完成。日本學界認為這對締造日本東洋史學之業績上，大有貢獻。這也是內藤湖南與文廷式展現於中日文化交流的學術成果之一。光緒二十五年是內藤湖南與中國學者交往的開始，在內藤湖南這次結交的中國友人中，與文廷式一見如故，此後五年間最稱莫逆。光緒三十年（一九〇四）八月，文廷式不幸早逝，內藤湖南還撰有〈哭文芸閣〉以寄哀慟。

文廷式晚年雖窮困潦倒但所為詩詞，輒多忠愛纏綿盪氣迴腸之作。如〈南鄉子・病中戲筆〉一闋：「一室病維摩，且喜閒庭掩雀羅，煮藥繙書渾有味，呵呵，老子無愁世則那！莽莽舊山河，誰向新亭淚點多？惟有鷓鴣聲解道：哥哥，行不得時可奈何？」沉哀幽怨，一代風華，與恨俱盡。該詞被嚴迪昌在《清詞史》評價為「是詞人病故前不久的作品，名曰『戲筆』，實是大哀無淚，短歌當哭」。遺著有《雲起軒詞鈔》及《純常子枝語》。

可愛者不可信——也談賽金花瓦德西公案的真相

賽金花真有其人，但她的暴享盛名，卻是完全因為一部小說和兩首長詩而獲取的。一部小說是指曾樸（孟樸）的《孽海花》；兩首長詩是指樊增祥（樊山）的前、後《彩雲曲》。但是不管小說或是詩歌，它們都是文學作品，不等同歷史或傳記，其中自有想像誇張的情節。但世人多昧於事實而不察，而後來據之而演繹的戲劇、電影更是踵事增華、加油添醋，背離事實也就越來越遠了。「可愛者不可信，可信者不可愛」，而其中言之鑿鑿的「賽金花與瓦德西的情史」，更可說是「彌天大謊」。

其實與曾樸同時期的小說家包天笑在〈關於《孽海花》〉（原載《小說月報》第十五期，引自《釧影樓筆記》，一九四一年十二月出版）文中就說：「在《孽海花》一書中，曾孟樸曾寫過賽金花熱戀瓦德西一段文字，其實並無此事。孟樸也承認沒有這事，不過為後來伴宿儀鑾殿的張本，在隨使德國的時候，留下一條伏線，那也是小說家的慣技。」對此楊雲史（圻）在一九三六年十二月八日給張次溪的信也說：「文人至不足恃，《孽海花》為余表兄所撰，初屬稿時，余曾問賽與瓦帥在柏林私通，兄何知之？孟樸曰：彼兩人實不相識，余因苦於不知其此番（指庚子年事）在北京相遇之由，又不能虛構，因其在柏林確有碧眼情人，我故借來張冠李戴，虛構事蹟，則事有線索，文有來龍，具有可鋪張數回也。言已大笑。」這就是曾樸寫賽金花早年和瓦德西在柏林一段戀情的自供。至於他說賽金花「在柏林有碧眼情人」，也未必真有其事。

包天笑又說：「但是伴宿儀鑾殿，也實在沒有這事，因為中國人當時守舊心理，以為一個漂亮女人，和外國人辦交際，就說是有染了。據賽金花講，那不過是聯軍進京以後，老百姓都關起大門，不賣一些東西給洋軍吃，於他們的軍食上很有影響。於是他們來託我了，我說，這事好辦。你們要不惜小費，不專門揩油，怎麼不好辦呢？當時我就去敲開了老百姓的門，告訴他們，你們要是不賣給洋兵吃，他們就要搶了。現在他們肯多給價，譬如雞蛋，當時不過值兩三分錢一枚，我就給他們一毛錢一枚，老百姓自然都肯拿出來了。雞蛋肯拿出來，別的東西，自然也都拿出來了。」

京劇大師齊如山在〈關於賽金花〉文中說：「在光緒庚子（一九〇〇）、辛丑，一年多的時間，我和賽金花，雖然不能說天天見面，但一個星期之中，至少也要碰到一兩次，所以我跟她很熟，她的事情，也頗知一二。」在談到認識賽金花的經過時，他說：「那年前三門外，東至東便門，西至西便門，南至珠市口大街，都歸德國軍隊居住，一次我騎著馬出前門，大遠的看見，由南邊來了三個軍官，一個中國女人，正不知為何人，走近了，三位軍官都很熟，彼此招呼，他們就給指引，此位是洪夫人（案：賽金花曾嫁給洪鈞為「狀元夫人」），我趕緊回答說，知道知道，其實我以前並未見過她，且不知她在北京，但我想著，一定是她，她對我卻非常的顯著親近，並告訴我，她的住址，在石頭胡同，約我前去談談，而且說了兩三次，這是我第一次認識她，過了幾天，恰有一位軍官，跟我打聽她的住址，很想去拜會她，所以我就一同去了，房子並不闊綽，也還齊整，跟我說了很多的話，大致是請我常去，並且說您認識的德國朋友多，只管請這裡來坐，並有兩個十六七歲的姑娘，倒茶裝煙，我當時看看那種情形，並不像使喚丫頭，以為情形不對，詳細一調查，居然是一個妓院的性質，她殷殷的請我去，有兩種意義，一種是她的德國話不夠，請我幫她忙，一種是完全給她拉買賣，後來我又去過一次，方知果然是那麼回事，於是就沒有再去，凡有德國官員求介紹者，永遠請家兄竺山，同他們去，才知道價錢，喝一次茶，是八塊錢，過夜是二十塊錢，此外還有點賞費。」

而丁士源的《梅楞章京筆記》中則記載他帶賽金花入中南海「遊覽」的經過，頗為詳細。據周乾康的資料說，丁士源（一八七八—一九四五），字聞槎，浙江烏鎮人。年輕時在沈亦昌冶坊為徒，得坊主沈和甫舉薦，入上海育才館習英文。畢業於武備學堂，得肅親王善耆相助，留學英國攻讀法律。歷任北京崇文門海關監督、陸軍部軍法司長，武昌起義時任清陸軍大臣蔭昌的副官長。民國成立後，任湖北江漢關監督兼外交特派員，北洋政府時，任段祺瑞的少將侍從官，京綏、京漢兩路局長等職。偽滿期間，出任第一任駐日公使。仕宦三十多年，「不置恆產，一生唯好讀書，接濟家鄉親族。生前曾在烏鎮造六間日式樓房，知名於當地。」著有《梅楞章京筆記》和《世界海軍狀況》兩部專著。學者茅海建在《世界海軍狀況》序中說：「丁士源曾留學英國，後在練兵處任職，赴荷蘭海牙參加過海陸軍事務國際會議，熟諳英、美、法、德、日、俄、意、奧等二十餘國海軍狀況，此書論述列強海軍種種問題，是較早親自掌握情況，放眼世界，重視東亞海上力量佈局的著作。」

光緒二十六年（一九〇〇）八月，八國聯軍進佔北京，殺人無數。後來，聯軍總司令瓦德西元帥委任德軍軍法處長格耳為北京知府（市長），入駐中南海。丁士源是代表中國政府辦理大批死屍掩埋事宜的負責人，由錢塘鍾廣生、瀏陽沈蓋協助其工作。《梅楞章京筆記》云：「德國格知府翻譯，係廈門海關三等幫辦葛麟德，嗜好甚多。每至賽金花南妓處吸阿芙蓉，故石頭胡同各妓寮，如有被德兵侵擾者，必告賽轉懇葛麟德寬恕或查辦。是時，丁士源與王文勤之子，日赴賽寓酬應。賽曰：『葛大人，吾等空相識月餘，前懇君攜赴南海遊覽。君雖口諾，而終未見諸實行。』葛曰：『瓦德西大帥於南海紫光閣辦事，軍令森嚴。吾輩小翻譯不能帶婦女入內。』語至此，葛遂詢丁曰：『聞閣下曾入內謁瓦帥數次，昨日又謁參謀長，為辦理掩埋善事，閣下或能攜彼入觀。』丁曰：『可。惟賽花必須男裝。』賽聞之大喜，遂呢丁進行。丁曰：『余須先觀汝男裝有否漏洞，然後再定。』賽遂散髮編辮，頭戴四塊皮帽，擦去脂粉，著一灰鼠袍，金絲絨馬褂。裝竟，丁、王兩人，覺其頗似一青年男子。乃曰：『裝似矣，蓮步將如何。』丁、王乃慫恿賽購緞子快靴一雙，以飾其蓮翹。賽遂命窯伙即往買靴前來，用絨布兩大塊分包兩足。穿靴後，試行步履，頗覺自然。丁謂賽如能騎馬，即可作為跟人帶入。賽異常高興，即請試乘丁、王兩人帶來之跟馬。於是葛、賽、丁、王四人乃分乘四馬遊行石頭胡同，覺並無破綻。遂約於翌晨十時同往，賽即留丁、王、葛三人同宿彼處。次晨，起床，葛回打磨廠辦公處。丁、王乃攜馬夫及賽由丁在前分乘四騎出石頭胡同，經觀音寺，越前門至景山三座門。守門美兵，詢丁曰：『何處去？』丁對以謁瓦元帥。美兵即任四騎入門。經團城時，法國水兵守門者，又詢以何處去？丁對如前。法兵亦任之入。過金鰲玉蝀橋時，賽於第三騎大呼曰：『好景緻，好看。』丁曰：『勿聲。』迨至南海大門告守門德兵以謁瓦帥。兵曰：『今晨瓦元帥已行外出。』丁曰：『參謀長在否？』兵謂亦與瓦元帥同出。因之不克入內。及退歸賽寓，已鐘鳴一下。午餐後，丁、王分別返寓。」

而當時住在丁士源家的鍾廣生和沈藎，見丁士源返家很遲，說他必有韻事，丁只好把他將賽金花女扮男裝騎馬同往南海的經過，一一向他們說明。他們各自回到房間，鍾、沈兩人各戲寫一篇短文，一寄上海《遊戲報》主筆李伯元，一寄《新聞報》張主筆，說賽金花被召入紫光閣，和瓦德西如何如何，繪聲繪影，活靈活現。而這「瓦賽艷史」，也成就了曾樸的《孽海花》等一系列書的故事來源。而實際「沒見著」的真相，卻一直到了一九四二年《梅楞章京筆記》由滿鐵大連圖書館出版，才首次公布。丁士源在書中說：「妄人又構《孽海花》一書，蜚語傷人，以訛傳訛，實不值識者一笑。」但整個局勢卻已「弄假成真」，成為定局矣。

此次雖沒見著瓦德西，但後來賽金花和德國的軍官混熟了，她還是進了中南海。對此，齊如山在〈關於賽金花〉文中說：「一次同一軍官到南海，……且領著到閣中看看，一進門，便見賽金花同兩個軍官在裡面，我同她說了幾句話，忽見瓦帥由南邊同一軍官走來，與賽在一起的軍官，很露出愴惶之色，商量躲避之法，我便出來，瓦帥見我是一個中國人，問我同行之軍官，我是何人？軍官代答，並說我說極好的德國話，我便對之行一敬禮，瓦帥也很客氣，問往德國去過麼？對以沒有，他問在那兒學的德文，當即告彼（案：齊如山是北京同文館畢業生），又說了幾句話，我就走了。又一次在瀛臺，又遇到賽同別的兩位軍官，我跟賽正說話，又遠遠的見瓦帥同站崗的兵說話，這兩位軍官也露出不安之色，其一說，瓦帥不會進來，後瓦帥果然走了。這兩次賽金花都沒敢見瓦帥，所以我測度她沒有見過瓦帥，就是見過，也不過一二次，時間也一定很暫，至於委身瓦帥，那是絕對不會有的。在說那樣高級的長官，也不敢如此胡來，我這話也不是武斷，我所見過與賽金花一起的軍官都是中少尉階級，連上尉階級都沒有。……因此我想老跟一群下級軍官來往的人，不會與最高統帥隨便起坐，且外國的統帥，與中國前些年的統帥不同，中國統帥下邊的副官，都是他的私人，可以隨便給他介紹妓女，外國的副官則絕對不是這樣的情形，當的都是國家的差使，這樣的私事，他決不敢作。中國人認為瓦帥的屬員，可以給他介紹拉攏者，大致是看慣了舊日中國的情形，所以才有這樣的思想。」

齊如山還舉出一個有力的證據來證明賽金花不會和瓦德西有特殊關係，他說，那時候他在北京做些買賣，賽金花也辦些貨物交給德國軍隊的糧臺總管，她求齊如山向那個總管翻譯，講些好話，請他照收了。因此假如她的德語講得稍微通順達意，而又是所謂瓦帥的「枕邊人」，那她還不指著那個總管的鼻頭，叱他全部照收如儀嗎？何勞要齊如山幫她關說呢。

光緒二十七年（一九〇一）四月十八日深夜，中南海儀鑾殿失火，瓦德西倉皇從行舍的窗子裡跳出，魏紹昌說他赤身只挾帶了德皇頒給他的「帥笏」。後來穿的軍服靴子都是營中的官佐借給他的。這次大火中，德軍的一名參謀長燒死，儀鑾殿全部燒光。這把大火也為謠言大加其油，因為瓦德西狼狽逃出火場是當時眾所周知的事實，於是好事之徒便把「帥笏」想像為賽金花的肉體，變成瓦德西抱著賽金花穿窗而出了。也許這個繪聲繪色的謠言特別聳人聽聞，當即吸引了不少騷人墨客，紛紛為此吟詩賦詞，清末名士樊樊山所作的《後彩雲曲》，尤負盛名，傳誦一時。其中有「誰知九廟神靈怒，夜半瑤台生紫霧。火馬飛馳過鳳樓，金蛇𧏙𧒂燔雞樹。此時錦帳雙鴛鴦，皓軀驚起無襦袴。小家女記入抱時，夜度娘尋鑿壞處。撞破煙樓閃電窗，釜魚籠鳥求生路。一霎秦灰楚炬空，依然別館離宮住。」之句，論者訣之為「詩史」，比之為吳偉業之《圓圓曲》。怎知史實並不如此，樊山作此詩，也不過是憑空想像罷了。寫有《花隨人聖盦摭憶》的黃秋岳就曾問樊山怎見得瓦德西裸體抱賽金花，從火焰中躍窗而出？樊山說：「想當然耳。」齊如山說有次跟樊山談天，他偶問到《後彩雲曲》，樊山趕緊說，遊戲筆墨，不足以登大雅之堂，窺其意，似不欲人再說，大有後悔之意。齊如山認為「儀鑾殿失火，確有其事，但是極小的一件事情，這樣的火，若在別處，實在算不了什麼，大家也就不值得注意了。因為適在瓦帥住所，故當時北京城內就都知道了，再說，這樣高級的統帥，住所內外，整夜都有站崗巡邏之官兵，一經有火，當然就立刻可以發覺，那能等到詩中說的那樣厲害呢。」同時期的詩人冒鶴亭在〈《孽海花》閒話〉也說：「乃儀鑾殿起火，樊雲門作《後彩雲曲》，遂附會瓦德西挾彩雲，裸而出。俗語不實，流為丹青，因是瓦德西回德，頗不容於清議，至發表其剿拳日記，以反證明。彩雲即不與瓦德西接，原不得謂之為貞，但其事則莫須有也。」

黃秋岳在《花隨人聖盦摭憶》說：「猶憶庚子後，賽在京先張豔幟後入刑部事，蓋有數前輩退食，日過寒齋，心摹口說其宛轉縲絏狀。」據瑜壽（著名報人張慧劍）的《賽金花故事編年》一文記載：光緒二十九年（一九〇三）四月，賽金花在北京的妓院生意特別興旺，他買了一個武清縣的少女並取名鳳鈴。五月，賽妓院裡發生鳳鈴服毒自殺案，引起官場的大鬨動。命案發生後，賽金花被捕。

而據陳恆慶在《歸里清譚》書中說：「（賽金花）其性殘忍，一雛妓被其笞死，瘞之樓後，為人控告。時予正巡中城，委指揮趙孝愚持票往傳。至其家，有娘姨數人，婉言進賄二千金，放其逃走。趙指揮本為安丘富紳，不允其請。又詭云：『夜間被竊，失去中衣，不能行也。』指揮將飭城役往購中衣。彼知不能逃，乃登車至城署。五城御史多與相識，不敢堂訊，咸曰：『此乃命案，例送刑部。』乃牒送之。堂官派一滿一漢兩司員鞫之。上堂時，滿員先拍案恫喝，金花仰面上視，曰：『三爺，你還恫喝我，獨不念一宵之情乎？』滿員乃由後堂鼠竄。漢司員，正人也，諦視其貌久之，心怦怦動。旁有錄供者，筆落於地。司刑隸手軟，不能持鎖。司員乃歎曰：『此禍水也！吾其置之死地，以杜後患。』此語傳出，諸要路通函說項者，紛至沓來，堅請貸其一死。乃定為誤傷人命，充發三千里，編管黑龍江。而說項者又至矣，乃改發上海。予聞之，笑曰：『蛤蟆送入濕地矣。』例由五城押解，復委趙指揮押登火車，送至良鄉縣。縣官躬迎於車站，告趙指揮曰：『下官敬備燕席，為二君洗塵。』乃同入縣署，賞名花，飲佳醴。翌日，趙指揮回城覆命。予曰：『東坡有句云：使君莫忘霅溪女，陽關一曲斷腸聲。當為君詠之。』……」。陳恆慶在光緒末年做過監察御史，而當時是巡城御史，他的記述應當是較為可信的。

黃秋岳又說：「其後民國二年癸丑八月，予南遊，下榻濤園先生家，一夕就酒樓燕飲，朋輩飛箋為召賽寓來，逼視之，粉光黯暗，問年三十餘，實已四十一二。」又據一九一五年八月十日（舊曆六月三十日）出版之《東方雜誌》（第十二卷第八號）談及況周頤（蕙風）與賽金花之交往，得知況蕙風於此前已代傅彩雲（賽金花）致函冒廣生（鶴亭）求助。張爾田的《詞林新語》載云：「傅彩雲以絕色負名，某名士嫟之，嘗與蕙風同過酩酊，蕙風亦欣賞。迨其官浙東，彩雲少不繼，蕙風為作小箋，詞意婉委，其人為致二百金慰之。」陳聲聰《兼予閣詩話》第二卷〈冒鶴亭〉條云：「民國七、八年間，賽金花老而窮甚，時先生方莞關稅於甌江，詞人況蕙風代其作書向先生求將伯之助，書中有『猥以蒲姿，曩承青睞。落紅身世，託獲金鈴』及『烏衣薄游，寧少王謝』、『有貼乞米，無人賣珠』等語，不知先生有以應之否。」然陳聲聰說致函的時間在民國七、八年間，顯係錯誤，查考瑜壽所作〈賽金花故事編年〉一文，賽金花是在一九一二至一九一六年間第三次到上海為妓，此時年約五十歲。至一九一六年她已得識新歡參議院議員魏斯靈並一同到北京，住於櫻桃斜街。一九一八年和魏斯靈同到上海結婚，婚後又同回北京。黃秋岳說這時他經友人而得識魏斯靈，「魏黧面偉岸，嘗挾賽徘徊稷園茗座間，已垂五十之鳩盤荼矣。心念此嫗，得樊山為作兩詩，得孟樸為作說部，實至幸運，使非親見暮年憔悴之狀，必想向如《西樓記》所寫之穆素暉為神仙中人也。」一九二一年七月魏斯靈死，賽金花遷居香廠居仁里十六號，在此居住十五年，直至一九三六年以七十三歲病逝為止，沒再離開北京過。因此她請況周頤致函冒廣生求助之時間，當以況周頤之記述為正確，若說是民國七、八年間，賽金花已再婚，衣食無虞，根本無需救助了。

又過了二十年後，人老珠黃的賽金花再度「爆紅」。瑜壽的《賽金花故事編年》一文中說：「一九三三年賽金花七十歲，在北京。因為此時生活太窮苦，請求北京公安局免收她住屋的房捐大洋八角。有人替她寫了一個呈文，歷述她在庚子八國聯軍時代怎樣救過人，以強調她有免捐的資格。這個呈文，偶然被一個報館記者拿去登報，立刻震動了北京社會，並且傳播到全國各地，賽金花再度成為一個新聞人物了。」那是被北平《小實報》的記者管翼賢發現，立即前往賽家採訪，在報上大加炒作。隨後各方名人絡繹不絕去看她，猶如欣賞出土的古玩；連在上海的「性學博士」張競生都寫信與她談風論月。一時大批「賽金花訪談記」出爐，包括劉半農、商鴻逵師生採訪整理的《賽金花本事》、曾繁的《賽金花外傳》，都是這時期的產物。

但大眾興趣所在，仍然是那一段瓦賽情史。在這件事情上，賽金花本人的敘述顛三倒四，自相矛盾。例如她對劉半農與商鴻逵自述身世時，完全未提及在歐洲是否與瓦德西相識；而在曾繁採訪她之後所寫的《賽金花外傳》中她就明白表示兩人是老相識：「他和洪先生是常常來往的。故而我們也很熟識。外界傳說我在八國聯軍入京時才認識瓦德西，那是不對的。」在有些訪談中，賽金花全盤否認「瓦賽情史」：「我同瓦的交情固然很好，但彼此間的關係，確實清清白白；就是平時在一起談話，也非常地守規矩，從無一語涉及過邪淫。」她強調的是她的俠義行徑：八國聯軍在北京城中肆意殺人，她便向瓦德西進言，稱義和團早就逃走，剩下的都是良民，實在太冤枉。瓦德西聽後下令不准濫殺無辜，因此保全了許多北京百姓。奇怪的是，有的時候她又會誇耀瓦德西乃是裙下之臣。如《羅賓漢》的記者遜之採訪她時，她便說：「時瓦德西知余下堂，向余表示愛情，余愛其人英勇，遂與同居三四月之久。」

對此，香港掌故大家高伯雨（林熙）也曾在一九三四年間，多次去北京居仁里看過賽金花，並接濟過她。據高伯雨說，後來她對我也熟落了，彼此之間不太拘禮，談話也不太過客套了，她才坦白地對我說，她只見過瓦德西一面而已，和他沒有什麼關係。當時高伯雨就指出《申報》的「北平通訊」所載她對記者的談話，其中有該記者問她在宮裡住過幾天，她答在儀鑾殿一共住了四個月，瓦德西走時，要帶她一同往德國，她不肯，他又叫她，宮中的寶物可以隨便要，她也不敢。高伯雨問她，對記者所說的，難道完全是撒謊的嗎？她微微一笑，似是同意，歇了一會才答道：「可不是嗎？」高伯雨問為什麼要這樣呢？她答得頗有道理，她說：「人們大都好奇，報館的人和讀報的人更甚，如果我對他們說真話，他們一定不信，還以為我不肯老實說，我只好胡謅一些來打發他們，滿足他們的好奇心。同時又可以博取人家對我同情，幫幫我忙。像先生您既不是新聞記者，又不是賣文餬口的人，我怎好向您說假話呢？」。賽金花萬萬沒想到後來高伯雨成為掌故大家，也賣文為生數十年，而就在賽金花死後二十多年，他公佈了這段談話。

再有一事，賽金花說八國聯軍攻陷北京沒幾天，她就遇到德國兵來騷擾，她用德國話對付，德兵大為驚奇。接著她談起認識他們的總司令瓦德西，德兵回去報告，第二天瓦德西便派車來接她了。根據史料記載，八國聯軍是在八月十五日攻陷北京的，而據瓦德西所寫的《瓦德西拳亂筆記》（王光祈譯）觀之，瓦德西從德國授命出發，遲至十月十七日才到北京，因此北京攻陷後沒幾天，瓦德西還在往中國的海上，何能相見呢？賽金花的說法是不攻自破，一派胡言的。

另外，徐淩霄、徐一士兄弟在《凌霄一士隨筆》中說：「報載賽金花談話，謂克林德之被殺，我國願立碑以紀念之，克妻猶不滿，賴其勸告瓦德西，使向克妻解釋至再，始不復爭。此賽金花與克林德碑之關係也。」賽金花在答覆《申報》記者的訪談說：「李鴻章與各國議和不妥，即因克林德夫人要求太苛，僅僅立一石碑她不答應，我乃從中拉攏，對她說，此碑在中國只有皇帝家能立，平民是不許的。……克林德夫人經我這一說，始慨然允諾。」對此，齊如山提出他的看法，他說：「我相信賽金花沒有見過瓦德西，就是偶爾見過一兩次，她也不敢跟瓦帥談國事，第一她那幾句德國話，就不夠資格，就說她說過，瓦帥有這個權，可以答應這些事情麼？瓦帥確是各國聯軍（也有德海軍陸戰隊）的總司令，但這種總司令，是那一國的官級高，那一位就擔任此職，並非因德國公使被害，而德國的權力較大也，所以由天津往北京攻的時候，總司令是英國人，瓦帥到的很晚，到京約一個月之後，德國陸軍才到，才換他為總司令，這種總司令，仍不過只管軍事，至一切國事的交涉，仍須由各國公使秉承各本國政府的意旨進行，或主持，瓦帥怎能有權答應這種請求呢？在庚子那一年，賽金花倒是偶爾在人前表功，她倒是沒有說過求瓦帥，她總是說跪著求過克林德夫人，所以夫人才答應了她，她這話，卻沒有對我說過，她也知道，我知道她的底細，我想她沒有見過克林德夫人，我雖不能斷定，但以理推之，卻是如此，因為她庚子年在北平，不過一個老鴇子的身份，一個公使夫人，怎能接見這樣一個人呢？再說我也常見克林德夫人，總沒碰見過她，……就說，假如賽金花可以求克林德夫人，試問一個公使夫人，有權答應這件事情麼？她丈夫雖然被害，她不過可以要求關於自己的賠償，至於真正國際的事情，萬非她可以主持。」

而曾娶李鴻章兒子李經方（實為李鴻章六弟李昭慶之子，後過繼給李鴻章）的女兒李道清為妻的楊雲史，所作的〈靈飛事蹟〉說李鴻章沒有託賽金花向瓦德西進言的事，他說：「至謂李文忠公躬造娼門求靈飛（案：賽金花），乃得減賠款兩萬萬，而和約且以成。欲證其說，雖辱宗國誣名賢而弗恤，其陋謬違理多類此。」因為當時楊雲史和他的父親楊崇伊父子兩人都在李鴻章幕中，楊雲史說：「當庚子七月，文忠奏調先大夫隨辦和議入都在文忠幕，余則為文忠公長孫婿，父子皆居文忠邸，時侍左右，寧有不知耶。」當可證明。而再退一萬步說，賽金花不能講流利的德語，又怎能在克林德夫人跟前再三解釋立碑為最光榮之事呢？這種解釋之詞，一定要把說詞講得溫和有禮，有條不紊，動聽非常，如此始能打動對方而放棄成見，一般的外交家都還不一定能做到，試問賽金花的德語有此造詣否？

蘇曼殊《焚劍記》裡記述：「庚子之役，（賽金花）與聯軍元帥瓦德斯（西）辦外交，琉璃廠之國粹，賴以保存。……能保護住這個文物地區，不使它遭受搗毀破壞，也應算她作了一樁好事。」林語堂的《京華煙雲》裡也有這樣的話語：「北京總算得救，免除了大規模的殺戮搶劫，秩序逐漸在恢復中，這都有賴於賽金花。」他們的這些說法，難免都受到「傳言」的影響而誇大了賽金花的功勞。其實賽金花的事絕沒有後來文士及詩人所描述的那麼傳奇和誇大。「紅顏禍國」或「紅顏救國」，很多都是文人的想像罷了。「瓦賽情史」也是起諸於小報文人的編造，經小說、詩歌、戲劇、電影的渲染，成了人們津津樂道的話題。而當事者更是順水推舟，捏造誇張所謂口述自傳，於是造成一段讓人信以為真的鐵案，但它終究不過是個「彌天大謊」，這是讀史者不可不辨的。

黃秋岳在《花隨人聖盦摭憶》說：「比見南北報紙數記賽金花事，大率拙滯可笑。獨劉半農所為傳記，余未及見，半農今已化去，見亦無從質之。其所作大抵徵於賽之口述，恐未可據為信史。」又說：「鶴亭言，況夔笙（按：蕙風）舊與彩雲自命甚暱，願載筆為傳。彩雲漫諾之。夔笙一夕具紙筆，造粧閣，首詢身世，已自十問答二。……夫欲從老妓口中徵其往事，而又期為信史，此誠天下之書癡。」胡適認為劉半農「根本是多事」，黃秋岳也認為「此誠天下之書癡」，其原因在於賽金花為了滿足人們的好奇和博取同情，而一派胡言。對於此類人物，採訪者不能不慎，否則為其利用而不知。寫出的口述歷史，也無甚價值，徒留笑柄而已。

康有為派梁鐵君刺殺慈禧始末

一、前言

康有為一直將慈禧太后視為維新變法的重大阻礙，必除之而後快。戊戌政變前夕還曾有聯合袁世凱「圍園劫后」之計畫，而戊戌政變後，康有為逃亡海外之初，仍然不放棄派人暗殺慈禧之舉。甚至到光緒三十年（一九〇四）還派梁鐵君入京行刺，但由於康、梁年譜都語焉不詳，並未能道出真相。只有章士釗在一九六一年寫的〈吳道明案始末〉（案：吳道明為梁鐵君之化名）一文，有較詳細的談及此事，只因章士釗見過梁鐵君之子梁元及其所藏梁鐵君遺札四封並有康門弟子徐勤、羅普、伍莊、唐恩溥等人的題跋，當然可掌握更多的史料，也呈現出一些歷史的真相。而此珍貴書信於數年前為香港收藏家翰墨軒主人許禮平先生所得，蒙其提供照相影本讓我展讀，我做出釋文並蒙其校對，心銘感激。又見康有為文孫康保延家藏梁鐵君之遺札（見《萬木草堂遺稿外編》下冊）及學者孔祥吉所發現一封梁鐵君給康有為的信，筆者據這些信函重新梳理此段史實，並參照康有為的詩集、梁啟超的書信、康門弟子徐勤、伍莊等人的親見親聞，而詳其此事之顛末。。而康有為在新、馬的行跡還借助新加坡學者李慶年、張克宏的研究著作，其他如學者李永勝找出當年《中華報》對梁鐵君被捕後的報導，都是極其珍貴的史料，對於還原歷史真相，有莫大的助益。

二、梁鐵君與康有為早期的交往

梁爾煦（一八五七－一九〇六），又名鐵君。原籍廣東順德麥村人，出生於南海佛山鎮松桂里，是名士梁九圖（一八一六－一八八〇）之孫，鴻臚寺卿梁僧寶（一八三六－一八九九）之子。梁九圖，字福草，別署十二石山人。是道光、咸豐年間的社會名士、慈善家和詩人，也是嶺南名園梁園的創建者之一。他經常跟佛山著名詩人張維屏、黃培芳、吳炳南、岑澂等人詩酒唱酬，提倡風雅。人們稱他為「嶺南名士」、「汾江先生」。他不僅博學多才，而且樂於扶持後學，作育英才。例如後來官至禮部侍郎的李文田少小天姿聰穎，勤奮好學，就讀著名教館先生何鐵橋門下，後因貧寒而輟學。惜才的梁九圖把他招入家中與愛子梁僧寶同齋供讀。咸豐九年，李文田殿試欽點探花郎，任翰林學士。而梁僧寶亦考得第二十二名進士，授禮部主事。軍機大臣戴鴻慈，少年時跟隨梁九圖的學生舉人伍蘭成學習，梁九圖一見到戴鴻慈的文章，就認為他將會有遠大的前程，便把他哥哥的孫女許配給戴鴻慈。他卓異的眼力，可見一斑。梁僧寶歷升員外郎、掌印郎中兼軍機處行走、監察御史、鴻臚寺少卿。他秉性耿直，同治十二年、十三年，他參加磨勘（覆核抽查）鄉試、會考試卷，發覺有作弊現象，一力斥革兩名不合格的新舉人，並將情況如實上奏。順天鄉試考官、大學士金慶等人因此受到降職處分，各省新舉人相繼被斥革、罰停科的及考官被撤職降調的甚多，一時掀起大風波。受罰官員嗾使御史周聲澍、郭從矩彈劾梁僧寶。皇帝親自抽查復勘的考卷，覺得並無枉曲之處，降旨著令御史無須爭議，風波才告平定。

梁鐵君與康有為同在嶺南大儒朱次琦（九江）門牆之列，是師兄弟，梁鐵君長康有為一歲。據吳天任的《康有為先生年譜》說康有為在「光緒二年（一八七六）師從朱次琦，入禮山草堂，光緒四年離開。」因此兩人訂交當在此期間。康有為眼中的梁鐵君是「長身玉立，目光如電。冠年來九江，謁先師朱九江先生，佩劍如虹，遂相識，鐵君以王景略、陳同甫自負。已而率吾登粵秀山五層樓巔，強吾從所學，否則絕交，而吾乃溝瞀小儒，不能從也，交遂絕。」梁鐵君家世富厚，喜談國內大勢和古今王霸史事，因和康有為意見不合，以致絕交。章士釗推斷兩人絕交應在光緒七年（一八八一），因為後來康有為的〈哭亡友烈俠梁鐵君百韻〉詩中有「忽忽越五載，法警驚城郭。」之句，章士釗認為此指甲申中法之役，是役蟬聯至乙酉仍未了，統言五載，亦去史實非遠。而五年後兩人復交，康有為云：「越五年，重相見，與談天人之故，君大驚服，折節親交。」而今見康有為早年詩集《延香老屋詩集》（案：延香老屋是康氏祖傳宅第，康有為青年讀書處）中有〈題吾友梁鐵君俠者畫竹〉詩云：「生挺淩雲節，飄搖仍自持。朔風常凜冽，秋氣不離披。亂葉猶能勁，柔枝不受吹。只煩文與可，寫照特淋漓。」學者茅海建認為該詩可能寫於光緒十三年，也就是兩人復交之後。

梁鐵君的胞兄梁霞蹩很有錢，當時承辦廣西鹽務，創立林全大江公堂於梧州，總持桂林、全州、大黃江等處鹽櫃，由梁鐵君擔任堂總，主持其事，獲利甚豐。康有為的《萬木草堂詩集》（梁啟超手抄本）有〈梧州四詠〉，題下注云：「時以所著《新學偽經考》被按劾，梁大鐵君招遊梧州，日與飲酒訪山水，輒成詠。」這是指光緒二十年七月，給事中余晉珊（聯沅）疏劾《新學偽考》：「惑世誣民，非聖無法，同少正卯，聖世不容，請焚其書，而禁粵士從學」。而御史安維峻更疏請嚴予究辦。於是兩廣總督李瀚章令康有為將此書自行焚毀，並為之開脫，不致革去舉人，康有為乃應梁鐵君之招往遊梧州散心。在梧期間，康有為有〈鐵君惠沙田柚盈舟，詠柚以贈鐵君，惜其才俠不見用也〉及〈鴛江船上飲酒聽歌者阿銀歌，嘹亮淒楚，別梁鐵君〉諸詩。此次的會面兩人都留下深刻的印象，直到六年後（也就是光緒二十六年），康有為流亡在新加坡，梁鐵君伴隨在側。康有為有〈與梁鐵君在星坡追話梧州舊遊〉詩云：

白月四更冰井寺，與君踏月繼曾來。
萬松蘭若崎嶇路，幾樹梅花上下台。
綠水夕陽移畫舫，銀燈雪夜照深杯。
可憐鴛水東流盡，又歷華嚴劫一回。

而梁鐵君用康有為的原韻和之云：

兩度同遊踏明月，蒼梧昨夢故人來。
宋碑唐井前賢地，漓水鴛江舊將台。
翻為焚書邀笠屐，再從浮海共吟杯。
蒼生繫重何能死，歷劫而今第幾回？

梧州別後，梁鐵君在同年十一月初七日有給康有為信云：「初七日接讀十月廿三日發來手教，感甚。墓誌揮就，即交霞兄處收可。近欲覓北碑甚難，倘有好本，懇見示數種，臨罷即當送還也。日來無所消遣，初治《公羊》條例，苦無頭續。前卓如兄所著《論語公羊相通說》，陳子褒兄正擬發刊。弟欲先睹為快，已抄一本，日逐流覽，益人神智不少。卓如聰明絕世，又極勤學，將來功業，何可量耶！……」（見《萬木草堂遺稿外編》下冊）其中並附〈秋夜感懷〉七言律詩四首，中有「鴛水灘江盡晚陰，綠綺亭畔廢登臨。」之句，即是記載康有為遊梧州之事，而信中所說的卓如即是梁啟超。

而在這之後，同年十一月據康有為《自編年譜》有「遊廣西，住風洞，刻記於黨人碑。……寓桂林凡四十日，往來在山水窟中亦四十日。日日搜巖剔壑，及赴官紳燕會，若經年矣。」此為康有為的首次廣西之行，雖是其門人龍澤厚邀請的，但梁鐵君是陪侍在旁的，在後來康有為所寫的〈哭亡友烈俠梁鐵君百韻〉詩中，有「同住風洞山，蠟屐遍巖壑。」之句，即是明證。

光緒二十三年正月初七日，梁鐵君有信給康有為云：「……昨歲承示開辦善堂，經與梧州紳商聯名開辦，均皆踴躍樂成，李恭山先生為之倡。報館亦大有頭緒，惟君勉兄不知能否惠然而來。此刻主筆須人，諸事仍候君勉兄乃開辦耳。梧府縣尊均皆獎許捐款，當不至匱乏之虞矣。……再付上府報二函，羽兄三函，易一交閣下一函，交龍積之兄一函，並《公善章程》、《萬國公報》，統希察收轉致。」（見《萬木草堂遺稿外編》下冊）這是康有為第二次到桂林講學之後，他組織聖學會，「先在桂林開辦。本善堂於廣州、梧州皆有分局，當陸續辦理，視集款多寡，次第推行於各府州縣。」而梧州方面將由梁鐵君主持，要辦報、辦學，而梁鐵君正在等待徐勤（君勉）的到來，報館始能開辦。梁鐵君在廣西梧州經營鹽業，資產積累豐厚，而康有為本是寒士，因此他將許多錢用來支持康有為。自公車上書、設立學會，以迄戊戌政變，康有為隨手揮斥，幾無處不惟梁鐵君是賴，而梁鐵君亦曲意應之無吝色，直到「私財匱盡」。

三、戊戌後捨家相隨

光緒二十四年（一八九八）戊戌變法失敗後，梁鐵君棄家追隨康有為，流亡國外，成為康有為的左右手，是保皇派的骨幹份子。因梁鐵君有武功，還兼作康有為的保鏢。徐勤在《梁鐵君遺札》的題跋云：「戊戌八月政變南海先師得英人保獲（護）到香港，旋東渡日本，鐵君隨焉，種種計劃皆與其事。」當康有為剛到日本時，孫中山也正在日本招兵買馬。日本人想借此機會促成革命派與改良派的合作，孫中山也非常希望爭取改良派。於是，在日人宮崎滔天（宮崎寅藏）、平山周居間聯絡下，據清光緒二十四年九月十二日《國父年譜》記載：「……兩日後，先生派少白偕平山至康寓造訪，康、梁出見，在座尚有王照、徐勤、梁鐵君三人。少白痛言滿清政治腐敗，非推翻改造，無以救中國，勸其改絃易轍，共襄革命。康正襟危坐，故示矜持，並大言曰：『今上聖明，必有復辟之一日。余受恩深重，無論如何不能忘記，惟有鞠躬盡瘁，力謀起兵勤王，脫其禁錮瀛臺之厄，其他非余所知，祇知冬裘夏葛而已。』少白反覆辯論，無法挫其驕氣。會王照揭露所稱『衣帶詔』之詐偽，康恨之刺骨，並遷怒少白，兩黨遂無融合之望。」

根據康有為女兒康同璧所編《南海康先生年譜續編》（有一九五八年油印本，一九六一年作者又有修正。）中光緒二十五年條云：「正月，先君居日本東京明夷閣。時與王照、梁啟超、梁鐵君、羅普等重話舊事，賦詩唱和。」而康有為的《明夷閣詩集》有〈俠者梁鐵君聞余蒙難，棄家從亡，同居日本，日夜相共，偶與圍棋，感事聯句〉一首，又有〈明夷閣與梁鐵君飲酒，語舊事竟夕〉等共計三首。之後康有為去加拿大，而梁鐵君則返回香港。

據《南海康先生年譜續編》，光緒二十五年二月十一日康有為由橫濱到加拿大，四月二十二日至倫敦，閏四月離倫敦，重返加拿大域多利，並在六月十三日創立保皇會。康有為有詩，題目頗長，曰〈己亥六月十三日，與義士李福基、馮秀石及于俊卿、徐為經、駱月湖、劉康恆等創立保皇會，二十八日在域多利中華會館，率邦人祝聖壽，龍旗搖颺，觀者如雲。灣高華與二埠同日舉行，海北祝嘏，自此始也。〉

據學者孔祥吉《晚清史探微》引有光緒二十五年八月十五日梁鐵君給康有為一信，當是梁鐵君在港、澳間所寫，信云：

長素先生大人閣下：

別來返港，接雨田兄函，云吾兄在域多利擇得一善地，甚平安，慰甚……

弟現在港、澳間往來，尚未有入內地……尚幸賤軀無恙，差堪告慰耳。師中吉攜湖南志士九人（皆哥老會頭目也），已分往潮州及福建各處，師暫住兩禮拜，亦往別處矣。師云：湖南內地有九萬餘人，獨無軍械、糧餉，不能舉動，擬候君勉南洋籌款，然君勉初到南洋，一切佈置未定，奈何！奈何！在澳門，何穗田亦曾見此數人。到港，晚生亦見之。然籌款一節，亦甚難耳。

近榮（祿）、慶（奕劻）兩黨相傾，西后擬廢立，事甚急，京師震動。剛毅來粵，擬籌款五百萬，近議厘金改作坐厘，歸七十二行商帶抽，四處羅掘，鴉片煙熟膏抽厘亦已承辦矣。香濤辦哥老會極嚴，殺了數人。故湖南諸公奔走出滬，遇文廷式，交信囑其來港，

> 覓宮奇（崎）。故諸公到港，亦曾識宮崎、少白等人。惟師則主意極定，外聯宮崎、少白，而內防之。湖南諸公亦深信服師。師且云：「文廷式有異志，欲自立。」師之忠勇可愛，誠不愧復生之友耳。僅此布達，即請台安。熙拜，八月十五日晚泐。

孔祥吉認為此信「無疑是一件極為珍貴的史料，說明康有為等亡命海外後，加緊與內地的會黨勢力相聯繫，試圖借會黨的勢力同以慈禧為首的清政府對抗。而以師中吉為代表的會黨頭目，正是以前譚嗣同的舊友。唐才常領導的自立軍起義，主要藉助的也是師中吉為首的哥老會勢力。」

同年九月康有為因勞太夫人在香港患病，於是由加拿大假道日本歸港。當時清廷命大學士李瀚章督粵，緝捕逮康有為，刺客載途，一夕數驚，於是在香港停留不到四個月。而同年底據《南海康先生年譜續編》云：「適邱菽園（案：新加坡富商，著名詩人）自星加坡匯贈千金，並邀往南洋避難，乃於十二月廿七日偕梁鐵君、湯覺頓等乘船離港。」康有為在《大庇閣詩集》中有〈己亥十二月廿七日，偕梁鐵君、湯覺頓、同富侄赴星坡。海舟除夕，聽西女鼓琴。時有偽嗣之變，震盪余懷，君國身世，憂心慘慘，百感咸集〉詩。《大庇閣詩集》共收有一四七首詩，分別是作於新加坡和馬來西亞的丹將敦（Tanjong Tuan）和檳榔嶼三處。康有為在《大庇閣詩集》序中說：「庚子（一九〇〇）春，徙圖南溟。及夏，英海門總督亞歷山大館我於其庇能（檳榔嶼）節樓，名之曰大庇閣。居十五月，至辛丑（一九〇一）十月乃去。」《大庇閣詩集》的得名，也是由此而來的。（以下所引諸詩均出自《大庇閣詩集》，不再另註明。）

而《南海康先生年譜續編》光緒二十六年條云：「正月二日，先君至星加坡，寓邱氏客雲廬。」十餘天後適逢元宵夜，康有為有〈星坡元夕，鄉人張燈燃爆，繁鬧於故國。觸緒傷懷，與鐵君、覺頓、同富侄追思鄉國〉詩。而為了躲避媒體的追逐，到了正月二十六日康有為遷到邱菽園在湯申路之恒春園，他有〈庚子二月，四十三歲初度，寓星坡之恒春園，居一樓，名曰南華。梁鐵君、湯覺頓為吾置酒話舊，慰余瑣尾〉之詩。

《南海康先生年譜續編》光緒二十六年條云：「三月，遣梁鐵君至北京尋先叔幼博（案：「戊戌六君子」之一的康廣仁）墓（案：稿本作「厝所」，較精準。），得舊僕張陸之助，得於北京宣外南下窪龍樹寺之旁，攜遺骸以歸。」康廣仁遇難後屍骨不知埋葬何處，做為兄長的自然心碎難忍，流亡在外近兩年，康有為時常擬遣人往北京尋找，但均未果。現避居南洋，北望中原，更是肝腸寸斷，於是有〈遣人入北尋幼博墓，攜骸南歸〉之詩，遣人，當指梁鐵君，而「攜骸南歸」，並非指南來南洋，而是先浮厝於廣東南海縣銀塘鄉的後崗，到了一九二〇年夏曆五月初一日，康有為才移葬康廣仁遺骸及其母勞太夫人並三姨太何旃理於江蘇金壇縣茅山積金峰下的青龍山，這是後話。

又光緒二十六年陰曆六月二十八日為光緒帝三十歲生日，邱菽園為了保皇，發起恭祝萬壽之祝嘏活動，康有為有〈皇上三十萬壽時大亂，京津消息多絕，幸聖躬無恙，小臣在星坡，與梁爾煦、湯叡設香案龍牌，望闕叩祝。時邱煒萲鼓舞星坡人，全市祝壽極鬧，前此未有也。恭記〉詩，康有為在此次活動中公開露面了。為了躲避刺客的暗殺，在邱菽園、林文慶以及當地政府的保護之下，康有為匿跡新加坡雖僅半年，卻四遷其居。七月朔，聽聞有刺客要殺康有為，總督瑞天咸（Frank Althelstone Swettenham）用船將他及隨行諸人送往麻六甲丹將敦（Tanjong Tuan），康有為有〈七月偕鐵君及家人從者居丹將敦燈塔〉詩。新加坡學者李慶年指出由於康有為詩中稱丹將敦為島，因此有些學者誤以為真的是島，其實它是森美蘭州接近麻六甲州的一塊突出海面的陸角。丹將敦沙灘上有些石頭被海水沖刷得光滑明亮，康有為有〈丹島多奇石，拾得百餘枚以壓歸裝，鐵老亦相與拾石自遣〉詩。但僅經過兩星期，總督又護送他到馬來西亞的檳榔嶼，李慶年指出英國人把他從新加坡接到丹將敦，又將他送到檳榔嶼，目的是要保護他，這當然是考慮到他今後或許還有利用價值。康有為有〈七月朔入丹將敦島，居半月而行，愛其風景，與鐵君臨行，回望不忍去。然聯軍鐵艦日繞島入中國，見之憂驚，示鐵老〉之詩云：

丹將敦島住半月，弄水聽潮憶舊蹤。
海浪碧藍分五色，天雲樓塔聳高峰。
風號萬木驚吟憂，濤湧崩崖嘯臥龍。
隱几愁看征艦過，中原一線隔芙蓉。

而光緒二十六年庚子事變起，據《南海康先生年譜續編》云：「京師義和團變起，時機可乘，乃使徐勤募款海外，唐才常招撫兩江豪傑，荊湘志士，相率來歸。名將吳祿貞、徐懷禮皆與焉。林圭主武昌，羅昌、梁啟超往返奔走，同時函英日友人，籲請協助，仗義勤王。秘謀於七月二十九日舉事，事前不慎，為張之洞查悉，全計覆沒，同志悉被捕獲，三十餘人當日蒙難，株連而死者千餘人。」又說：「而湖北、湖南、安徽、廣西、廣東五省株連而死者，尤不可勝算。先君聞耗大慟，此後不復再言兵事矣。」而康門弟子伍莊（憲子）在《中國民主憲政黨黨史》言：「庚子勤王之失敗，其原因甚多，然最重要之一因，則在現有軍隊中，未得一主力也。康有為對於梁啟超親入主軍之建議，所以未能決定者亦為此。試問素非訓練之眾，但靠金錢何能駕馭，而況金錢亦不多。此次海外所籌約三十萬元，合美洲南洋會眾之力，不過如此。……不料七月二十日八國聯軍已破北京，西后脅持皇上乘輿西狩，長江佈置如箭在弦上，不能中止。而事機不密，竟為鄂吏所乘，成敗之數，豈非天乎？復次，外交之運用欠力量，當北方拳匪排外，正鬧得天翻地覆之時，南方三督聯合保境，力任護外，乃突然於長江中部異軍突起，既無正式軍隊以為之倡，復有平日未能見信外人之幫會啟其疑惑。由今思之，此種舉動實在非常冒險，成功之希望甚微也。」

康有為在檳榔嶼住了一年多（十五個月）直到光緒二十七年十月二十七日才離開，這段時間先是住在英總督署的大庇閣，後來移居檳城總督署山頂臬司別墅。期間有和梁鐵君有關的詩，如：〈檳榔嶼偕鐵君四更踏月，步遊公園，長林清薄，雜於月影中，光景佳絕〉、〈戊戌築園花埭，僅移家數月而被籍沒，吾尚未見也，鐵君話曾兩到，今為鬥蟀場矣〉、〈檳榔嶼公園有飛瀑，鐵君尋得，日與同遊。自去國避地，不見泉瀑久矣〉、〈辛丑二日偶披棋局，見於鐵君舊聯句，再題一詩〉等諸作。

離開檳榔嶼後康有為等人前往印度，十二月一日居大吉嶺。光緒二十八年五月後遊須彌山，光緒二十九年三月離開印度，遊緬甸、爪哇後返港。光緒三十年二月，康有為、梁啟超、徐勤等和其他各埠代表在香港舉行保皇大會。議程包括討論商業公司的組織，計畫從事商業為總會和分會獲取資金，制定行動計畫以對抗革命派的攻擊。商會各員則已公舉徐士芹、梁啟田二君為收銀員；壽文、葉惠伯二君為管銀員；王公佑、康季雨二君為核數員，經各埠代表人共同簽名認允。之後康有為才離港赴歐。學者蔣貴麟認為梁鐵君和康有為分袂，當在光緒三十年二月春，是根據康有為的〈哭亡友烈俠梁鐵君百韻〉詩中有「……神山看櫻花，海嶼啖檳榔。爪哇觀魚池，緬甸覽象場。……更飲恆河水，數沙悟十方。……。攜手登須彌，精神欲飛揚。峰顛萬古雪，高高片雲橫，仰首吸上天，俛目瞰八荒。臨睨忽東顧，神州自茫茫。惻惻下流涕，誓言救君王。縱翼遂飛去，三度入帝鄉。……」之句。蔣貴麟認為「詩中所謂『三度入帝鄉』，似當釋為三度入京師。鐵君先生於光緒三十二年七月殉難，則其入京師之年，或即在甲辰與先生分袂之後，而其謀固已定於癸卯（案：光緒二十九年）遊緬甸之時也。」

四、擔任暗殺慈禧之舉

據《梁啟超年譜長編》云：「庚子年勤王運動失敗以後，南海先生便籌謀暗殺計畫，他的主要對象當然是西后，其餘如榮祿、李鴻章、劉學詢、張之洞等都曾在謀刺之列。這個主張發起於南海，以後便成為黨中重要事業之一。他們以為西后是變法維新保皇救國的最大阻力，其餘如榮、李、劉、張等，也都是保皇運動的妨礙者，所以不惜以巨資收買俠士，謀刺他們。數年以來，以經營此事，費去數萬元之多，但是，結果毫無成績。」保皇黨人陳國鏞在光緒二十六年五月十九日致美國僑領、保皇黨的骨幹譚張孝（良）信亦云：「至募死士刺殺賊黨一層，為極難事。自去年至今日，以日日注意於此，已費許多金錢招致此等俠士，惟總未見一施諸實事耳。」（見《康梁與保皇會：譚良在美國所藏資料彙編》一書）

而到了光緒二十九年九月三十日，梁啟超給康有為的信云：「……革命難行，先生之言固也。然櫻田之事，弟子以為舍錢買俠士者，其人必不可用，故力不主張，非謂此事之不宜行也。

如現在所謂林俠者，弟子未見之，不能斷其人，而何以數月不往，惟日日揮金如土，致使先生苦於供養，然則此等人供養之，果能為用乎，非弟子敢言矣。數年來供養豪傑之苦況，豈猶未嘗透耶？日日下氣柔聲，若孝子之事父母，稍拂其意，立刻可以反面無情。故弟子常與勉、雲等言，今之供養豪傑，若狎客之奉承妓女然，數年之山盟海誓，一旦床頭金盡，又抱琵琶過別船矣。故用錢以購人之死力，此為最險最拙之謀也。……弟子之沮是議，非沮其宗旨也，沮其手段也。」另外同年九月初七日徐勤給康有為的信也表示：「今日中國欲行荊、聶之事（本是第一要事），苦無其人。」（見《康有為與保皇會》一書）

這迫使康有放棄招誘死士之法，啟用黨人擔任暗殺之責。於是光緒三十年梁鐵君東渡日本，與梁啟超商討再次刺殺慈禧的計畫。同年九月十七日梁鐵君給康有為信（見《梁鐵君遺札》）云：

更生先生鑒：

迭發數函，內有四十四紙一函最詳細者，沿途種種辦法，想悉苑抵橫濱，（五月廿九起於六月初十到住港，三月□為至枉久候，士英殊可惱恨）（九月十五日到）偕默庵同行，與任熟商（其事詳任函），此刻定議，候士記愈乃能辦，太遲遲無期，不能不另圖擇人前去，朴池忠實有膽氣，速派其回東入西省，選擇好手數人來，以期速辦計，今年時日已趕不及，明年櫻花之會爛熳想不可定，計期士英亦愈得此助力，雖費多金（斷不可惜），亦該如此。弟偕默日間入津京，惟吾兄當速籌數萬之款，源源匯任，乃能接應，不然則前功盡棄，前費之款付之無用，白花心血耳。此頌

道安

煦頓首
九月十七由橫濱發

此信是梁鐵君和梁啟超（信中稱任，即任公也。）在日本橫濱的計議，信中提及的的默、剛、朴都是保皇骨幹黨人。默，乃陳默庵。剛，是梁子剛。朴乃羅璞士，名孝通，廣西會黨頭目。該信是要康有為速籌款項滙來，否則會前功盡棄。而梁啟超在同年十月五日給康有為的信說：「鐵老來此後所商各節，前曾略稟。今鐵老有一書詳言，不必再贅。現鐵、默、剛皆已行，朴亦日間決再往。鐵、英一枝，剛、朴一枝，合辦必得當也。惟現據鐵老所預算，最少為辦至明年四月實行時止截者，約須一萬元（為最省之數），而此間既已無存，現罄《叢報》所有，交彼諸人為行費，許以一月以後陸續接濟。蓋弟子苟不許之，則令辦事人寒心也。然雖許之，而實一文無存。……今日騎虎難下之勢弟子實屬焦慮，無法可施，惟望先生有以善其後耳。至此次，以如此之佈置，如此之人才，實有可以成功之道，不成則真天亡中國而已。」雖經濟條件十分艱難，但大家仍然躊躇滿志，要奮力一搏。

同年十月廿三日梁鐵君回覆梁啟超信（見《梁鐵君遺札》）並請轉康有為云：

橫濱來信，已撥匯三千上光明，僕乃先送默庵下船，即附輪入津，擬安置各伴，並帶碧臣、唐增二人出都，在武昌開設商務，以羈縻此兩人故也，惟上游生意，非得子剛速行布置花園不可（計款六千，斷不能少），以備朴兄一切製造及進退之路也，現統計款項，既因武昌一局，多費數千，與前議不同。倘現匯之三千不足，希預匯三、二千交石芝處，俾得中途接應，至緊至緊，僕俟明年正月後，乃出長江，入都布置未晚也。

計期子剛花園，及朴兄藥料亦足，阿蓉與椒堂亦抵光明，然後再籌東洋車公司可也。頃閱報十月初七往園，乘小火輪，十月十二回宮，與皇上同坐小火輪到西直門，則沈慶亭處甚為重要矣。東洋車公司已託晴生與沈慶亭謀之，若洋車不成，即薦人入小輪船，如朴兄者亦可成功。總之多備資本，款項充足（至少五萬乃足），我乃有辦法，若不接濟（如今年電港不應，我不能不行），我不能為無米之炊，雖極好文章，亦付之流水。今年已失去數月機會，明年預布，豈可失之？子剛沈毅有謀斷，朴兄忠勇可靠，除此之外，椒堂尚不肯任事也。如默庵臨事變性（我原意安置東洋，而公不會意），則又豈僕所能逆料哉。餘詳子剛兄面談，不贅。此頌，大安。兩渾。（儀侃可用，而遠在數萬里，必調君勉往接其手，速其回來，口禱可與子剛謀之）

閱過此函可並寄先生。

十月廿三日口。

此信談到未來將在京布署之情形，用了許多暗語，如設置子剛花園，學者李永勝指出那是暗殺的機關，其其主要任務是「備朴兄一切製造及進退之路」，即為人員活動和彈藥藏匿之處。光明、東洋車公司均為梁鐵君所設機關。「若洋車不成，即薦人入小火輪，如朴兄者亦可成功」，實際是說暗殺慈禧的地點和方法。「洋車」何指，尚難解，或指慈禧所乘車。小火輪乃慈禧乘坐的豪華遊艇。而章士釗曾問過朱啟鈐此小火輪為「日本三菱公司所承造，馬力大，吃水深，僅能駛至高粱橋閘而止，自高粱橋以達倚虹堂，需換另一小火輪賡續駛行。」從信中，我們可以瞭解梁鐵君及其他暗殺團體成員的一些活動情況。梁在武昌、天津、北京等地設立多處機關，對宮內帝后行蹤也瞭若指掌。信中還談到了在籌款方面所費周折。「電港不應，我不能不行」，章士釗認為當指香港華益公司，並說：「揆厥詞意，爾熙貫通南北，大展經綸，大有捉襟見肘、錢不應手之感。」

到了光緒三十一年年初梁鐵君又有給康有為信（見《梁鐵君遺札》）云：

更生先生鑒：

到東洋十日，籌議辦法，任已無款。前款數千，盡辦炸藥矣。阿蓉既病不能行，人才寥寥。適朴池在日本同辦炸藥，已略有頭緒，但未經試驗。茲即著樸回東擇地試驗，倘可用，即帶來都，頃先派子剛入都辦花園（以為藏人製炸藥進戰退守之路），在京第三站火車頭左右設花園也。計期，盡十月內花園大概成功，朴池試驗亦回。如不可用（試驗過，不成功），即偕智若走西省，覓好手數人來津，入子剛花園住，以為常久辦法。頃僕偕仳默庵同行，先到津候椒堂運貨運人，以默常駐津局，接應一切。僕到京後如何，再有辦法，容後詳。此刻任電借商款五千（港局存保皇會款約六千，則祐季雨持以還商會者也。可將此款撥還，則並未借到商款也。），倘吾兄有款即匯任處，無庸匯港，今已割棄，港滬專注津局，以任為糧台耳，共計明年預算亦不過三萬金（現預算只計一五萬耳），惟辦東洋車公司，及有大筆則不能料，吾兄只任籌款之。

信中「朴池」乃指羅璞士，說他在研發炸彈，已有頭緒，只是尚未試驗。而梁子剛則計畫用十月時間辦成秘密機關，等羅璞士試驗成功，將炸彈運往北京藏匿。但若試驗不成功，則讓羅璞士回廣西（羅為廣西會黨頭目）「覓好手數人來津，入子剛花園住，以為常久辦法。」是梁鐵君採用雙管齊下的辦法，除以炸彈炸之，還要招俠士伺機行事。關於羅璞士，梁啟超在光緒三十一年六月下旬（案：《梁啟超年譜長編》將此信誤為光緒三十年，今從學者李永勝之說更正）給蔣觀雲信中說：「頃有一大失望之事，友人羅璞士者，前曾與渙卿言其人，想公間接聞之。此公去年來東學爆物及催眠術，學成歸，方將實行。而此公昔本在廣西運動占勢，近在粵與西黨中一重要頭目通電，為吏詗悉，客月初間被逮，此間極力營救無效，於月之廿三，繼兩瀏陽（案：指譚嗣同和唐才常，兩人皆湖南瀏陽人也。）而去。弟為此事苦痛不可言狀。此才真不易得，蓄志十年，一事不就，竟以此死，彼蒼之虐，一何甚耶。公聞之，想亦為一哭也。」羅璞士在光緒三十一年六月因通電洩漏在粵被捕犧牲，這對在京同志來說，損失之巨，實在難以估量，而炸彈也可能沒有製成。

又梁鐵君給康有為另一信件（見《梁鐵君遺札》）云：

> [上缺] 至辦東洋車公司多籌三萬之款，其中大有深意。一可多藏人，為遍地布滿營壘之用；二因吾輩到京籌辦萬壽山□然軒，殊令人疑曰：云承辦鐵路礦務大生意而一無所辦，令人生疑，不如仍辦些東洋車公司以掩眾人之耳目。且其大權推出公眾任人入股（我獨私薦二、三十人拉車，可絕無形跡），吾輩以三萬元為底耳，若外股多，則不用三萬也。日日有生意做，易於藏身，不令人疑此，僕擬辦東洋車公司之意，易於混跡。現已託晴生轉託管那拉小火輪船之沈慶亭問慶王（其路極近，可面談，因慶王之婿為督辦

也。），已略有眉目，僕在京或作此東洋車等商務，交通更易，且此項商務斷無虧本，必有大利，可以持久辦去，不用添本者也。又及第六紙。

凡此以上六紙種種，皆就今日現在情形言之，其或天假之緣，別有機會，可辦大舉奪門，僕難預料。

為掩人耳目，梁鐵君開辦東洋車公司，頻繁展開公關工作，甚至與那拉小火輪之管帶沈慶亭都有密切往來。

五、案發前的最後消息

而從光緒三十一年下半年起到次年五月間，由於目前沒有書信等材料出土，因此無法得知詳情。光緒三十二年五月二十日梁鐵君有信給康有為（見《萬木草堂遺稿外編》下冊）云：

大庇先生鑒：

五月十三日，乾清宮召見義國親王後，回頤和園平安，連日傳戲。十六日馮仲平入園，該班內裏一切無事。十七日仲平偕建如回城府，金蔚九仍在頤和園值班。十八日建如來京，天利木廠金宅暢談，盡悉一切。弟囑建如覓姚煥卿，曾往馬總管房，適其外出，不獲見面。王漢章在上左右，公事多，不能行開，都未見面也。此刻漸漸運動，以祈交通，必能辦到妥洽。惟自昨年八月後，門禁加嚴，內裏人概少出來，即朗秋亦至今未有見王漢章、姚煥卿面矣。獨太醫院、內務府兩路能常通消息耳。蔚九在內，有事則以德律風告我，若有要緊事必知之。五月十九日建如回城府，廿二日入頤和園該班，云廿五日再來。五日一班，故廿二又是該班也。上在南海，常住瀛臺。老佛爺則住新建之洋樓後座，外座即召見洋人之處也。

南海及頤和園，此刻無閒人，不能遊矣。弟遊中海，苑門外十字街景和軒處尚能來往，西華門外中間一路如故，可以走通，但不能入苑門耳。

都中學堂極多，私立者五十餘處，袁世凱所開直隸學堂尤多。

茲定期十日一報，自五月廿日起發第一號，五月卅日發第二號函，倘有緊急事，則另發不列號函可也。

梁鐵君通過北京警廳西分廳四區區官范履祥（信中稱朗秋）的幫助，來與流亡在外的康有為、徐勤等人通信，並報告行動進展的種種情況。他通過照相及賄賂等方式結交姚煥卿、王漢章、馮仲平、建如、金蔚九等太監，與內廷溝通消息，瞭解慈禧的行蹤。金蔚九甚至還可以用德律風（電話）和他聯繫。只是自昨年八月後，門禁加嚴，使得計畫不得不一再推遲。其時北京人對於照相這個新玩意最感興趣，宮裡的太監更喜歡拍個真容掛在房間，留為自己欣賞。香港掌故大家高伯雨說：「不知有甚麼人向頤和園一個尚衣監馬總管（尚衣監是宮裡管皇帝衣服的一個單位，其總管為四品）吹噓，說開在燈市口那家新的照相館技術最好。馬總管親往拍照，甚感滿意。鐵君便竭力巴結馬太監，幾乎要義結金蘭。兩人往來漸密，並由馬太監帶他入頤和園四處拍照。」

而五月二十四日梁鐵君又有信給康有為（見《萬木草堂遺稿外編》下冊）云：

大庇先生鑒：

五月二十日發第一號函後，建如往頤和園該班，廿四日來京面談，云：皇上連日有病，即早二十四全順、忠勳二人值。（全順號誠。忠勳號元臣。）所開脈論抄列如左：

皇上脈息，左寸關沉弦，右寸關沉滑，肝陰未實，脾元尚弱，動作仍覺頭目眩暈，穀食消化尚慢，謹議理脾和肝，化濕之法調理云云。

西洋參　杭芍　桑皮　大麻仁　兔絲餅　雞內金　川貝　棗仁　炙香附

即日晨早開單後，建如回京有事，晚上仍回萬壽山該班也。據云，上病已痊，不過要調養耳。六月初可以不用服藥矣。自五月十三日往萬壽山時，已略有微恙，十八、十九等日均請脈服藥，與今日廿四所開之單，略有加減，其大意則同也。上之身體，總是虛弱，前四月廿六、七、八等日因傷食病甚危，急用大黃瀉下，乃得平安，至今仍是調養耳。老佛爺亦於五月十八、九等日有病，服木香、砂仁、枳殼、香附、當歸等藥，近已全愈，精神復元。日來議遷往排雲殿，故蔚九連日差事極忙，因辦排雲殿一切鋪墊修飾等事，未能回京也。老佛爺住排雲殿避暑，皇上仍住玉瀾堂耳。是日建如回京，所談如是如是。即日返頤和園該班。餘俟建如回京乃知一切。

再者，北京巡警，現議盡派天津警務學堂畢業（旁注：三月速成）學生充當。朗秋恐失差事，不敢離開也。此頌大安。道頓首。五月二十四日泐。不列號函。

此信甚至連皇帝診病的藥方都可開列齊全，足見他已經和宮中太監聯繫之密切。信中有關光緒皇帝生病的情形，一定令康有為心情澎湃不已，所以康有在〈哭亡友烈俠梁鐵君百韻〉詩云：「聖主起居注，一一來報商。」也顯示梁鐵君掌握一手消息。

而六月十二日梁鐵君有信給康有為（見《萬木草堂遺稿外編》下冊）云：

[上缺]所以推心置腹，成為通家矣。仲平與書田均勸我捐官，彼有道路，為我想法，可得好處云云。蓋書田與老醇王至好，醇王之墨蹟懸掛壁中甚佳（寫翁方剛一派），今始得見之耳。小醇王是其世誼矣。如大總管皆相信，極密誼，溥同與其常來往，認識內廷人貴人最多。仲平勸我必要歸宗為是，書田亦然，且談起戴鴻慈有親誼，及家叔伯□。書田勸我當用本宗，好交遊，易辦事也。王漢章上之至親信，醇王濤貝勒，上之胞兄弟，皆可以在書田處結交。

一、今日事不必為駱賓王，寧為狄仁傑耳。前事切勿重提，但祈成功，何論辦法。

一、□□□到，亦在北京報。（此報萊蓀所辦，慶王、袁世凱皆有巨股在內。）萊蓀交遊官場極熟，（常在慶、袁處。）此人我辦官後乃見之耳。通孺常來談，惟萊蓀尚不知我也。餘俟再詳，此頌大安。道叩。六月十二日，不列號，共七紙。

此信原有七紙，目前已佚前五紙。其中有「今日事不必為駱賓王，寧為狄仁傑耳。前事切勿重提，但祈成功，何論辦法。」駱賓王，討伐武則天者，狄仁傑，則是輔佐武則天者。在此以武則天代指慈禧。此時梁鐵君已經意識到形勢發生變化，並改變策略了，「前事切勿重提」的「前事」似指謀刺慈禧。而「但祈成功，何論辦法」似指實行所謂「辦官」，即捐官和交遊官場。此時整個行刺計畫已經有所改變了。甚至到了六月十八日梁鐵君仍有信給徐勤云：「此後切勿亂動，京中大老無人忌長者矣，從此和平辦去，則開復之期不遠矣」。（見徐勤光緒三十二年八月三十日致譚張孝（良）信中所引，見《康梁與保皇會：譚良在美國所藏資料彙編》一書。）

六、事洩被捕及酖殺獄中

而就在梁鐵君給徐勤信的隔天，也就是六月十九日梁鐵君就被捕了。據康有為在跋文中說：「君易姓名為吳道明，而戴文誠為君至戚，鄉士夫多識之。以詭姓名被疑訝，為怨者貪功被捕。」而據梁鐵君之子梁元的說法：「顧爾煦有舊識粵人朱祺（案：當為朱淇），在楊以德（案：天津探訪局長）部下任偵探，偶於天津衢市，彼此相遇，朱甚駭異，苦加詰問，爾煦語塞，因據實以告。夫爾煦者，一心無城府人也，朱既佯和其說，爾煦亦竟與嬉遊無間。以致朱得乘間抵隙，搜出爾煦密碼電本及其他秘件，為賣友求榮地，聞爾煦在京驟爾被捕以此。」此說是根據梁鐵君六月十二日寫給康有為信中提到菉蓀，即朱淇，因此把梁鐵君的被捕與朱淇告密聯繫起來。但據章士釗後來訪問當時任任北京外城警廳聽丞朱啟鈐，朱啟鈐說：「朱淇經營《北京日報》，以貪詐知名於時，其時與楊以德有所酬酢，自在意中。顧楊以德雖充天津探訪局長，其時未能大露頭角，趙秉鈞帳下一小卒而已。謂彼與朱淇合從，搜出吳道明密件等，似不可能是事實。」而梁鐵君死後不久，梁啟超在同年十一月給康有為信還說：「鐵事是否紫陽（案：代指朱淇）所構，今尚難斷定，然據秉三（案：熊希齡）言，確是一店伴告發，似未必由紫陽也。」

但據章士釗訪問朱啟鈐得知：「查吳道明之被捕，由提督衙門偵緝隊，懷疑宮監與照相師行蹤過密而起。時九門提督為那桐，案送南衙偵訊，又往燈市口照相館搜檢證據，發見履祥有同黨勾結之嫌。外城警廳初知案連本廳之嚴重性，而開始認真偵察。履祥（案：范履祥，即梁信中稱朗秋者）供稱：與吳道明朋友往還是實，平日知其為康門弟子，至真實姓名為何，委實不知，供詞十分狡展。尋於糞坑內覓得殘餘半毀信件，知吳、范彼此投遞緘札甚密。又外國通過客郵到達北京之書函，大抵由范經手，諜報嫌疑，軒豁呈露，而履祥與吳道明併案發落支局以定。」

梁案發生後，京津各報怕得罪朝廷，都不敢報導，唯獨彭翼仲的《中華報》獨家採訪報導，後來彭翼仲也因此獲罪。學者李永勝根據《中華報》的報導，結合朱啟鈐說法，理出事情經過：梁鐵君光緒三十二年六月十九日被捕。第二天，范履祥被捕。先在提督衙門審訊三日，然後，交外城巡警總廳。六月二十七日，兩人被押往天津韓家墅講武堂內審訊。七月五日，兩人被解往天津，由袁世凱親訊。然後，二人被分別解往馬廠陸軍第四鎮和滄州淮軍巡防營。七月七日，袁世凱進京。七月十三日，二人被處死。

據《中華報》的報導，袁世凱親自審問。梁鐵君在堂上侃侃而談，說到緊要之處，袁世凱竟汗流滿面。（案：袁世凱怕梁鐵君揭出他自己與光緒帝及維新派人士秘密交往的舊事），趕快停止審訊，命人把他架了下去，解往馬廠陸軍第四鎮。報導云：「七月十三日上午十鐘，該鎮忽接到京中密碼急電。著將吳某（案：吳道明，即梁鐵君也）處死，限一點鐘事畢覆電。四鎮執法官陸某知吳豪傑之士，斷不用他人動手。當將來電示吳。吳云：既如此，速拿毒藥來，以了君等公事。陸以他種毒品均不能速死，乃向人和鎮藥鋪購紅礬三錢（人和鎮即馬廠首村，統制衙門在焉。藥鋪名生春堂，鋪東劉姓）。鋪東因係毒品不敢出售。後經護兵告以原委，始敢賣給護兵。

回鎮後，當即研開，吳一飲而盡。腹中不受，當即吐出。吳云：可急速多買，復買五錢，飲下不過數分鐘，即疼痛難忍，就地亂滾。不到一點鐘，七竅流血而死。於十二鐘覆電：吳已處死。執法處乃飭人買薄棺一口立即殮埋於馬廠南圍門外亂土內（該處有官地一段，專埋正法兵丁及由津解往處決之盜犯）。外邊則咸云得急症死。而范在滄州，亦同時處死。」

七、康有為等人的反應及影響

據伍莊（憲子）在《梁鐵君遺札》的題跋（一九三七年所題）云：「鐵丈遇難於光緒三十二年丙午，當時天津友人電港報告，電文為雪鐵遇難等字，雪字原屬上讀收電人之名，即雪庵（案：徐勤）也。鐵字屬下讀指鐵丈。不意譯者粗心將雪鐵二字連讀，予筆名為雪鐵，遂驚心為予遇難，後始知乃鐵丈也。」而其所著《中國民主憲政黨黨史》亦言：「七月十三日頒預備立憲詔書，是日亦為憲政黨人沉痛紀念日，蓋烈士梁鐵君於是日在天津遇害也。自戊戌政變後，西后幽皇上於南海之瀛臺，山東俠士大刀王五原受康有為之命，擬至瀛臺救上，經營數年未得手。梁鐵君欲繼王五之志，易姓名為吳道明，入頤和園，有所謀劃，不幸事洩被捕。將興大獄，戴鴻慈（案：戴鴻慈與梁鐵君有親誼）曾設法營救無效，梁鐵君忽於七月十三日被酖殺於獄中，袁世凱實主之。」

當時康有為在德國柏林，他在八月十二日給女婿麥仲華（曼宣）的信云：

各書收。得電鐵君（七月十三日）已暴死於獄，嗚呼！痛哉！痛哉！鐵老竟為我而死，此次正得其手書兩道，乃絕筆矣。痛斷欲絕。即可寄此往港壽文等，恤其子女可也。明早為六烈士殉難之辰，前年設祭於柏林，今又再哭祭於柏林，旅人漂泊，觸續生哀。此告

曼宣並示君勉、壽文、鏡如、少閑弟。

更生八月十二日

匯上海橫濱救鐵老之三千元，除用外即以恤其子女可也，可以此示任、楚諸子。臨書泫然在柏林客店祭畢發。

康有為後來更有〈哭亡友烈俠梁鐵君百韻〉詩，繪聲繪色地描述梁鐵君當堂痛斥袁世凱的場面，所謂「君作漁陽撾，擊鼓目睒睗。袒衣罵權奸，數罪如鐘撞。謂言聖恩厚，自梟遷侍郎。」、「權奸雖梟雄，聞雷汗如漿，四將陪之下，優禮邀宴觴。毒謀加鴆酒，毅魄返帝旁。柏林夢見君，玉立而上揚。」，其實很多情節都是康有為所臆造的。學者李永勝也指出：「康有為等人為了政治需要，把梁鐵君赴死情節添枝加葉渲染一通，把梁被迫服毒說成四將陪飲，並製造出梁鐵君斥責袁世凱的慷慨激昂的場面。」其實在梁鐵君甫逝不久，同年十一月梁啟超即致信康有為云：「鐵事確於吾黨前途無甚窒礙，此事本初（案：指袁世凱）極能回護，令都中人若無其事者。」學者夏雙刃認為顯然康、梁對袁世凱沒有將梁鐵君案擴大化，是持相當感激態度的。康有為且迫不及待地想通款袁世凱與徐世昌，被梁啟超勸說乃止。梁啟超同信云：「先生言欲寫信

與本初或菊人，大可不必，本初他日不憂其不聯我黨，惟彼現在當畏讒憂譏之時，宜勿授反對黨以口實，更至生他障也。」至於後來卻又大罵袁世凱，夏雙刃也說：「直到後來，康、梁通過熊希齡向袁世凱索求贊助，被袁斷然拒絕，康有為才放棄了對袁的幻想，其哭梁罵袁之詩，也就脫口而出了。」

康有為在戊戌維新失敗多年後，其實已經無能挽回敗局的，刺殺慈禧也無實質意義。但康有為流亡國外活動中，在華僑中募捐了不少經費，如果不有所動作，難向捐款者有交待，故一直指令梁鐵君等組織暗殺慈禧的活動。章士釗對此事評論說：「如實論之：保皇黨處心藻飾爾熙之烈俠，從而裝點門面。高一層言之：使其死事有足供後人逐款憑弔之故實，與之相配；低一層言之：向美洲捐款華僑作報告，亦應有表裡相稱之歷史資料，饜飫人情。」因此章士釗認為梁鐵君案「起於保皇黨人謀泄戊戌政變之憤，同時為華僑捐款設一開支項目，以塞眾望而闢利源，毫無疑義。」而梁鐵君到北京活動跡近招搖，「上而提挈大小宮監，以照相或其他西洋小術煽惑內廷；下而創開公司，如花園、東洋車等項，棋布南北通都，樹立群眾聲勢。三兩年間，揮斥巨量金錢，外匯源源不絕，寄件通過客郵，本邦檢驗無從。主持人自恃豪邁，欺秦無人，掉鞅王城，隱現彷彿。此縱無宵小朱淇輩之生事告密，或北衙緹騎之努目凝視，燎原之火已成，破敗事有必至，秘密形諸眉目，路人一望而知。」章士釗還透露，梁鐵君犧牲之後其子梁元於次年赴英倫，欲見康有為討論父親的善後，康有為居然不見。章士釗感慨道：「死生之交，不及市道。」不過章士釗又說「鐵君不幸為宵小所賣以死，然卒以此一死也，而聲揚於天下後世，不可謂非不幸中之大幸。」

而梁鐵君案卻也給康梁保皇黨人的活動帶來不少麻煩，從光緒三十二年八月三十日徐勤給譚張孝（良）的信即可清楚地看出。信云：「鐵公為吾黨第一運動家，今遭不測，實為可痛！且因此生大阻力。端方與榮、慶商量，請開復卓如，因此事，故不果。趙爾巽與端方擬在京開日報，特聘狄楚青主持，今因此，又不能北上矣。麥孺博（案：麥孟華）亦因此不往東三省。故此事之變，同人謂『小戊戌』，誠哉！誠哉！」（見《康梁與保皇會：譚良在美國所藏資料彙編》一書）

梁鐵君遇難日，也是清廷宣佈預備立憲之日。康有為詩云：「詔書立憲日，烈俠舍生時。」對於此次的行動失敗，學者桑兵認為康、梁雖然對「鐵老竟為我而死」感到「痛斷欲絕」，但慶幸「於吾黨前途無甚窒礙」，「不以此牽及全域，尚不幸中之幸也」。反倒像是卸下了一個費力不討好的大包袱。從此，康、梁完全拋棄了刺殺慈禧的計畫，一心走上組織政黨的道路。就如同前引徐勤給譚良信所言：「今日只有篤守鐵公遺言，一面專力實業，一面專派遊學，才、財已足，則政黨之基立矣。吾勢力既足，政府不能不用我也。」

從《匋齋（端方）存牘》看史事

端方（一八六一—一九一一），字午橋，號匋齋，托忒克氏，滿洲正白旗人，在晚清時期前後出任陝西按察使、布政使、並代理陝西巡撫。後調任河南布政使，旋升任湖北巡撫。光緒二十八年，代理湖廣總督，光緒三十年，代任兩江總督。之後作為五大臣出洋考察新政，回國之後，出任兩江總督。宣統元年調任直隸總督。他創辦了最早的現代幼稚園，現代圖書館，無線電臺，學生運動會，公費留學生專案，工商博覽會等等一系列新政措施。算是個有才能、有見識的滿人。在仕宦之餘，他酷嗜金石書畫，收藏豐富，著有《匋齋吉金錄》、《匋齋藏石記》等。

由於端方是金石文物收藏家，因此他會把別人給他的信札，好好珍藏，不會隨意毀棄的。可惜的是在宣統三年（一九一一）十一月二十七日他署理四川總督，因保路運動而被殺，他所藏的信札也因此而大量散佚。例如最為人所熟知的是光緒三十三年（一九〇七）四月十九日袁世凱致他的密札，因為是屬於絕對機密，袁世凱還在信中囑咐他閱後即當「付丙」（燒掉），就因為端方是藏家，自然不會將這珍貴文物燒掉，端方死後不知何時該密札流出市面，後來為章士釗所得，一九三七年徐一士將之公布在天津《國聞周報》，這是有關「丁未政潮」極其珍貴之史料，信中袁世凱的陰謀，和盤托出，遂成千古信讞矣。歷史學者沈雲龍說：「此札可見奕、袁傾軋瞿、岑，布置之周密，設詞之工巧，手段之狠辣，無怪瞿、岑非其敵手，即明察如慈禧，亦墮其轂中矣！」。而如果沒有此信，則史家只能猜臆，對「丁未政潮」的內情將無從論斷矣。

在二〇〇四年中國嘉德秋拍「古籍善本專場」中《匋齋（端方）存牘》的五十三封書信手稿最終以人民幣七九餘萬元的價格成交。這批信札有恭親王溥偉、海軍大臣載洵貝勒、鎮國公載澤等清代天潢貴冑，還有裕祿、良弼、鐵良、瑞澂、岑春煊、陳夔龍、孫家鼐、魏光燾、張之洞、袁世凱、徐世昌、盛宣懷、李經羲等晚清重臣、疆吏，還有嚴修、嚴復、王闓運、陳三立、葉德輝等飽學之士，還有張謇、沈家本、伍廷芳、朱爾典（John Newell Jordan，英國駐華公使）等中外名人，他們寫給端方的手札，其內容涉及政治、社會、教育、收藏等等，史料價值極高。

《匋齋（端方）存牘》是日人佐久間楨（一八八六—一九七九）一九三八年在北京購得之於端方之甥的信札，以名貴乾隆綢緞裱裝成冊的。在一九四五年五月二十五日二次大戰中美軍轟炸東京，佐久間楨位於青山的私邸被炸，他積年所蒐藏精槧孤本、精奇珍玩之屬，一夕盡歸於灰燼瓦礫，而此《存牘》則是倖免於難的藏品。關於佐久間楨之生平，據其子佐久間祿所述，光緒二十九年（一九〇三）學於日本東京早稻田大學，始識張繼、程家檉等人。該年初夏就職於東京《二六新報》社，年方十八，因思想急進，為日本官憲追緝，次年由長崎而至大連，就職於《遼東新報》社。光緒三十一年歸返日本，並與宋教仁相識。是年秋與張繼同訪孫中山於東京築地八幡寓居。次年因宋教仁之介，往湖南長沙叩謁王闓運之門，並以左幹青（後改吳斌、吳孟卿）的中文姓名受其業。佐久間祿云：「先父寄寓湘綺樓，時端方奉仕四川鐵路督辦大臣之職，赴任途中，路過長沙，嘗造訪王闓運，事錄於《湘綺樓日記》。不料之後資州起事，端方及其弟端錦竟為鄂軍士兵所殺。先父早年馳心革命，不期於湘綺樓得見端方，雖料未有一言之交談，後年寓居北京，復偶得此存牘於其甥，因緣蓋如此也。」而一九九五年夏，佐久間祿囑託時在東京的中國學者閻崇璩教授識別文字及考證信札之日期，次年六月由臺灣中研院近代史研究所出版。

這五十三封信起迄日期是光緒二十四年起至宣統三年（一八九八—一九一一）止，也就是端方出任陝西按察使至被殺那年的四月止。從這些書信可以看出許多史事，例如同為滿人與端方有世誼的瑞澂（後為末代湖廣總督），在光緒二十八年秋給端方的信云：「此間傳聞，香帥任內，公虧不下數百萬金。果有其事，則吾哥接收，亦大費躊躇矣。為數過鉅，一時彌縫實難，不知現在作何計較。愚昧之見，似須自佔地步，或設法委曲陳明。吾哥雖察察不矜，度早見及於此，無待鰓鰓過慮也。」信中說張之洞在湖廣總督時是有虧空公款，而當他奉調代理兩江總督時，原湖廣總督就由端方接任，瑞澂一片好心，要端方想辦法收拾爛攤子。這事後來陳灨一在《睇向齋秘錄》也提到：「文襄調督兩江，鄂任虧空五百餘萬，電致盛宣懷挪借二百萬，以備彌縫，訂期歸還。盛覆電『有心無力』，文襄閱畢，怒曰：『杏蓀原來是一個大滑頭！』」後來由於張之洞與端方各回原職，張之洞公虧之數自行彌縫，也無須端方傷神，這恐是瑞澂寫此信時所始料未及者。

光緒三十一年春，湘中大儒葉德輝有信給端方云：「城內開洋行之事，英領似有轉圜之機。公與之再見，告以湘紳素來敬服英國之文明，近日於豫亨泰一事，頗與平日湘紳優待之心反對，非獨失湘、英之交情，損文明之名譽，且恐將來轉與法、德、俄相忌之國相聯，於英國揚子江上游利權損礙。不如將豫亨泰移居外城，俟租界定妥，遷入租界，何如必袒護一流氓之貝納賜，使日後富商入境，轉以貝納賜為此例，而不能取信於湘人云云。輝即以此言動之，必藉公再申明之以取信。此以情理動之，又餌之以利權所在。彼果熟權利害，亦必欣然樂從。」此信的歷史背景是光緒二十八年，清廷與英國簽訂《中英續議通商行船條約》，議定長沙為通商口岸。光緒三十年七月一日，在日本的一再催促下，清政府開放了長沙商埠，日本的捷足先登，讓英國政府極為不滿，於是光緒三十一年初，貝納賜在英國駐漢口領事的支持下，在城內西長街買下一個門面，開設豫亨泰洋行。曾任嶽麓書院山長的王先謙不忍眼看其他本土商人的利益受到貝納賜的威脅—他本來就忌恨城外租界的外商，何況貝納賜竟然入城開洋行了。是可忍孰不可忍，於是他做了長沙紳商驅貝的領頭人，同時也因此反英政府。端方在光緒三十年十一月任湖南巡撫，居於長沙，距葉德輝所在之湘潭不過咫尺，他禮賢下士，不惜紆尊相就，否則以葉氏自視甚高，向例不入公門，兩人未必能夠得識。也因此葉德輝在信中向端方提出相當好的建議，來處理這一棘手的問題。此信原無日期，但可推定在光緒三十一年春，因為同年六月後端方即調離湖南，出洋考察憲政矣。

光緒三十一年七月端方與載澤等五大臣奉命出洋考察憲政，翌年歸來，端方因此寫成《歐美政治要義》一書，定稿前他請創建京師大學堂的張百熙核定，張百熙看完書稿後奉還，並附有一函云：「大稿快讀一過，經世之鴻文也。拜服拜服。」而光緒三十二年端方曾託當時駐俄公使胡維德代購俄文書籍三部，胡維德回信說：「照單覓購，書價無多，幸勿拘拘。」從這兩封信我們可以看出端方不斷地向西方甚至俄國，求取新知，拓展新視野的企圖心。

光緒三十二年夏天，根據《清史稿・德宗本紀》載，淮河泛溢，江北災重，清廷撥款十萬兩賑濟之。當時端方甫任兩江總督，他急派員到四川購糧發放。嘉慶皇帝的曾孫載澤，因曾與端方出國考察憲政，兩人相當熟稔。他在光緒三十三年夏給端方的信中說：「祇悉春賑就緒，額慶再四。百萬瘡痍，得我哥起諸溝壑之中，江北蒼黎，何修得此。非徒遺惠靡涯，抑且造福無量矣。」而當時在朝中的侍講學士惲毓鼎在光緒三十三年間也致信給端方云：「聞委孫令赴蜀買米，川中米多而價廉，江南得此，民間食惠不淺。近已運到否？公之愛民真無時不為籌畫矣。」同樣因江淮賑災而贏得好感，世襲侯爵的李鴻章嫡孫李國杰在光緒三十三年間也寫信給端方說：「夜觀天象，熒惑光芒折入南斗，分野適應江南一帶。雖新學家無此占說，究宜先事預防，以期弭象於未形。」顯示兩人交情頗好的，沒料到光緒三十四年八月發生楊崇伊持鎗率眾，夜入吳韶生家逞兇之事。當時江蘇布政使瑞澂揭發楊崇伊在地方上種種胡作非為後，呈報江蘇巡撫陳啟泰和兩江總督端方，請予嚴辦。楊崇伊被「革職，又永不敘用」，又加上「嚴加管束」，終於病死。楊崇伊遺言要女婿李國杰替他報仇，因此當宣統元年十月，端方已升任直隸總督，在慈禧出殯之時因拍照驚擾隆裕皇太后，輿從橫衝神路，時任農工商部左丞的李國杰逮到機會馬上彈劾，而端方因此事被革職。

端方在這段賦閒時間裡，則忙於他的金石收藏及著作的出版（《匋齋吉金錄》便是在宣統元年十月成書的。）從他的老部下姜桂題在宣統二年的來信可得知一、二：「陶齋仁仲尚書閣下：奉教。辱惠審定板橋真跡，並拓本八種外，墨妙片麟，已足光輝蓬蓽。執事鑑賞收藏，照耀寰海。拓本諸種，保存古物，藝林偉觀，尤可寶貴。拜荷無已，唯有傾佩耳。伏惟起居萬福，不宣。如小兄桂題頓首」姜桂題在宣統元年調直隸提督，是直隸總督端方的部下，年紀較端方為長，故信中自稱「如小兄」，而稱端方為「仁仲」（即「仁弟」）。又詩人樊增祥（樊山）在光緒三十四年曾任江寧布政使與端方（時為兩江總督）過從甚密。他在宣統二年三月給端方信中說：「高雲在天，卷舒自如。公真天人，非下士所敢妄企。但恐華夷喁望，山林之樂，弗能久享耳」，果不其然，一年後也就是宣統三年四月，端方就被起復為粵漢川漢鐵路大臣，但沒想到幾個月之後，竟因此而身亡。

端方具有維新觀點，善於接受新事物，對各項新政十分熱心，尤其是在任內大力興辦新式教育。他任兩江總督時在南京創辦暨南學堂，是暨南大學的前身，是第一所由國家創辦的華僑學校。在光緒三十三年初，教育家嚴修（曾創辦南開中學，後來又與張伯苓一起創辦了南開系列學校，一九一九年又創辦了南開大學，被稱為「南開校父」）有回覆端方向其請教辦學事宜之信，云：「旌節所至，才俊景附，學務之興，可立而待。大學不日開辦，高掌遠蹠，即此略見一斑。奏章有言：中國地大民殷，非各省設大學不可。又云：先擇繁盛重要增設，以漸推及於各省。夫繁盛重要，莫江南若矣。又適得學識氣魄如公者，以謀其始，此千載一時之會也。部中前經電覆，想達籤典。惟管見所及，有可備採者兩端：一程度宜核實，程度不足則酌加年限，務期學成以待後，真可以供世用、濟時艱，可以代外國工師外國教員。一學費宜全收，客籍固當納費，土籍亦未宜全免。學務綱要所謂可期持久而冀擴充者是也。公於此事籌之已熟，聊拊不賢識小之義，以備採酌。」對於端方的請益，嚴修自然是「知無不言」的。

除在政治、教育方面的成就外，端方酷嗜金石書畫，晚清的收藏風氣，金石為盛。因此南通實業家張謇為端方所寫的輓聯云：「物聚於好，力又能強，世所稱者，燕邸收藏，三吳已編《陶齋錄》；守或匪親，化而為患，魂其歸半，夔雲慘澹，萬古同悲〈蜀道難〉！」輓聯的內容前半所描述的，也正凸顯了端方收藏之富。

端方的收藏著錄有《壬寅消夏錄》、《陶齋吉金錄》、《匋齋吉金續錄》、《陶齋藏石記》、《陶齋藏磚記》、《匋齋藏印》、《匋齋古玉圖》等，記載了端方大量的收藏，合計約三六〇〇餘件。《匋齋吉金錄》及《匋齋吉金續錄》是端方收藏青銅器的著錄，曾襲爵的恭親王溥偉在光緒三十四年間給端方的信就說：「《匋齋吉金錄》，考核精良。序中謂書成之後，不復從事訪求，足見守博以約之懷。然物聚於所好，千金市骨之後，益當雜遝而來。續刊之集，拭目候之矣。」《匋齋吉金錄》成書於光緒三十四年，而《續錄》之刊在宣統元年（有端方自刊原書可證），因此溥偉寫此信當在《續錄》刊印之前。而曾與端方出國考察憲政的戴鴻慈在宣統元年四月二十三日給端方的信云：「《吉金錄》收藏之富，名聞海內。又公自手跋，其可寶貴未曾有，除什襲珍藏外，餘即帶至俄都分贈，俾公同好。」當時他是以慈禧光緒之喪，奉派赴俄國答聘，順道把該書帶到俄國分贈同好。《匋齋藏石記》是專門記載端方所藏石刻的專輯，成書略晚於《吉金錄》。端方為此還請了「揚州學派」的「國學大師」李審言（詳）和晚清詞學四大家之一的況周頤（蕙風）等人助之校勘，可見其用心之深。這書令專治金石甲骨之學的羅振玉十分渴望，因此在宣統元年冬的信中說：「《匋齋藏石錄》是否印成，乞賜一部，渴望久矣。」《匋齋藏石錄》是羅振玉筆誤，當為《匋齋藏石記》，是書凡四十四卷，端方付刊於宣統元年歲暮，因此羅振玉來函說尚未及得見。

當年丁文江、趙豐田在編《梁啟超先生年譜長編》，曾大量徵集梁任公的遺札、家書及友朋書札，總數近一萬封之多。而也因有此第一手材料，才使得此年譜價值陡增，讀之令人趣味盎然，被稱為年譜中之翹楚。然而此項龐大工程做起來實非易事，蓋因舊時人物寫信都不記年月日，要從其信中內容去詳加考訂，明其時間及原由，才能甄別剪裁，置之該放的時間段落裡。而這些書信字跡信筆由之，揮灑自成一格，可謂龍飛鳳舞，如何辨識，如何才不至於魯魚亥豕，也都需要專業鑑識。至於寫信人與受信人之間的關係，談話內容的歷史背景，則更非對其史事相當熟稔之人，無法解讀。而由書信可看出諸多史事和人際關係，常常可補歷史之闕。例如《匋齋（端方）存牘》就是最好的例證，除此之外你還可見證到端方是位金石收藏家的另一面影。而端

楊崇伊與端方的恩怨

清光緒二十四年（一八九八）四月二十三日光緒帝下詔定國是，決心變法起，迄八月初六日政變發生，慈禧太后重行垂簾訓政止。這短短的一百零三天，不僅是愛新覺羅王朝興廢之所繫，也是近代中國盛衰的一大關鍵。在這期間光緒帝接連發佈一百多道新政詔書，受到維新派的熱烈歡迎，所謂「如春雷之啟蟄，海上志士歡聲雷動，雖謹厚者亦如飲狂藥。」到後來光緒甚至下令將懷塔布、許應騤、堃岫、徐會澧、溥頲、曾廣漢等阻撓變法的禮部六堂官全部罷免。次日超擢譚嗣同、林旭、劉光第、楊銳為四品軍機章京，並免去李鴻章、敬信在總理衙門行走等。維新派的這些做法，無疑地操之過急，過早地激化了矛盾，擺明向慈禧發出挑釁，引爆守舊派的反撲，導致最後政變的發生。

這其間有一位不大不小的角色——掌廣西道監察御史楊崇伊，他一直是站在維新派的敵對面，在戊戌政變爆發前三天即八月初三日，他已前赴頤和園向慈禧太后遞摺呈請即日訓政。就其個人而言，揣摩迎合，先意承旨，不失其為一善於投機取巧的典型政客，而就守舊派而言，是在暗中聯絡部署完成後，特意以他為「鷹犬」，作為發動政變的「急先鋒」。

楊崇伊字莘伯，江蘇常熟人。是江南世家，書香門第。他的父親名汝孫，是增貢生。他的兩位伯父：一名沂孫，字詠春，由舉人官至鳳陽知府；一名泗孫，字鍾魯，咸豐二年壬子榜眼，授編修，累官太常寺少卿。楊崇伊是光緒六年庚辰科進士，以庶吉士散館授編修。熬了多年翰林清苦，沒有什麼出路，於是以翰林資格考取御史。他就任御史後第一疏即是在光緒廿一年（一八九五）十一月首劾康有為、梁啟超在北京所創設的強學會，結果強學會奉旨查禁。楊崇伊的目的在討好在朝的頑固派執政王公大臣，他身處擁后、擁帝的兩派鬥爭中，他為了日後的飛黃騰達，他選中了后黨的集團，積極地為后黨出賣力氣，表現身手。光緒二十二年（一八九六）二月十七日，楊崇伊參劾文廷式，光緒帝下令文廷式：「著即革職，永不敘用，並驅逐回籍，不准在京逗留。」文廷式是光緒帝一直大力拔擢的人，卻在此時中箭落馬被罷黜，當時朝野皆為之譁然。在中日甲午戰爭爆發後，文廷式與李鴻章由於雙方立場的不同，以致兩人關係急遽惡化。其間，李鴻章雖難辭其咎，但文廷式也未免攻訐太過，李鴻章自然會對文廷式有所積怨。楊崇伊跟李鴻章的長子李經方（實為李鴻章六弟李昭慶之子，後過繼給李鴻章）是兒女親家，楊崇伊的兒子楊雲史娶李鴻章的孫女—李經方的女兒李國香（道清）為妻。而李鴻章的孫子李國杰則是楊崇伊的女婿。因此楊崇伊為李鴻章出手彈劾文廷式，則是在自然不過的事。

光緒二十四年（一八九八）八月初三日，楊崇伊上疏慈禧太后，導致戊戌政變。楊崇伊的奏摺只有區區五百字，真會有如此大的作用嗎？其實慈禧早已做好了政變的準備，只等著有一個導火線，楊崇伊的奏摺恰好起了這個作用。奏摺中有云：「……兩月以來變更成法，斥逐老成，藉口言路之開，以位置黨羽。風聞東洋故相伊藤博文即日到京，將專政柄。臣雖得自傳聞，然近來傳聞之言，其應如響。伊藤果用，則祖宗所傳之天下，不啻拱手讓人。臣身受國恩，不忍緘默，惟有仰懇皇太后，追溯祖宗締造之難，俯念臣庶呼籲之切，即日訓政，召見大臣，周諮博訪，密拏大同會中人，分別嚴辦，以正人心。庶皇上仰承懿訓，天下可以轉危為安。」其中「伊藤博文即日到京，將專政柄」一句，很可能引起慈禧太后的關注，雖然當時京城中早已風傳此事，李鴻章在幾天前（七月二十七日）給其子李經方的信也說：「近日國事詳於電報，眾言龐雜，用人太亂，內意竟欲留伊藤為我參政，可笑也。」

學者雷家聖認為：「由楊崇伊的奏摺中，我們可以看出，在伊藤博文抵達北京之後，有些官員建議以伊藤為顧問，有些人則主張重用伊藤，甚至用為宰相，因此造成各種『傳聞』甚囂塵上的情形。而楊崇伊則堅決反對重用伊藤，認為伊藤如果『專政柄』，則『祖宗所傳之天下，不啻拱手讓人。』這種言詞，不可謂不激烈矣。」雷家聖又說：「八月初四，慈禧太后由頤和園返回紫禁城，是受了楊崇伊奏摺的影響，想要瞭解光緒皇帝是否有意重用伊藤博文，甚至交付大權。……八月初五這一天，當慈禧太后看到伊藤博文晉見光緒皇帝，且由楊深秀的奏摺中得知，伊藤與李提摩太都支持中國與英、美、日『合邦』；而變法派的決策官員，似乎也已經接受了這種主張，並向光緒皇帝正式上奏。可見情況遠比慈禧太后所預期者嚴重許多，只要光緒皇帝對重用伊藤博文或與英、美、日『合邦』做出任何決定，聖旨一出，則不可挽回矣。如果說清朝在八月初五這一天已經危在旦夕，應不為過。因此，慈禧太后即在次日，八月初六，發動政變，軟禁光緒皇帝，宣佈重新訓政。」

葉昌熾《緣督廬日記》光緒二十四年八月九日記：「聞首發難者乃係敝同鄉楊侍御也。此君沉深陰鷙，聖門諸賢，嘐嘐志大而才疏，本非其敵。」次日友人來訪，葉氏又記：「各證所聞，莘伯發難無疑義，並聞先商之王、廖兩樞臣（案：軍機大臣王文韶、廖壽恒），皆不敢發。復赴津，與榮中堂（案：榮祿）定策，其摺由慶邸（案：慶親王奕劻）遞入，係請皇太后訓政，並劾新進諸君植黨營私，莠言亂政也。」學者馬忠文指出，楊崇伊此摺是榮祿與慈禧密謀的產物，楊崇伊到天津與榮祿研商，慈禧是知情的。由光緒二十四年六月榮祿給楊崇伊的信，可知楊崇伊曾有赴津投效榮祿之意，並希望榮祿能出面保奏，但終因封疆大吏不能奏調御史的成例而未能成功；但是榮祿答應如有機遇，一定會設法令其展露「長才」。於是這次的發難無異讓其有表現的機會，其實慈禧心中早已有了定計，因此楊崇伊的上疏，形式意義遠遠大於內容本身。儘管如此，楊崇伊還是扮演了慈禧、榮祿「后黨」集團的重要打手。

戊戌政變後，楊崇伊立下了大功，於是外放為陝西漢中府知府。做了幾年知府，升道員，此後榮祿等人就不大理睬他，他的官職也不再爬高了，他覺得很沒趣，恰好他母親病故便回鄉丁憂守制。過了些時，他卜居蘇州，卻以在籍翰林身份充當紳士，干預地方公事，甚而包庇娼家，從中漁利。

光緒三十四年八月十六日發生楊崇伊持鎗率眾，夜入三品封前江蘇縣學訓導吳韶生家逞兇之事。據八月二十四日上海《申報》報導云：「蘇垣閶門外樂榮坊口，有王阿松者，在『四時春』後面開設么二妓院，蓄有雛妓二人，平時凌虐備至，該二妓屢欲從良，被王霸阻，月前因受苦難堪，奔赴工程局叩求開豁，經局員發堂擇配在案。旋由張家巷吳紳出價領歸，王阿松知之，極力運動北傳芳巷丁憂浙江候補道楊紳崇伊，於十六夜率領工匠數十人，隨帶手鎗，擁至吳宅索妓，吳不允，楊誣稱二妓已被謀死，吳遂命妓出見，以證其誣。詎楊乘勢指揮工匠，將妓奪回，並開鎗擊傷一人。當時遺下手鎗一支，楊所坐肩輿一乘，亦被吳扣住。楊既得二妓，即呼嘯而歸。翌晚，復領多人，仍帶軍器往索肩輿、手鎗等物，吳見來勢兇猛，即命僕役關閉大門，一面用電話稟請元和縣吳大令（吳熙）臨場解勸，始得散歸。聞鎗傷之人，業已斃命。吳紳業將細情補稟元和縣署請究，而吳大令以辦理此案，左右為難，擬稟請上憲核奪。」

當時江蘇布政使瑞澂，經元和縣知縣吳熙揭發楊崇伊在地方上種種胡作非為後，呈報江蘇巡撫陳啟泰和兩江總督端方，請予嚴辦。陳啟泰和端方於是會銜上奏朝廷，說：「竊據……瑞澂呈稱：……本司查楊紳崇伊，身為監司大員，又當守制之時，乃於發堂妓女，插身干預，復敢兩次尋釁，帶領家丁黑夜持鎗滋事，實屬目無法紀，不顧名譽，且在省會之地，竟敢如此肆惡，是其在常熟原籍，遇事生風，鄉人側目，人言亦屬可信。雖吳韶生年老畏事，不願深求，本司查悉既詳，未敢玩法容隱，專案詳請前來。臣等查搶奪婦女，乃係棍徒惡事，該道員楊崇伊平日聲名本劣，此次橫行不法，竟與地痞流氓無異。當倉皇抵禦之際，即使受毆受辱，亦屬咎由自取，無足顧惜。且據司詳，並聞王阿松有許送二千元，託其包攬情事，如果屬實，尤為卑污無恥，不惟滋害鄉里，且亦貽羞朝廷，此而不懲，必將日益兇橫，無惡不作。相應請旨將丁憂在籍……楊崇伊，即行革職，永不敘用，不准逗留省城，交常熟原籍地方官嚴加管束。謹奏。」光緒三十四年九月十三日，上諭：「以持鎗奪妓，革江蘇在籍道員楊崇伊職，交地方官嚴加管束。」

葉昌熾《緣督廬日記》光緒三十四年九月二十二日，對於此事也有記載：「閱《申報》，連日記楊莘伯觀察，以持鎗糾黨至吳子和（案：吳韶生）家搶妓，為瑞方伯（案：瑞澂）嚴辦，詳由都撫會銜，參奏革職，永不敘用，不准逗留省垣，驅逐回常熟原籍，交地方官嚴加管束，如再不知斂跡，干預公事，再行按照所犯治罪。從來紳士獲咎，未有如此齷齪者，況曾列諫垣詞館者乎？人言嘖嘖，皆云受蔡人（案：龜公）王阿松之賄二千元，奪合浦雙珠還，釀此大獄。斯文掃地，廉恥掃地，至於此極！士大夫有辱焉！」。

在官場混的人，對於革職這回事，並不看做此後就和官場絕了緣，只要在人事上下些功夫，照樣可以得到加恩開復，立即恢復原來的官職的。但如果「革職，又永不敘用」，又加上「嚴加管束」的話，他的政治生命基本上已宣告完結了，除非有大力者的幫助不可。但楊崇伊的罪狀太過齷齪，大家都不願插手為其解圍，以免有玷清譽的。十二年前因楊崇伊的彈劾，文廷式遭到「著即革職，永不敘用，並驅逐回籍，不准在京逗留。」從此文廷式政治流亡八年，最後在江西家鄉病逝。如今楊崇伊也嚐到這種遭人冷眼的孤獨滋味，經過十個月後楊崇伊病死，那是宣統元年八月。他臨死前對讓他丟官的端方還是憤恨不已，他遺書給他的女婿李國杰說：「吾年暮，此怨今生不能報，子當為吾雪之」。

李國杰字偉侯，是李經述的長子，李鴻章的長孫。光緒二十七年九月，李鴻章病逝北京，清廷命李經述承襲一等肅毅侯爵，李國杰著以郎中即補，後以一品蔭生官戶部郎中。光緒二十八年二月，李經述卒。光緒三十年八月，清廷命李國杰襲爵。光緒三十二年十月，任廣州漢軍副都統，次年調鑲黃旗蒙古副都統。光緒三十四年任農工商部左丞。面對岳父大人遭致端方羞辱，他豈有不報仇雪恨的道理？他一直在等待出手的時機。

很快地，時機就降臨了。宣統元年九月二十七日，清朝皇室舉行奉安大典將慈禧棺槨送往位於遵化馬蘭峪的東陵安葬。當時有位尹紹耕的商人開了一家照相館。尹紹耕早早的看中了慈禧葬禮的重要意義，便開始疏通有關方面，以珍貴的字畫買通了當時的直隸總督端方，讓他參加葬禮。送葬隊伍行進時，尹紹耕跟著端方邊走邊拍。最後到了東陵棺槨下葬之時，所有送葬的人都跪倒在地，大聲痛哭，尹紹耕自然不會放過這個場面，但因陵寢之內光線暗淡，鎂光燈強烈的燈光和巨大聲響暴露了他的行為，讓在場的達官顯貴們驚駭不已，所以現場的守衛很快將其拿下。

根據陳灨一《新語林》卷八〈仇隙篇〉記載云：「偉侯乃日俟其隙，乘機謀報復。己酉（案：宣統元年），孝欽后梓宮奉安，端方以直督任陵差大臣，就陵樹作電桿，縱人向隆裕后照相，復乘輿衝越神道。偉侯目擊斯狀，切齒曰：『如此驕倨，不揭其罪惡，吾人亦太無心肝矣！』遂劾以大不敬之罪。知端方為攝政王所倚重，慮其曲法相容，乃捨王而逕謁隆裕太后，伏地痛哭，謂孝欽太后、德宗皇帝升遐未期年，而疆吏已跋扈無君至此極，非申明國法，不足以建幼主之威，而折強臣之氣。隆裕動容，力主交部嚴議，遂褫職。一時朝野大震。」

宣統元年十月初八日，清廷諭內閣，略云：「李國杰奏，據實糾參大員一摺，孝欽顯皇后梓宮永遠奉安山陵，禮節隆重，應差各員，應如何敬謹將事，乃直隸總督端方，沿途派人照相，初三日舉行遷奠禮，焚化冠服時，該督乘輿橫衝神路而過，又於風水牆內，借行樹為電桿，實屬恣意任性，不知大體！直隸總督端方，著交部議處！」

學者尹傳剛認為後人往往將端方的革職單純歸於李國杰的參劾，其實不然。李國杰的參摺只是端方被革職的引線之一，其實他得罪的是隆裕太后。隆裕太后一直羨慕慈禧太后的獨斷及對臣下的駕馭和震懾能力。此案發生後，「隆裕太后立即召見肅親王善耆，神情震怒地說：『余不預政事，故不足以起人敬畏，爾等試思，倘有對於孝欽皇后為此舉者，爾等可擔得起否？』隆裕又將此意告訴攝政王載灃，有嚴懲端方之意，於是『內畏隆裕，外畏福晉』的載灃無奈同意將端方革職。

端方丟官實是無妄之災，他原本想用照相替這重大的奉安大典留下歷史的紀錄，沒想到在那個絕大多數中國人都不知道照相是什麼勞什子的年代，他注定會被視為「大不敬」的，而為他的政敵製造一個很好的藉口。對於這事，當時的《大公報》就對朝廷的作法，提出嘲諷的批評云：「自光學發明而後有照相機之作用，自電學發明而後有電線桿之設布，我國之有此等機械猶在近十年，故關於此等犯罪律例上無明文也。今直督端方竟因此而蒙不敬之罪，殊屬出人意料。由此推之，凡近來以攝影為紀念，以電機通語言者皆以不敬待之耳，否則何解端方之革職？」。

李國杰以彈去端方為生平一快事，此舉不但公報私仇，也博得人家贊他「李侯一鳴驚人」，直到晚年他在獄中（案：一九三二年他因招商局一案，為政府起訴，判坐牢三年）學作詩的時候，提到這事還沾沾自喜。在一九三七年出版的詩集《蠖樓吟草》中有〈冒丈鶴亭過滬贈詩，感謝次和〉詩云：「同在天涯醉夢昏，早期憶否紫宸門。批鱗抗疏彈奸快，倚馬驚才頫首尊。頗惜鬢毛華杜老，獨傾肝膽向平原。獄冤三年渾閒事，劫後重逢舌常存。」從此詩可知，李國杰當年彈劾端方的奏疏，不是他自己寫的，而是由冒廣生（鶴亭）代作的。冒鶴亭乃清末民初的一代名士、著名學者和詩詞大家。國學大師陳石遺稱吳汝綸、林琴南、冒鶴亭為「海內三古文家」；學者錢仲聯在《近百年詩壇點將錄》將冒鶴亭比為「天貴星小旋風柴進」。他是江蘇如皋人，明代冒辟疆之後，他的先代在廣東做官，他出生於廣東故名廣生。當時以舉人官至農工商部郎中，而李國杰當時官農工商部左丞，因請冒鶴亭代筆。「批鱗抗疏彈奸快」，即指彈劾端方的奏疏出自冒鶴亭之手。

李國杰彈劾端方，不但是為了替丈人吐了一口冤氣，有一說也是因端方對他祖父李鴻章不敬而引起的。惲寶惠的《春遊瑣談》，提到端方罷職之遠因說：「李鴻章歿，有旨在直隸建立專祠，列入祀典，由地方官春秋致祭，祠建於天津，在北洋大臣行轅西。直隸督署設保定，因兼北洋常駐津也。宣統元年秋祭，由襲侯李國杰先期詣祠預備，並謁總督端方請主祭，端允必到。屆日，布政使淩福彭（案：女作家淩叔華之父）等均到，久候端不至。再三催請猶未來，使人覘之，則正會客。客為梁鼎芬，云且留飯。梁固曾劾李鴻章可殺者也。國杰聞之大恚。時過午，國杰本盛設以享客，未祭不得食，客亦腹餒矣。遽請布政使主祭，一面遣人至督轅報告祭已畢，請弗勞駕。……人或云國杰此疏，可謂公報私恨。然則端則傲慢恣肆，未嘗不咎由自取也。」

端方被革職後，如果他移居租界，倒也可以樂其餘生，但無如他是個官癮極大的人，「三月無君則皇皇如也」的，無日不希望可以復職，但又表面上作隱居山林狀，後來花錢運動，得以東山復起。宣統三年七月，清廷乃命端方以督築川粵漢鐵路大臣，率駐鄂省新軍一旅入川按視，而川亂愈大，自成都以及各屬，商人罷市，學生罷課以要脅清廷，革命黨人乘機竊發，揭出民軍旗號，動亂頻起。清廷又起用岑春煊為四川總督，端方睹川亂日亟，而岑春煊又以新任總督來，不無凌轢之感，因留滯川東巫夔間觀變，迨八月下旬，武昌革命事變勃發，端方乃領軍進駐資州。此時清廷處理川事的章法，竟為之大亂，一面令飭趙爾豐省釋蒲議長等同人，又明令端方為四川總督，飭趙爾豐仍回川滇邊務大臣原任。而田徵葵、周善培等，更怕端方對他們執法相繩，乃將清廷改派端方繼任川都的命令秘不宣布，端方在資中尚不知此項新命，此宣統三年九月間事也。後來武昌革命消息已遍傳巴蜀，隨端方在資中的新軍士兵多鄂人，甚恐端方將武昌起義消息隱諱不使聞知，而成都的營務處總辦田徵葵，捏造清廷軍諮府大臣良弼致端方電報，謂北京失守，兩宮幸晉，詔率鄂軍入陝勤王云云。新軍士兵原不願赴陝，適有川籍軍官董海瀾受革命黨使命，煽動新軍為變。十月二十七日，端方和其弟端錦為軍官劉怡鳳手下所殺。

王嵩儒的《掌固零拾》曾說到端方復出，是由於「廣事結納，不數月，竟以侍郎銜都辦川粵漢鐵路」。而後「適川省爭路風潮愈烈，廷旨令端往查辦，初電懇辭，謂查辦云者，屬在居間，若局中人轉難置喙矣。會有京友來述徐菊人（徐世昌）之言，謂此行實為川督，左右之欲獲官者，爭慫恿之，欣然啟行。至資州，其隨從之陸軍叛變，與其弟候補知府端錦同時遇害。即此不甘寂寞之一念有以致之。……」端方萬萬沒有想到他極力爭取復出的結果，卻是讓他踏上了人生的不歸路。

梁鼎芬與張之洞、端方間的一段微妙關係

梁鼎芬是張之洞幕府的重要人物，殆無疑義。誠如吳天任《梁節庵先生年譜》所云：「先生與香濤之遇合，主賓之間，雖未必如古所謂如魚得水，而大體觀之，亦叔世所難。」至於張之洞與梁鼎芬訂交於何時，據《梁節庵先生年譜》云：「按先生與香濤訂交，不知始於何時，光緒十年四月，香濤方任山西巡撫，來京陛見，命督兩廣，時先生以參劾李少荃，直聲大振，張梁訂交，疑始於此。五月，香濤陛辭，南下赴任，先生則於九月南歸省墓，十一月始入都。於此時間，先生在粵，督府賓客，其遺稿中有摺八篇，附片一篇，題下均注『代張之洞』，其中二篇，文末署光緒十年九月及十二月，或即此時代擬。另一篇署十一年三月，其餘諸篇，均無年月，要亦此一二年內代擬之作。」光緒十二年（一八八六）四月，張之洞延請梁鼎芬主講廣東惠州的豐湖書院。光緒十三年夏天，張之洞改聘梁鼎芬主講肇慶端溪書院。光緒十四年春，張之洞在廣州創辦的廣雅書院建成，聘梁鼎芬為院長，而端溪書院院長一職，由朱一新繼任。光緒十五年，張之洞移督湖廣，兩廣總督由李鴻章之兄李瀚章繼任，由於當年梁鼎芬彈劾李鴻章事，此時自然不便在廣雅書院待下去，於是在同年十一月就前往上海。光緒十六年四月至江蘇鎮江焦山海西庵閉門讀書。光緒十七年張之洞欲聘梁鼎芬主岳州書院講席，（「數書勸行，楊叔嶠、陳伯嚴交相促駕，先生致書叔嶠，託向香濤婉辭。」）他並沒接受。

《梁節庵先生年譜》云：「本年（按：光緒十八年）秋，香濤邀益切，乃勉至武昌，香濤聘主兩湖講席，並參其幕府。香濤銳行新政，大興教育，創設文武各級學校，派遣學生留學外國。凡新學事，惟先生是任。先生每日黎明即起，率諸生上講堂，夜分不息，教諸生愛國宗儒，博學明恥。香濤則大事必以相詢，深談竟夜，習以為常。」是梁鼎芬自光緒十八年起至三十三年止，十六年間，在湖北追隨張之洞，為其心腹幕僚，初期集中精力辦學，後來做親民之官，進而為按察使，兼署布政使，官運不能說不亨通了。

光緒二十七年（一九〇一）三月端方接任湖北巡撫，根據曾任張之洞幕府的高友唐（繼宗）《高高軒隨筆》的記載，這事完全是張之洞所一手策劃的。高友唐說：「南皮張之洞督楚十九年，其建設事業，規模閎遠，鄂人頗稱頌之。第晚年政存寬厚，對官吏不能嚴加督飭，凡貧老者，咸委縣缺、厘金以周濟之，此輩以戒得之年，恣意貪婪，之洞不問也。端方為陝臬，摭拾新政皮毛以博時譽，與之洞長公子君立京卿訂金蘭交，以世伯尊稱之洞。時撫鄂者為于蔭霖，極頑固，疾視外人，對之洞與劉坤一訂東南互保之約，尤為不滿。之洞恐釀禍，密電行在，以于調汴撫，保端繼任。」（見劉成禺《世載堂雜憶》所引）而黃濬的《花隨人聖庵摭憶》一書也提到張之洞趨新，而于蔭霖守舊，兩人之間多有不合，世人頗有所聞。於是張之洞建議以于蔭霖轉撫河南，而由端方接任湖北巡撫。

清廷原先的設計是巡撫管吏治民事，而總督管軍務糧餉，各有專責，不相干涉。但事實上，由於總督比巡撫官高一品，總督往往越界攬奪巡撫的權力。尤其是強人張之洞督鄂後情況更為明顯，當時的湖廣總督是除了直隸總督兼北洋大臣外，其地位在晚清僅次於兩江總督兼南洋大臣。因此湖北巡撫幾乎成了湖廣總督的屬官。

當時湖北還是「督撫同城」，總督和巡撫同時駐節在武昌，但以城內蛇山為界，總督衙門在山南，巡撫衙門在山北。根據新近發現張之洞致端方未刊信札[1]：

承惠鄭州米，極為甘香，拜謝。寵召廿三日晚飯，屆時當趨領雅教。蔬果即佳，萬勿過費，至禱。此復，敬請午橋仁兄大人勳安，弟洞頓首。廿二日晚。

信中說端方（午橋）贈送「鄭州米」（當時為米中之佳品），極為甘香。廿三日會去端方處吃晚飯，可見兩人同處一城，相距不遠。而兩人之交情甚密。

光緒二十七年梁鼎芬復入仕途，但也是一波三折的。最初是端方推薦，起用直隸州知府，之後張之洞再薦〈保薦人才摺〉，稱梁鼎芬云：「品行方嚴，才力強果，心存忠愛，出於至誠，平日講求經濟之學，尤能通達時勢，不為迂談。在湖北主講書院有年，崇尚品行，力求實學，造就人才不少，眾論翕然。該員前以言事降調，本無大咎，近經湖北學政王同愈奏薦，蒙恩賞還原銜，當此時局需才，投閒實覺可惜，擬懇恩送部引見，優予錄用。」於是梁鼎芬於同年七月往西安行在，在此同時張之洞即致電自己的姐夫、軍機大臣鹿傳霖，請以梁鼎芬補武昌知府缺。而在張之洞致端方未刊信札[2]：

---

1 中貿聖佳二〇一〇夏季藝術品拍賣會《中國古代書法專場》，二〇一〇年七月一九日，第二〇一六號。參見陸德富〈張之洞致端方信札六通考釋〉一文，見《文獻》雙月刊，二〇一七年一一月第六期。

2 同注一。

武昌開缺摺想已發，祈示。首府致宜昌及各屬信稿，昨早已呈閱。渠謂事已如此，此舉似不宜急。弟細思甚屬有理，故令從緩。敬上陶齋仁兄大人坐右。弟洞頓首。枝節恐有出奇者，不能不過慮也。初六日卯刻。……

據學者陸德富的考證，這封信應該在光緒二十七年春武昌知府開缺之後不久寫的。而在這之前張之洞、端方、梁鼎芬應該談過此事，梁鼎芬對武昌知府一缺甚感興趣，於是由端方上了武昌知府開缺的摺子。久歷宦場的張之洞，深知此事若橫生枝節也並非不可能，但梁鼎芬則認為應該有相當的把握，因此說「此舉不宜過急」。

光緒二十七年八月初二日，梁鼎芬被特指召見，密陳太后，請廢大阿哥溥儁，太后為之動容，著以知府發往湖北，遇缺即補。八月初四，張之洞即發電報給梁鼎芬云：「初二恩旨恭悉，大喜欣賀……來鄂相助，尤愜所願」，勸梁鼎芬回鄂補缺。不久，有旨命梁鼎芬署理（代理）武昌知府，並未實授。梁鼎芬得此消息後，意頗鬱鬱，不欲赴鄂。應該是八月初六，梁鼎芬發電報給張之洞，電文中有「即歸粵」之語。張之洞當然不希望梁鼎芬回廣東，所以才會發電力勸，同時也寫信端方，根據張之洞致端方未刊信札[3]云：

節庵魚電奉覽。初十行期甚急，望公速發急電勸阻之，弟已電勸。並託友人力勸，方能得力。敬上陶齋仁兄大人坐下，弟洞頓首。初六日亥。

[3] 同注一。

張之洞希望端方也發急電勸阻並託友人力勸。八月初九，張之洞續電西安戴鴻慈侍郎，託其就近勸駕，以朝命為重。後來梁鼎芬直到秋後才回鄂，光緒二十七年冬，署理武昌府知府。光緒二十八年四月補授漢陽府知府。（此根據梁鼎芬與馬季立手札）。光緒二十九年正月，兼署武昌鹽法道。

光緒二十八年九月初五，兩江總督劉坤一在任病歿，此是頭等要缺，朝廷一時找不到合適的人選，仍援光緒二十年中日甲午戰爭時劉坤一被授予欽差大臣職銜，節制關內外各軍對日作戰，北上督師的前例，以湖廣總督張之洞署理兩江總督，這對於前度劉郎的張之洞，卻沒有想像中的高興。前番署理，是因為劉坤一勤勞王事，未便開去他的底缺，猶有可說，但此次兩江總督再出缺，依資歷而論，由他調補，乃是天經地義之事，但何以仍是署理？心中自然不免鬱鬱。

張之洞或許預知會再由他署理，因此馬上致電給鹿傳霖尚書，略謂：「接寧藩司電，劉峴帥今晨薨逝。朝廷如議代者，萬勿擬及鄙人。有必不可者四：才具萬不勝任，一也。鄙人精力日衰，數日來皆係扶病辦事。鄂省輕車熟路，尚可勉強支持。江南政事最繁，人地皆生，賤體萬不能支，數月以後必為峴帥之續，二也。鄂省所辦學堂、練兵、製械、礦務、督察、堤工數大端皆已有規模，或已有七八分，或已五六分，指日收效。若有移動，前功盡棄，實不甘心。江南事事皆需平地創造，必致一事無成，三也。鐵路乃中國第一大政，鄙人創議之第一大事。今蘆漢之路明年底可成。粵漢之路現已開工，自廣東省城造起。兩陸中權樞紐，全在湖北，將來議稅章、通文報、設護兵、通商貨，收路權、利權，皆須鄂省籌辦，主持其間，小有出入，即關國家萬年利害。弟係鐵路創議之員，一切正待籌辦，他人來鄂，必多隔膜，四也。」[4]他提出四大理由懇請勿去署理兩江總督，但儘管如此，張之洞還是在十月初九抵江寧接署兩江總督。而端方雖未調動，卻等於升了官，張之洞所遺的湖廣總督由他暫署。

高友唐《高高軒隨筆》云：「端固一巧宦也，至鄂後結納梁鼎芬、張彪，投之洞之所好，之洞墮彼術中，引為同志。壬寅劉坤一出缺，朝命以洞調署，並電詢繼任鄂督人選，之洞密保端方，遂令端兼署。」

張之洞於十月初九抵江寧接署兩江總督，到了十一月初六，他椅子都還沒有坐熱，上頭已經調雲貴總督魏光燾為兩江總督，初九日上諭張之洞仍回湖廣總督本任。魏光燾籍隸湖南邵陽，後來投身湘軍，曾隸服曾國荃部下。一路爬升，庚子之亂後升任雲貴總督，他因王之春的關係，搭上榮祿這條線。雖然南洋一直都是湘軍的地盤，就如同北洋一直是淮軍的禁臠一樣，但魏光燾還是備了頗巨的門包給榮祿。於是榮祿向慈禧太后提出兩點意見：一是兩江總督自曾國藩以來，以用湘軍宿將為宜，二是張之洞太會花錢，豈可以兩江膏腴之地供其揮霍？尤其是後面這個理由最能打動慈禧之心，於是魏光燾的任命很快就下達了。《高高軒隨筆》云：「之洞抵南洋，以湘軍腐敗，擬裁撤之，湖南人大嘩。瞿鴻禨在樞府，力言恐激變，遂以李興銳任南洋，令之洞回鄂。」這顯然是不確的，是魏光燾接兩江總督經過年餘，直到光緒三十年七月李興銳才繼任的，但僅兩個月，李病死任上，再由周馥繼任。這三人都是湘軍舊人，而魏、李又均為湘人也。

雖然魏光燾的派令早在光緒二十八年十一月初六下達，但一直到光緒二十九年二月二十二日

[4] 見吳劍傑《張之洞年譜長編》，上海交通大學出版社，二〇〇九年七月出版。第七四七頁。

才完成交接事宜。在光緒二十九年一月初八日，張之洞自己奏請入京陛見，略謂：「……茲查兩江督臣魏光燾正二月之交定可履任。臣擬交卸署篆後，及茲暇日，束裝北上，展覲天顏，稍紓廿年戀闕之忱。而近來議訂商約情形及奉旨籌辦興學、練兵諸要政，亦得以詳晰面陳，恭聆聖訓，俾有遵循。合無仰懇天恩允准，不勝瞻戀屏營之至。」硃批：著來見。[5]於是張之洞於二月二十二日完成交接後，次日就啟程北上，一路舟車勞頓。至四月二十二日抵京城，被召見。據許同莘的《張文襄公年譜》說：「入覲時謂留京祇月餘，既而議商約，訂學章，謂八月中可以竣事。及學章草定而當道商榷至再。入奏後陛辭又受熱而病，並以德商躉船事留滯旬餘。」前後有八個月的時間，直至十二月二十二日才出京。而《張文襄公年譜》說：「癸卯入京，得詩最多。〈讀廣雅堂隨筆〉云：文襄再入都，老輩凋零，風雅歇絕。守舊者率鄙陋閉塞，言新者又多後進踐躁之流，可語言者殆少。感憤之餘，屢旅行諸吟詠。」

因之高友唐《高高軒隨筆》云：「端方不欲交卸，運動樞府，召之洞入都展覲；覲畢，又令之洞留京訂學務章程。學務大臣榮慶與端為僚婿，受端之託，對學務章程時持異議，屢訂屢改，困之洞於京年餘，之洞無如何也。直至甲辰春，始回任。」。張之洞是一直到光緒三十年二月十四日才回任湖廣總督的，其間長達一年多，這或許是他始料未及的。端方想盡辦法把張之洞困在北京，讓他有時間謀取真除湖廣總督，不能說無此可能。香港掌故大家高伯雨說：「梁鼎芬和端方也有交情的，雖不為端方策劃，但端方的企圖，官場中必有人為之奔走，梁鼎芬牽涉在內，也不是不可能的。因為張之洞久在北京不歸，以元老身份，入值軍機是指日可待的，那麼端方真除

5 見吳劍傑《張之洞年譜長編》，上海交通大學出版社，二〇〇九年七月出版。第七六六頁。

鄂督，水到渠成，對梁來說，不算『賣主求榮』。豈料光緒三十年三月，之洞回任，端方不止沒有真除，即自己的鄂撫也被張之洞兼署（十一月六日，裁鄂撫之缺，由總督兼管，從此凡督撫同城者，皆裁巡撫之缺。十一月七日端方調署江蘇巡撫）枉費心思一場。」

《高高軒隨筆》云：「端方督楚兩年，賄賂公行，暢所欲為，梁鼎芬又阿諛之。端通行全省整飭吏治文，有『湖北吏治敗壞已十四年矣』之語，蓋指南皮也。南皮回任後，有以此文呈閱者，南皮大怒，端不自安，調蘇撫。」這裡說端方署理湖廣總督時，一改前態，對張之洞督楚時的吏治頗有譏評，梁鼎芬亦轉投端方，多所阿諛。根據閻崇璩所編的《匋齋（端方）存牘》[6]中，瑞澂在光緒二十八年九、十月間給端方的信云：「午橋四哥制軍大人閣下：昨塵寸稟，祇頌崇禧，諒邀青睞。此間傳聞，香帥任內，公虧不下數百萬金。果有其事，則吾哥接收，亦大費躊躇矣。為數過鉅，一時彌縫實難，不知現在作何計較。愚昧之見，似須自佔地步，或設法委曲陳明。吾哥雖察察不矜，度早見及於此，無待緦緦過慮也。……」由此信觀之，端方對張之洞督楚時的吏治頗有譏評，是斷無疑義的。瑞澂一片好心，要端方想辦法收拾爛攤子。這事後來陳灨一在《睇向齋秘錄》也提到：「文襄調督兩江，鄂任虧空五百餘萬，電致盛宣懷挪借二百萬，以備彌縫，訂期歸還。盛覆電『有心無力』，文襄閱畢，怒曰：『杏蓀原來是一個大滑頭！』」後來由於張之洞與端方各回原職，張之洞公虧之數自行彌縫，也無須端方傷神，這恐是瑞澂寫此信時所始料未及者。

再說張之洞回任湖廣總督，梁鼎芬往見，張之洞不予延接。曾在張之洞幕府的陳衍在其《侯

[6]《匋齋（端方）存牘》，閻崇璩編，中研院近代史研究所出版，一九九六年六月。

官陳石遺先生年譜》[7]亦有記云：「初，廣雅由兩江入都，主試特科，後留定學堂章程，踰年未歸，端撫部既兼鄂督，遂百計謀真除，有力助端夤緣者，即廣雅素所卵翼者也。至是進謁廣雅，謝不見，其人大惶恐，疏通纍日乃解。」文中「廣雅素所卵翼者」，指的就是梁鼎芬。香港掌故大家高伯雨說：「梁鼎芬助端方謀真除一事，以我所聞，的確是事實，不過梁只是為端方『乾著急』，表演給上司看他的忠心赤膽而已。梁與朝中大老，沒有什麼特殊關係，如要為端出力，也只能做些『搭線』的功夫，但這已招之洞之忌了。我曾問過陳仲恕先生，梁是否真有此事，他說有的。（仲恕尊人藍洲先生（陳豪），為鄂中循吏，歷官州府，正是張之洞、端方時代也。）」而劉成禺《世載堂雜憶》記云：「猶憶之洞由兩江回任時，予歸鄂謁梁於知府衙門食魚齋，梁曰：『如端中丞在此，尚可留爾在鄂。』其與端莫逆可知。之洞以留京兩年，不能回任之故，知為端、梁朋比所為，惡端更惡梁。及回任，節庵先往河南駐馬店迎之。之洞命不准節庵上車，經多時多人說合始見，亦不過寒暄數語耳。」

黃濬（秋岳）在其《花隨人聖庵摭憶》書中有云：「予聞南皮詩寓諷者甚多，其讀史絕句中，李商隱一詩，聞為詬梁節庵之作。詩云：『芙蕖霧夕樂新知，牛李裴回史有詞。未卜郎君行馬貴，後賢應笑義山癡。』此蓋有恨節庵為端匋齋運動湖廣總督。義山漫成詩：『霧夕詠芙蕖，何郎得意初。』南皮於此，著『新知』二字，即言梁與端新相結納。牛李裴回，用《舊唐書》義山為王茂元從事事。末二句，則言勿以結新知為可恃，後來將不為其子所重視，即用令狐楚卒令狐綯惡李義山背恩事。此說甚可信，節庵欲為匋齋營謀事，為南皮所知，還鄂後，對梁禮遇殊

[7]《侯官陳石遺先生年譜》，陳衍之子陳聲暨所編，其實乃陳衍所作，託名其子耳。

薄，節庵慚沮，求幕府緩頰，久之始已。」對此高伯雨則認為陳仲恕（漢第）和陳叔通兄弟（其父陳豪在湖北時是張之洞屬吏）和黃秋岳也是極熟的朋友，也許當年在北京亦曾聽過這個故事，所以後來採入《花隨人聖庵摭憶》中。至於高友唐則在張之洞幕府十餘年，他所見所聞比較真切，所記之事，未必全屬虛構，除非另有目的，則為例外了。

吳天任《梁節庵先生年譜》對以上的種種說法，持反對的態度。云：「近人筆記常有以二人晚年交惡為言者，如劉禺生《世載堂雜憶》引高友唐《高高軒隨筆》，……又黃濬《花隨人聖庵摭憶》，記香濤讀史詩，……諸家隨筆雜憶，常好為臆測是非，推波助瀾之言，以自矜創獲，聳人視聽。」此說顯然有為傳主諱之嫌。學者黎仁凱在《張之洞幕府》一書，則認為：「從當時人的回憶看，張、梁一度交惡應實有其事，但時間不長。事後，鼎芬反思張之洞提攜之恩，深感慚悔；之洞也『究存老輩風度』，一時氣消也漸平和起來。」這無疑地是較為合理的解釋。

梁鼎芬與張之洞畢竟都是君子人，一經解釋，嫌疑頓消，友誼又恢復了。光緒三十年八月四日，梁鼎芬又被任命為督練新軍的營務處總辦，足見張之洞對梁鼎芬的器重。又光緒三十一年八月梁鼎芬奉調任安襄鄖荊道，張之洞曾「設宴為先生（梁鼎芬）餞行」，並有〈送梁節庵之官襄陽道〉詩云：「此去提封楚北門，幾年江國悴蘭蓀，謗書那得湮公道，遠謫終然念至尊。健筆凌秋花未晚，停杯感世酒無溫，三雍輦下方興學，臺省旬周佇異恩」與梁鼎芬之深相期許知之彌切。

光緒三十三年九月十六日張之洞仍上奏清廷，稱梁鼎芬對教育事業，勤勞最著，並懇請賞加梁鼎芬二品銜。直至入值軍機後，張之洞仍不忘致電梁鼎芬吐其肺腑之言，「到京十餘日，喘息甫定，時局日艱，積習如故，毫無補救，惟有俟冬春間豈骸骨耳」。梁鼎芬也從未忘懷張之洞的知遇之恩。宣統元年十月張之洞去世，梁鼎芬立即從遙遠的廣州北上，親送葬至直隸南皮。並有四聯輓之，其一曰：「甲申之捷，庚子之雹，戰功先識孰能齊；艱苦一生，臨沒猶聞忠諫語。無邪在粵，正學在湖，講道論心惟我久；淒涼廿載，懷知那有淚乾時。」其二云：「老臣白髮，痛矣騎箕，整頓乾坤事粗了；滿眼蒼生，淒然流涕，徘徊門館我何如？」其三曰：「為學通漢宋，為政貫中西，一代大師成相業；其心質鬼神，其才兼文武，九州公論在人間。」其四云：「平生知己；一代偉人。」又與張之洞之子君立（權）、仁侃，謀輯刊其遺著。翌年梁鼎芬又有〈九日廣化寺追懷詩〉云：：「悲風落葉驚秋氣，圍坐深悲有淚聲。天上人間應不阻，暝鐘搖樹百回情。」足見兩人平生知己之感！

當張謇遇上翁同龢

張謇是中國近代史上一位具有重要影響的人物。胡適在《南通張季直先生傳記》的序中，就曾指出：「他獨立開闢了無數新路，做了三十年的開路先鋒，養活了幾百萬人，而影響及於全國。」張謇是中國近代實業家、教育家。字季直，號嗇庵，江蘇南通人。清光緒二十年（一八九四）甲午科狀元，授翰林院修撰，時值中日甲午戰爭新敗，鑑於當時政治革新無望，他決心投身興辦實業和教育。光緒二十一年（一八九五）他在南通開始創辦大生紗廠。後又舉辦通海墾牧公司、大達輪船公司、復新麵粉公司、資生鐵冶公司、淮海實業銀行等企業，並投資江蘇省鐵路公司、大生輪船公司、鎮江大照電燈廠等企業。並先後創辦通州師範學校、南通博物苑、女紅傳習所等。他認為實業、教育才是一國「富強之大本」。他曾參與發起立憲運動，光緒三十二年（一九〇六）成立預備立憲公會，宣統元年（一九〇九）被推為江蘇諮議局議長，為清末立憲運動主要代表之一。辛亥革命後任南京臨時政府實業總長但並未就職，他擁護袁世凱，並組織統一黨與國民黨對抗。一九一三年任袁政府農商總長，一九一五年因不滿袁世凱公然恢復帝制，始辭職南歸。在南通繼續辦理實業和教育，提倡尊孔讀經，抵制新文化運動。一九二五年大生紗廠因虧損嚴重被接管，次年八月病逝。著有《張季子九錄》、《張謇函稿》、《張謇日記》、《嗇翁自訂年譜》等。

張謇出身農家，祖父上一輩都沒有讀過書。父親也是稍微讀過點書而已。他五歲開始上學，塾師見門外有人騎白馬，便寫出「人騎白馬門前過」的上聯，讓學生對下聯。張謇應聲對道：「我踏金鰲海上來！」老師大喜，父親也很高興，認為此子口氣很大，將來一定成材。同治八年（一八六九），十六歲的張謇果然考中秀才。

清代的科舉考試，沿襲明制。一個讀書人要中狀元，起碼要經過三重考試，俗稱「三考出身」。先由童生（凡讀書人往應縣試時，皆稱童生或生童、文童，與年紀無關，因此有八十老童生。）去應縣試，由知縣做考官，考取後，再應府試，由知府為主考，中後就是秀才了。有了秀才的資格，就可以到省城去考舉人，張謇從中秀才起，中經同治十一年（一八七二）、同治十三年（一八七四）、光緒二年（一八七六）、光緒三年（一八七七）、光緒六年（一八八〇）前後五次赴江寧府應江南鄉試（舉人考試），可是都沒有考取。

同治十三年（一八七四），張謇前往南京投奔孫雲錦從事公文寫抄工作。從此，張謇開始了旅幕生涯。光緒二年（一八七六）夏，應淮軍「慶字營」統領吳長慶邀請，前往浦口入其慶軍幕任文書。光緒六年（一八八〇）春，吳長慶升授浙江提督，奉命入京陛見，張謇隨同前往。同年冬，吳長慶奉命幫辦山東防務，張謇隨慶軍移駐登州黃縣。

光緒八年（一八八二），朝鮮發生「壬午兵變」，吳長慶奉命督師支援朝鮮平定叛亂。張謇隨慶軍從海上奔赴漢城，為吳長慶起草〈條陳朝鮮事宜疏〉，並撰寫〈壬午事略〉、〈善後六策〉等政論文章，由此受到「清流」首領潘祖蔭、翁同龢等的賞識。在朝鮮，張謇「理畫前敵軍事」的能力和他抵得上「三千毛瑟精兵」的雄文，使得朝鮮方面要以「賓師」的待遇挽留他。在國內，李鴻章等大臣也要推薦他到朝中當官，但張謇謝絕了，他要回國，他要走「金榜題名」的從政道路。光緒十年（一八八四）吳長慶奉調回國，不久病故，張謇離開慶軍回歸故里，繼續攻讀應試。

光緒十一年（一八八五），因孫雲錦官江寧府尹，子弟依例迴避，於是張謇轉赴順天鄉試（俗稱北闈），時任工部尚書的翁同龢對張謇的此次考試，十分關心，並親往城東單牌樓觀音寺胡同文昌觀音廟，訪問借宿在那裡的老同鄉張謇，問寒問暖，關懷備至。十月十八日鄉試出榜，張謇取中第二名舉人，俗稱「南元」（實際上是南方各省的第一名，因為第一名舉人「解元」，必須是直隸人。）。而此次的「解元」是直隸鹽山人劉若曾，他和張謇一同成為鄉試主考翁同龢的得意門生。張謇並代此次主考官潘祖蔭、翁同龢撰〈乙酉順天鄉試錄前、後敘〉，據學者都樾文章[1]說：「據《翁同龢日記》記載：十月十三日『張季直來，以〈後敘〉託之。』張謇於十八日『為常熟師作〈鄉試錄後序〉』，二十三日『為潘師作〈鄉試錄前序〉』」。

張謇中了舉人後，他就開始參加禮部會試，向科舉的最高層次進發。光緒十二年（一八八六）張謇應禮部會試不中，據學者都樾文章[2]說：「四月二十九日張謇和劉若曾、朱銘盤一同出都返鄉。而在張謇落榜後，翁同龢曾於四月十三日親到張謇寓所拜訪，所談皆披露膽之言。」

光緒十五年（一八八九）張謇再赴禮部會試，根據張謇之子孝若所作的《南通張季直先生傳記》記載：「光緒十五年我父親三十七歲的會試，總裁是潘公（按：潘祖蔭），他滿意要中我父，那曉得無端誤中無錫的孫叔和，當時懊喪得了不得。」光緒十六年（一八九〇）是慶賀光緒帝親政而加開的恩科（按：三年一試乃正科，如果今年已有科考，但明年碰到國家有什麼慶典，

1 都樾〈翁同龢致張謇文稿繫年考訂〉，《南通大學學報・社會科學版》第二七卷第一期，二〇一一年一月出版。

2 同注一。

或皇帝六十大壽之類，就加開一科，故名恩科。）張謇再赴禮部會試，根據《南通張季直先生傳記》記載：「到了第二年光緒十六年的會試，房考是雲南高蔚光，曾經將我父的卷子薦上去，場中又誤以陶世鳳的卷子當做我父的，中了陶的會元（按：貢士第一名）。等到翁公（按：翁同龢）曉得弄錯了，竭力留我父考學正官，我父不願在京久住，就回南邊了。」是科正總裁是孫毓汶，時任軍機大臣、兵部尚書，是「后黨」的中堅人物。當時已經置身「清流」的張謇就曾批評說：「自恭王去，醇王執政，孫毓汶擅權，賄賂公行，風氣日壞，朝政益不可問，……故談朝局國變者，謂始於甲申也！」因此張謇在探知闈中閱卷實情後在四月十二日的日記無奈自我解嘲說：「知堂批出孫毓汶，二人（按：孫毓汶和高蔚光）素不為清議所齒，得失無傷也。」雖是如此，但張謇應該有寫信給翁同龢表達憤憤之情，張謇自訂年譜云：「翁尚書命留試學正官，非余意，久於京無力。謝歸。」當時翁同龢兼任管理國子監事務大臣，因此要張謇留京參加學正考試，但張謇沒有接受。四月二十日的日記云：「常熟師（按：翁同龢）贐以二十金，許為覓一書院，留試學正，不能從也。」張謇引起翁同龢的關注在光緒十一年獲中舉人，兩人知遇頗深。此後張謇參加會試卻屢屢受挫，翁同龢始終對其寄寓關心和同情。在這次張謇落第後，翁同龢就曾致函張謇說：「竊為國家惜，非為諸君惜也」，表達了為國家遺失人才的惋惜之情。

光緒十八年（一八九二）張謇第四度參加禮部會試，根據《南通張季直先生傳記》記載：「到了光緒十八年我父四十歲的會試，錯得越發曲折離奇了。當時場闈中的總裁房考，幾乎沒有一個不尋覓我父的卷子[3]。翁公在江蘇卷子上堂的時候，沒有一刻不告訴同考的人要細心校閱。

3 按：試卷雖然彌封糊名，但是閱卷大臣們可以通過筆跡辨識作者，於是，每逢會試之前，考生們便紛紛私下預測哪些大臣可能出任閱卷大臣，事先拉關係、走門路，呈送文字以便辨認。

先得到袁公爽秋所薦的施啟宇的卷子，袁公說：『像是有點像，但是不一定拿得穩。』等到看見內中有『聲氣潛通於宮掖』的句子，更游移起來。後來四川人施某（按：施紀雲）薦劉可毅的卷子，翁公起初也很懷疑；但是既不能確定我父的卷子是那一本，所以施某竭力說：『這確是張季直的卷子。』翁公也有點相信起來，而且看到策問第四篇中間，有『歷箕子之封』的句子，更證實了這是到過高麗的人的口氣；就立刻問袁公，袁公覺得文氣跳蕩，恐怕有點不對。填榜的前頭，沈公子封要求看一看卷子；等看到內中的制藝，及詩秦等韻，就竭力說：『決定不是。』但到了這時候，已經來不及了。到拆封的時候，在紅號內，方才曉得是常州劉可毅的卷子，果然不是我父的。於是翁公、孫公家鼐、沈公大家四處找我父的卷子，方才曉得在第三房馮金鑑那裡。第一房是朱桂卿，第二房是袁爽秋；堂薦送江蘇卷子的時候，朱已因病撤任，袁公和馮金鑑住在隔房，常常叮囑他，遇到江蘇的卷子，要格外留心，不要大意。那曉得馮吃鴉片煙的時候多，我父的卷子，早早因為詞意寬泛，被他斥落了。翁公本來想中我父，等到曉得錯誤了，急得眼淚望下直滴，孫公和其它的總裁考官，也個個都賠了嘆息。其實劉可毅並沒有到過高麗。後來袁公、沈公及翁公弢甫，都將這內中的詳情，告訴我父，外間也傳說都遍了。潘（按：潘祖蔭）、翁（按：翁同龢）二公愛重我父的才名，識拔我父的懇摯，可算得以國士相待的知己了。這幾位名公鉅卿，對我父的情義，直到現在我們後人，還是刻刻感念不忘的！」

對於這次的落榜，張謇極度傷感。在四月十一日的《日記》中寫道：「會試四次，合戊辰以後，計凡大小試百四十九日在場屋之中矣。前己丑既不中於潘文勤師，而今之見放又直常熟師主試，可以悟命矣。」想到連一向十分賞識自己的翁同龢也沒有錄取他，（其實每次會試主考官潘、翁二人都想取張謇，誰知三次都弄巧成拙，誤把別人的卷子當成張謇的卷子，致使張謇連考三次不中。），應該可以「悟命」了，於是「乃盡摒試具」，心灰意懶，無意進取了。他在自訂年譜中亦云：「計余鄉試六度，會試四度，凡九十日；縣州考、歲科試、優行、考到、錄科等試，十餘度，幾三十日。綜凡四月，不可謂不久，年又四十矣，父母必憐之，其不可已乎？乃盡摒試具」。

到了光緒二十年（一八九四）慈禧太后六十大壽特設恩科會試，據《南通張季直先生傳記》記載：「那年我父已四十二歲了，祖父也年近八十，所以科名的念頭，已經漸漸淡薄下來。那時三伯父在江西，由知縣奉委做慶典隨員，於是寫信給祖父，要我父也藉此機會到京一趟，祖父就答應了。命我父再去應試一回。到了北京以後，考試應用的文具，還是向朋友借湊來；放榜的時候，也沒有去聽錄。」

據張謇自訂年譜，四月十二日會試放榜得「第六十名貢士」。四月十六日複試得第十名。[4]四月二十一日殿試，讀卷大臣八人：張相國之萬、協揆麟書、李尚書鴻藻、翁尚書同龢、薛尚書允升、唐侍郎景崇、汪侍郎鳴鑾、侍郎志銳。[5]按照殿試的習慣，八名讀卷大臣中，官職最高的是東閣大學士、軍機大臣張之萬，其次是協辦大學士麟書，禮部尚書、軍機大臣李鴻藻排名第三，戶部尚書翁同龢排在第四，禮部右侍郎志銳排在第八位。因此張之萬選中的將成為狀元，麟書選中的將成為榜眼，李鴻藻選中的將成為探花，而翁同龢選中的也只能是第四名傳臚……志銳選中的也只能是第八。

當時翁同龢看中的人是張謇的卷子，四月二十二日翁同龢的日記稱「文氣甚老，字亦雅，非

4 據閣中內幕稱：「禮部右侍郎志銳初定張謇為第十一名，後翁同龢改為第十名。」
5 根據翁同龢日記所列八人次序是：張之萬、麟書、翁同龢、李鴻藻、薛允升、志銳、汪鳴鑾、唐景崇。

常手也。」四月二十三日日記云：「定前十卷，蘭翁、柳門、伯愚皆以余處一卷為最，惟南皮不謂然。已而仍定余處第一[6]；麟二[7]；張三[8]；志四[9]；李五；薛六；唐七；汪八；麟九；唐十。」也是翁同龢的門生的王伯恭在《蜷廬隨筆》中云：「是科翁師傳得張季直卷，必欲置諸第一，張子青[10]不許，幾欲忿爭，……」因為張之萬看中湖南名士尹銘綬，而此次讀卷八大臣，由他領銜，狀元應由他取中，他不肯讓出，正是他維護自己的權利之處，況且翁同龢是翰林後輩，在禮貌上應對前輩退讓。但翁同龢一心想要張謇得狀元，於是便去找李鴻藻商量，想讓李鴻藻讓出探花名額，想以探花再加上自己手中的傳臚兩個名額來換取張之萬手中的狀元，但是李鴻藻說：「狀元我不爭，探花我也不讓」。於是翁同龢只得去遊說麟書，最後說動了麟書，又加上志銳的支持，才為張謇爭到了狀元，而張之萬心目中的狀元尹銘綬當了榜眼（第二名）。張之萬時已老邁，而翁同龢又當時得令，以帝師膺殊眷，之萬也不便與之直抗，只好讓步。

清代殿試，所有試卷都要彌封糊名，試卷有數百本之多，讀卷大臣們挑出十本最好的卷子，要進呈皇帝本人親自審閱，皇帝大都照辦，很少更動名次的。確定狀元人選，御筆批上「第一甲第一名」（俗稱「點狀元」）之後，才拆開糊名，填榜公佈。翁同龢四月二十四日日記云：「上御乾清宮西暖閣，臣等捧卷入。上諦觀第一名，問誰所取？張公以臣對。麟公以次拆封，一一奏名訖，又奏數語。臣以張謇江南名士，且孝子也。上甚喜。」日記中的「又奏數語」，並未言

6 指狀元，張謇。
7 指榜眼，尹銘綬。
8 指探花，鄭沅。
9 指傳臚，吳筠孫。
10 按：張之萬，字子青，直隸南皮人，張之洞從兄。

明。香港掌故家高伯雨的推論翁同龢對光緒說，向來殿試注重書法，不重文章，此卷寫作都極好，以之為元，允無愧色。而且該年又是慈禧太后六十萬壽，張謇會試中六十名貢士，適符慶典，可為恩科得人賀。[11]

皇上甚喜，隨後於乾清宮門外宣召，張謇遂以一甲一名蟾宮折桂。四月二十二日於太和殿舉行隆重典禮，授張謇為翰林院修撰，賜六品朝冠。禮畢，翁同龢又親往張謇所宿會館祝賀。張謇歷經二十六年的拼搏，終於蟾宮折桂大魁天下，到達了科舉取仕制度的峰巔，時年四十二歲，可謂「暮登天子堂」！

張謇之得狀元，雖云以書法勝於榜眼尹銘綬及探花鄭沅，但冥冥中如有神助。王伯恭在《蜷廬隨筆》中云：「殿試之制，新進士對策已畢，交收卷官封送閱卷八大臣閱之，收卷官由掌院學士點派，皆翰苑諸公也。光緒甲午所派收卷，有黃修撰思永。比張季直繳卷時，黃以舊識，迎而受之。張交卷出，黃展閱其卷，乃中有空白一字，殆挖補錯誤後忘填者。黃取懷中筆墨，為之補書，此收卷諸公例攜筆墨以備成全修改者，由來久矣。張卷又抬頭錯誤，『恩』字誤做單抬，黃復為於『恩』字上補一『聖』字。補後送翁叔平相國閱定，蓋知張為所極賞之門生也。以此張遂大魁天下。使此卷不遇黃君成全，則置三甲末矣。」

張謇的試卷有一個挖補後的空白處未填字，光這「失誤」有可能就與狀元絕緣；另外試卷書寫時，要低二字寫，空上二字留為抬頭之用，文內頌聖提到皇上之處，另行「雙抬」，就是要高過其他行列的字兩格，但張謇只用了單抬，還好收卷官黃思永都幫他補上了。種種限制，不得踰

11 根據張謇之孫融武寫信詢問其世伯沈燕先生，沈君的覆函。

越，這事若在雍正、乾隆年間恐怕要治罪了，但在晚清就較鬆了，但仍與前程有關。若不是黃思永助他一臂之力，就是翁同龢要爭，也無可如何，狀元可能花落別家了。

翁同龢對張謇才名的愛重，識拔的懇摯，真可算得以國士相待的知己。他〈題謇荷鋤圖〉云：

平生張季子，忠孝本詩書。
每銖常憂國，無言亦起予。
雄才能斂抑，至計豈迂疏。
一水分南北，憐君獨荷鋤。

學者都檝認為翁、張兩人交誼三十年，「始於相互傾慕，繼而成為師生，終於成為同黨」，患難與共，至死不渝，不僅成為晚清士林的一段佳話，更關係到晚清政局的起落跌宕。戊戌政變後，翁同龢罷官回常熟，曾經大權在握的重臣成為朝廷的「罪臣」，內心的苦悶與壓抑可想而知，且因他兩袖清風，為官四十餘年並沒有多少積蓄，他的日子並不好過。南通與常熟隔江相望，張謇時常親自過江看望老師或派人送物送信，師生之間的情感交流十分頻繁。光緒二十五年張謇在日記寫著：「八月初三日巳刻，謁松禪師（按：翁同龢），感慨時事，誦念聖皇，時時咽嗚，午正共飯，酉初初刻謁退，師與危坐三十三刻之久，口無複語，體無倦容，以是知福澤之大且遠也。小人禍君子，往往而福之，為君子者，正宜善承天意耳。」

光緒二十八年（一九〇二）十一月初張謇派宗姓僕人到常熟送信送物，翁同龢的日記中有「得張季直函。白麵四袋，小米一袋，每袋五十斤。山藥一簍，苡仁一包，白布二匹，花布二匹，洋手巾四打，香稻一袋。」

光緒三十年五月，張謇乘舟往常熟，訪松禪老人病，在日記上又寫：「十七日辰刻抵常熟，詣南涇塘，見松禪於病榻，頗惓惓於舊恩，大臣固應爾，抑西人所謂特性也！（另有記問答語，從略）。」翁同龢並口授張謇為其擬好遺疏略云：「已革協辦大學士戶部尚書奏：為天恩未報，臣病垂危，伏枕哀鳴，伏念負疾如臣，固已言無足取，不敢復有所陳，第隆恩未答，盛世長辭，感悚之餘，難安瞑目，所願勵精圖治，馴致富強，四海蒼生，詠歌聖　，臣死之日，猶生之年。」

又張謇日記：「二十五日三兄以余生日，置酒召朋舊飲於壽松堂，始見報載松禪以二十日夜無疾而終，去十八日之別二日耳，遂成千古永訣，追維風義，豈勝愴痛！」二十七日，張謇在日記書寫道：「寫瓶師（案：翁同龢晚號瓶庵居士）自輓聯，並自寫輓瓶師聯：『公其如命何，可以為朱大興，並弗能比李文正；世不足論矣，豈真有黨錮傳，或者期之野獲編』」。

翁同龢身故後，張謇又去過常熟兩次，第一次去哭弔；第二次在一九二一年去省墓，有〈虞山謁松禪師墓〉詩云：

淹迴積歲心，一決向虞麓。
晨暾徹郭西，寒翠散岩壑。
夾道墳幾何，鴒峰注吾矚。
停輿入墓廬，空庭冷花竹。
亟趨墓前拜，背楚淚頻蓄。

張謇與梅蘭芳、歐陽予倩在南通

張謇在以恢宏的業績成為中國早期現代化事業的開拓者的同時，他也傾心傾力地提倡戲劇改革和戲劇教育。其實早在二十世紀初，張謇就曾提出吸收西學、改革舊文化的主張。當代著名的戲劇理論家張庚教授在《張謇與梅蘭芳》一書的序中說：「作為我國近代先驅者的嗇公，晚年猶致力於『建設一新世界雛型』，即以南通自治之成就示範全國。他是實業與教育並舉。而戲劇，『不僅繁榮實業，抑且補助教育之不足』，故擬在南通也把戲曲事業開創起來。季直先生雅好崑曲、京劇，然對舊戲曲之弊病亦深有體認。他認為，戲曲之發展，『訂舊』與『啟新』二者不可缺一。『訂舊從改正腳本始，啟新從養成藝員始。』人才是關鍵。沒有新的藝術人才就不可能有新的戲曲藝術。所以他既要建造新式劇場，還要興辦新式戲曲教育。」

張謇是晚清時「恩科」狀元，有著很深的文學造詣，對於戲劇也有獨到的見解。一九一四年張謇與梅蘭芳初識於北京，當時，張謇任北京政府的農商總長兼全國水利局總裁，梅蘭芳在戲劇界聲名鵲起，馳譽京滬。而梅蘭芳在一九一三、一四年兩次赴上海演出後，決心改良舊劇，創演新劇，塑造新的舞臺形象。梅蘭芳在《舞臺生活四十年》談到這個因由時說：「我初次由滬返京以後，開始有了排新戲的企圖，過了半年，對付著排出了一本《孽海波瀾》。等到二次打上海回去，就更深切了解了戲劇前途的趨勢是跟觀眾的需要和時代而變化的。我不願意還是站在這個舊的圈子裡不動，再受它的拘束。我要走向新的道路上去尋求發展，我也知道這是一個大膽的嘗試，可是我已經下了決心放手去做，它的成功與失敗，就都不成為我那時腦子裡所考慮的問題了。」張謇愛惜人才，樂於獎掖後進，對梅蘭芳的謙誠及良好的藝術素質，更加讚賞，曾多次寫詩給他，以示鼓勵。一九一六年十月梅蘭芳第三次赴滬演出，張謇聞訊，也來上海，命人持函約梅蘭芳相見，梅覆函應允拜會。會見當日，張謇借友人住宅設宴款待，同赴宴會的還有王鳳卿、姜妙香、姚玉芙等人。張謇稱讚梅蘭芳演藝的精進，同時對他的《黛玉葬花》劇中〈看西廂〉一段的一些細節提出質疑。由此看出張謇對梅蘭芳在演藝方面的見解，還是很內行的。

張謇崇尚教育救國，他看中了戲曲通俗娛人、開啟民智的特殊作用，因此早就著意於辦戲校，造劇場。但此事必須由內行的人來操辦，張謇首先想到的是梅蘭芳。張庚教授認為，其時，張謇雖認識梅蘭芳已有四年，從北京到上海，多次觀賞過梅蘭芳的演出，且私下也略有接觸。張謇認為：在南北梨園界，梅蘭芳是最有希望的青年。他不僅看重梅蘭芳的天賦條件和藝術才華，還十分喜愛梅蘭芳的溫潤謙誠的品性，視梅蘭芳如「赤水之珠，瑤華之玉」，並有決心：「願將香海雲千斛，常護阿難戒體清。」一直把梅蘭芳當作自己的弟子，要常加呵護，以助其成功。因此在一九一七年七月張謇贈梅蘭芳詩中就有「老夫青眼橫天壤，可憶佳人只姓梅。」的句子。張謇為辦戲校，曾多次寫信給梅蘭芳，就師資、學員、經費、教育，等方面跟梅蘭芳反覆商討，其中有封信說：「世界文明相見之幕方開，不自度量，欲廣我國於世界，而以一縣為之嚆矢。至改良社會，文學不及戲劇之捷，提倡美術、工業不及戲劇之便，又可斷言者。」一九一七年十月他致梅蘭芳函更云：「吾友當知區區之意，與世所謂徵歌選舞不同，可奮袂而起，助我成之也。」梅蘭芳也深知此事的重要，然因當時的心思全在舞臺藝術上，又有畏難的情緒，因此婉言謝絕了張賽的邀請。後來辦戲校這事就由歐陽予倩來承擔了。

歐陽予倩（一八八九～一九六二）原名歐陽立袁，原籍湖南瀏陽人。出生於書香官宦家庭。祖父歐陽中鵠曾任廣西桂林知府，是晚清著名學者。當年戊戌變法的主要人物譚嗣同、唐才常都是歐陽中鵠的學生。所以歐陽予倩從小就受到良好的古文教育和維新派思潮的影響。一九〇四年他赴日本留學，先後就讀於成城中學、明治大學商科、早稻田大學文科。在日本學習期間，他苦讀在校課程，還抓緊時間飽讀易卜生、莫里哀、莎士比亞等世界大師的劇作，以及日本現代作家菊池寬、武者小路實篤等人的作品。在表演藝術方面，他曾向以細膩表演著稱的日本著名演員河合武雄學習。一九〇七年在東京加入中國最早的話劇演出團體——春柳社，與李叔同（即弘一法師）及其他成員，共同演出了由曾孝谷根據斯托夫人的小說《湯姆叔叔的小屋》編創的話劇《黑奴籲天錄》。這是中國人演出的第一個完整的話劇，當時也稱為「文明新戲」。一九一一年回國，組織新劇同志會、文社、春柳劇場等新劇團體，成為中國話劇運動的開拓者之一。

大約在一九一二年間歐陽予倩來到上海，起初他在上海恢復留日時期創辦的「春柳社」，致力新劇。後來他對京劇發生了興趣，曾加入「春雪社」票房，和江夢花、林老拙、吳我尊、王頌臣、羅亮生、朱鼎根等人一起研究京劇。「春雪社」的教師是邵濟舟，琴師是張翰臣，歐陽予倩的戲是學的余紫雲（清末名旦、余叔岩的父親）那一派，他因為林老拙的關係而有機緣得當時在上海做寓公的票友林紹琴指點。林紹琴是福建人，曾正式拜余紫雲為師，得余真傳。同時歐陽予倩的戲也得到過名旦陳祥雲的指點，也曾向吳我尊學過京劇，他和吳我尊是留日的同學。一九一五年歐陽予倩下海，成為京劇職業演員，初臨丹桂第一舞臺，後搭亦舞臺和天蟾舞臺，演唱的都是余紫雲那派的青衣正工戲，如《玉堂春》、《祭塔》、《祭江》、《落花園》、《教子》、

《彩樓配》等。後來應夏月潤之邀，參加九畝地的新舞臺，開始編排新戲，尤多取材於《紅樓夢》劇目，如《葬花》、《補裘》、《撕扇》、《送酒》等，俱做古裝，別開生面，使當時的京劇觀眾耳目為之一新。陳祥雲和他同臺配戲，讓演出更是生色不少，尤以《黛玉葬花》一劇最負盛名。歐陽予倩還在從不演唱京劇的外國人開的「謀得利」戲院演出過，當時報上讚揚他：「嗓音極佳，即剛且雋，雖扮相平平不及梅，好在歐戲注重做工表情，不以色媚人。」此時歐陽予倩聲譽日隆，與梅蘭芳不相上下，遂有「南歐北梅」之稱譽。梅蘭芳在《舞臺生活四十年》曾經談到：「我是在北京排『葬花』，上海也有一位排『葬花』的，就是歐陽予倩先生了。我們兩個人一南一北，對排紅樓戲，十分有趣。」但據曹聚仁說梅蘭芳演的只有《黛玉葬花》、《千金一笑》、《俊襲人》、《怡紅群芳開夜宴》四齣，而歐陽予倩演出的有《晴雯補裘》、《黛玉葬花》、《饅頭庵》、《寶蟾送酒》、《鴛鴦剪髮》、《黛玉焚稿》、《負荊請罪》等九齣，遠超過梅蘭芳。

這時期，歐陽予倩不僅編演京劇紅樓戲，還同時演出話劇，而且不時發表自己對戲劇發展的看法。一九一八年歐陽予倩在上海日本人辦的《訟報》上發表了〈予之戲劇改良觀〉一文，他在文中除感慨「今日之劇界腐敗極矣」之外，還提出了改革的主張：一是劇本「貴能以淺顯之文字，發揮優美之思想」。他認為「劇本應當有美的具體化的情緒，有適合時代的中心思想，有詩的文辭，劇的行為，有鮮明的性格，有表演的技巧，須求整個的完成，不取片段的齊整。」；二是「須養成演劇之人才」，組織俳優養成所，募集十三、四歲學童訓練之。他的第二條意見正好與張謇不謀而合。張謇知道歐陽予倩藝通中外，又對創辦戲校有一套設想，於是就派人邀請歐陽予倩到南通晤談。一九一九年五月歐陽予倩應邀赴南通，商談後，歐陽予倩接受張謇聘請到南通創辦伶工學社。

張謇對邀請歐陽予倩來主持伶工學社校務，是寄予厚望的。他在給梅蘭芳的信中就這樣寫道：「予倩文理事理皆已有得，意度識解，亦不凡俗，可任此事。」可見他對歐陽予倩的學識、人品和才幹是相當滿意的。因此，張謇給予了歐陽以極大的信任，先是派他偕薛秉初等人上北京為伶工學社招收學員，接著又前往日本考察新式劇場及管理制度。回國後，讓他主持伶工學社的校務工作，又負責對更俗劇場的圖樣審定。更俗劇場落成後，又由他主持制定了劇場的規章制度，全面負責劇場的行政管理。而歐陽予倩也深感張謇對他的器重，遂以自己卓越的才識和踏實的工作，把伶工學社和更俗劇場的工作搞得有聲有色。

南通伶工學社初創時，只側重崑曲，延清末南方崑曲名旦施桂林任教。歐陽予倩到校後，改以教授京劇為主。並進行改組，張謇掛了個校長名義，由歐陽予倩任副校長，負責實際工作，兼教青衣和新劇，吳我尊擔任教務主任，戚豔冰擔任訓育主任兼編導，趙玉珊講中外戲劇史，聘請名家趙桐珊（芙蓉草）、馮春航（小子和）、高秋萍、潘海秋等人為教授兼編導。教師有教老生的程君謀、張彥芝，教文武老生的張榮奎，教武生的張德祿、周慶恩，教老旦的文容壽，教武旦的水上飄，教花臉的劉鐘林，教丑角的賀雲祥，以及潘海秋兼教小生，馮子和兼教花旦，施桂林、薛瑤卿、陳阿寶教崑曲，此外還聘請劉質平、潘伯英教音樂，陸露沙教美工，和一位女教師教舞蹈，可謂行當齊全，人才濟濟。

南通伶工學社可說是中國最早的一所培養京劇演員的新型學校。它不同於舊科班的地方，是採用現代教學方法。歐陽予倩親自擬訂了學校簡章和各種制度，他宣佈伶校是「為社會效力之藝術團體，不是私家歌僮養習所」；「要造就戲劇改革的演員，不是科班」，學校並廢止任何體罰。學制為七年，五年畢業，實習義務二年。招收學生年齡十一歲至十三歲，要求有高小文化程度。歐陽予倩創辦伶校，是為了改革舊劇、創造新劇，培養一批有思想、有知識的演員。因此在課程設置方面，是戲曲專業教育與文化教育並重。根據扶海生〈南通「伶工學社」追憶〉一文（一九三八・十・二〇《十日戲劇》三十五期）說：「科分：崑曲、京劇、音樂（國樂、洋樂）、新劇（話劇）。此外兼授國文、洋文、書畫（國畫、洋畫、臉譜）、中外戲劇史、珠算、時事常識各課。星期日下午在校，彩排實習，每朔望，赴『更俗』演日戲二次。自八年（一九一九年）起，每晚令高級生赴『更俗』輪演。逢新戲則全體合演。」

而歐陽予倩為了讓課堂教學與舞臺實踐兩相結合，在創辦的伶工學校時，就著手劇場的建造。劇場建在南通桃塢路西端，於一九一九年夏天動土，劇場有兩層，約一二〇〇個座位。以日本、上海的新式劇場為參考，其設備在當時確屬第一流的。同年重陽節劇場落成，取名「更俗劇場」，意思是除舊佈新，移風易俗。劇場臺前掛有張謇所書的對聯曰：「真者猶假假何必非真，看諸君粉墨登場領異標新，同博尋常一笑粲；古或勝今今亦且成古，歎三代韶音如夢穹本知變，聊應斟酌百家長。」另有其子張孝若的對聯曰：「好樂其庶幾，鐘鼓之聲管龠之音，請言乎與人與眾；立方以感善，鄉里之中閨門之內，同聽者和順和親。」將寓教於樂的深意，表現其中。

一九一九年十一月，更俗劇場舉行開幕儀式，張謇特地邀請梅蘭芳劇團擔綱演出。他雖然曾婉謝張謇邀他主辦戲校，但對張謇籌建戲校的舉措是很支持的，如今張謇邀他作開幕演出，當即欣然應承。當時他正在漢口大舞臺演出，演唱完後，馬上與朱素雲、姜妙香、姚玉芙以及齊如山、許伯明等坐上江輪直達南通。當夜，張謇就設宴為梅蘭芳一行接風。

第二天，張謇請梅蘭芳一行參觀伶工學校和更俗劇場。梅蘭芳稱讚伶工學校在那時南方，是開風氣之先，唯一的一個訓練戲劇人材的學校。接著，歐陽予倩陪同梅蘭芳一行去參觀更俗劇場。當前臺經理薛秉初把梅蘭芳、歐陽予倩等人迎到這裏，梅蘭芳一抬頭就看到了高懸著的「梅歐閣」橫匾，並且認出乃出於張謇的手筆，對張謇如此的厚意十分感動。步進屋內，左右壁上掛了梅蘭芳和歐陽予倩的照片，以示珠聯璧合。旁邊還掛有一副張謇自撰自書的對聯：「南派北派會通處，宛陵廬陵今古人。」南派、北派指歐、梅各自代表的京劇南北兩派，宛陵是指宋代詩人梅堯臣，廬陵指宋代詩人歐陽修，下聯以梅堯臣、歐陽修的籍貫暗切梅蘭芳和歐陽予倩的姓氏，張謇以這種獎掖方式，倡導和衷共濟，促進南北藝術之交流、融通，才有利於戲曲事業的繁榮進步。「伶史同與時代新，領袖正須英絕人。」在張謇心目中，梅蘭芳與歐陽予倩都是能把戲曲推向新時代的英傑。據張謇之子張孝若解說，張謇之所以建此梅歐閣，是認為「梅蘭芳、歐陽予倩的各樹一幟」，「有調和聯合、共圖中國戲劇改良、光明藝術之必要」。而梅蘭芳也回憶說，這個梅歐閣乃是張謇為了「紀念」他和歐陽予倩兩位的「藝術」而設的。可見，張謇是將歐陽予倩與梅蘭芳看作他的左臂右膀的。張謇還作一詩來表達其中含意，詩云：「平生愛說後生長，況爾英蕤出輩行，玉樹謝庭佳子弟，衣香荀坐好兒郎。秋毫時帝忘嵩岱，雪鷺彌天足鳳凰。絕學正資恢舊舞，何君才藝更誰當。」

那天晚上即舉行開臺演出，梅蘭芳的戲目是《玉堂春》。梅蘭芳、歐陽予倩同臺獻藝十日。在十天光景裡，與梅蘭芳同臺的有王鳳卿、姚玉芙、魏蓮芳、李壽山、姜妙香等，演的戲碼有崑曲《佳期》、《拷紅》、《思凡》，新排的京戲《嫦娥奔月》、《木蘭從軍》、《千金一笑》等。特別有意思的是，梅蘭芳和歐陽予倩同臺演出了《思凡》、《琴挑》等名劇。梅蘭芳雍容端莊，圓潤甜美，歐陽予倩淡雅俊美，清越舒展，各具風格，張謇的兒子張孝若形容是：「二妙一臺收，陽春白雪流。」而觀眾也目睹了「南歐北梅」的多姿風采。一九二〇年一月十三日，張謇在日記寫道：「觀浣華（即梅蘭芳）《葬花》、予倩《送酒》，可謂異曲同工。」此外，張謇在看了歐陽予倩演出的《送酒》、《愛情之犧牲》、《饅頭庵》、《一念之差》和《青梅》等劇及梅蘭芳演出的《葬花》、《驚夢》、《千金一笑》、《女起解》、《鬧學》、《木蘭從軍》、《嫦娥奔月》、《奇雙會》、《醉酒》、《琴挑》時，都分別寫下〈傳奇樂府〉以抒其觀後之感想。一些戲劇愛好者，也以雋詞妙句稱頌。張謇為此編印了《梅歐閣詩錄》記此盛事。

梅蘭芳在南通的演出十分轟動，劇場天天爆滿，張謇本想多留梅蘭芳幾天，無奈他已接受了上海方面的邀請，只能依依不捨地離開南通。一九二〇年一月二十四日，梅蘭芳仍由大和輪送至浦口，臨行時，張謇及地方士紳送至城外「候亭」（張謇為梅蘭芳來南通而趕建的），並有〈候亭送梅郎二絕句〉詩云：「昨日來時江有風，今朝歸去日融融。天意為郎除恐怖，明年歡喜到南通。」及「緣江大道接郊坰，碧瓦朱楣跨候亭。今日送人開紀念，平原草白麥苗青。」兩首詩。

同年五月二十六日，梅蘭芳第二次到南通，同行的還有王鳳卿，仍是張謇派專輪去迎接。這次梅蘭芳在南通只演出三天，劇目有《天女散花》、《玉簪記》、《黛玉葬花》、《嫦娥奔月》等，二十九日晨便因祖母電促匆匆離開。梅蘭芳寫了三首唱和詩，感謝張謇的情意。其中一首寫道：「積慕來登君子堂，花迎竹戶當還鄉。老人故自矜年少，獨愧唐朝李八郎。」另一首寫道：「公子朝朝相見時，寓中日影到花枝。輕車已了尋常事，接坐方驚睡起遲。」第三首是：「人生難得是知己，爛賤黃金何足奇。畢竟南通不虛到，歸裝滿篋嗇公詩。」對張謇的厚愛，充滿感激之情。兩年後，一九二二年六月十日梅蘭芳第三次到南通，當晚即演出一場，次日又連演兩場，因正在組織「承華社」的事務緊迫，演出後，即離開南通返京。此行主要是為慶賀張謇七十大壽，雖然來去匆匆，但張謇還是陪梅蘭芳參觀了伶工學社的新校舍。

張謇與梅蘭芳最後一次晤面是一九二四年初，張謇因事去上海，恰逢梅蘭芳在滬演出。應邀連看三場，劇目依次是《紅線盜盒》、《霸王別姬》和《洛神》。張謇看後連連稱讚梅蘭芳的藝事精進及其塑造舞臺形象的超凡能力，並對三劇中待完善之處，提出了商榷意見，尤其對《洛神》一劇，從排場、語言到道具等處均涉及到，希望它成為神話歌舞的開創性作品。一月十七日張謇離上海回南通後，又寫下〈喜晤浣華旋別〉詩一首贈給梅蘭芳。梅蘭芳早有赴美演出計劃，他曾寫信徵求張謇的意見，張謇回信說：「此行為名為利，須先審定；即云為名，為一人之名，為一國之名，須先審定；為一人之名，則助少效薄，為一國之名，則助多效大，須審定。須知何劇合歐美人觀念心理，不宜單用二簧。劇本恐須改編，不合外人觀念的，須刪節潤色。」許多層面張謇都想到了，可見他是如何高瞻遠矚的。一九二四年，張謇還特為梅蘭芳擬定了「出行大要」十四款，囑望梅蘭芳此行「能代表一國之美藝」，為國爭光。可惜的是梅蘭芳後來延遲出訪，等到他一九三〇年訪美成功歸來時，張謇已辭世四年矣，沒來得及共享他的榮耀。

一九二六年八月二十四日，張謇因病去世，噩耗傳到北京，梅蘭芳當即致電其子張孝若：「太翁仙逝，至深哀悼，謹唁。」唁電雖極簡短，但失去一位彌足敬重的良師益友，梅蘭芳心中的悲傷，是難以用文字來表達的。

張謇與梅蘭芳相識相交於那個年代，儘管他們各自的社會角色不同，年齡也相差近四十歲，但客觀條件的差異，並未妨礙他們為弘揚傳統戲曲藝術而建立起的情誼。他們這段忘年之交，迸發出的美好燦爛的光芒，促進了中國傳統戲曲藝術的改革發展，無疑是他們交往中最可寶貴的。

反觀之，歐陽予倩在南通主持校務三年，這是他對京劇改革的初步實踐，但在當時的社會，他的主張必然遇到曲折和障礙。在他和張謇友誼甚篤之時，就有不期之憂。一九一九年十二月，歐陽予倩給袁寒雲的信就有「懼不克終」的字眼，沒想到卻一語成讖，在一九二一年底，歐陽予倩終於懷著極端失望的心情，把校務交給了吳我尊，毅然離開南通，重返舞臺。他在《自我演戲以來》一書中不無感慨地說：「我到南通住了三年，本抱有幻想，不料一無成就，……唯有抱著無窮的煩悶，浮沉人海而已！」。

究竟是何原因，使得張謇與歐陽予倩終至不歡而散、分道揚鑣呢？歐陽予倩在《自我演戲以來》書中說：「張季直待我不錯，我也以長者尊敬他。不過彼此思想很有距離，他到底不失為狀元紳士，我始終不過是一個愛演戲的學生罷了。」學者欽鴻則指出兩人的思想差距：「張謇言之鑿鑿，他要改的主要是舊劇中『地理歷史』方面的『舊之謬誤』和『風俗人事』方面的『舊之卑劣粗惡』，可見其主張更多的還是一種戲劇的改良，而不是根本性的改革；他所提倡的『通俗之教育』和『勸懲』（即勸善懲惡）。而歐陽予倩則不然，他十分強調戲劇『代表一種社會，或發揮一種理想，以解決人生之難問題，轉移謬誤之思潮』，也即注重戲劇的教育作用、對於社會人生的干預作用。因此張謇與歐陽予倩兩人的合作，一開始就隱藏著深刻的矛盾，只是當時為改革舊劇的共同熱忱所掩蓋而已。但隨著合作的深入、事業的進展，這種矛盾的愈益突出而尖銳，是勢所必然的了。」

除此而外，學者欽鴻更提出了張謇與歐陽予倩在藝術趣味上是有所歧異的，他說：「歐陽予倩先學話劇後攻京劇，而且比較注重藝術上的革新，敢於大膽突破陳規，以順應時代要求。而張謇則比較喜歡梅蘭芳端莊典雅、優美俊秀的表演風格和精雕細刻、嚴謹唯美的藝術追求。因此儘管如張孝若所說，張謇『對於梅蘭芳、歐陽予倩的各樹一幟，都覺得有調和聯合、共圖中國戲劇改良、光明藝術之必要』，但從個人的藝術趣味來說，張謇在梅蘭芳與歐陽予倩兩人中顯然更喜歡前者。故而他在考慮伶工學社主持人的人選時，首先想到的就是梅蘭芳，後來之所以會定為歐陽予倩，完全是因為梅蘭芳未予應允，他在不得已之下才退而求其次的。在歐陽予倩主持伶工學社和更俗劇場期間，張謇仍然與梅蘭芳頻頻通信，向他通報情況，與他討論問題，還一再邀請他赴南通演出。一九二〇年二月六日，他更致函梅蘭芳，表示打算聘任梅蘭芳為『伶工學社名譽主任』。由此可見，他縱然已經與歐陽予倩攜手合作，但從他內心裡說，梅蘭芳仍然最佳人選。反而言之，這其實也透露出他對於歐陽予倩的某種不滿意。」於是後來有人在張謇面前屢進讒言，挑撥他與歐陽予倩之間的關係；有人妖言惑眾，煽動不明真相的著名演員蓋叫天尋畔鬧事；還有人暗箭傷人，背地裡寫信攻擊歐陽予倩是「亂黨」，如此等等。這就使歐陽予倩忍無可忍而萌激流勇退之意了。

雖是如此，歐陽予倩主持南通伶工學校校務後，培養出一批比較優秀的人材。如李錦章（即梅蘭芳五大弟子李斐叔，後為梅蘭芳的秘書。）、戴衍萬（南通人，歐陽予倩劇作《人面桃花》的最早演出者，後來改行，做了電影演員。）、葛准（先學武生，後改小生，臨張季直書極神似，演《人面桃花》劇中小生，以能當場揮毫而聞名，離校後改名「次江」。滬戰期間，曾在歐陽予倩領導的「中華劇團」演唱改良平劇。）、林守治（南通人，原學青衣，後從趙桐珊學花旦，離校後改名秋雯，旋去北京拜王瑤卿為師，曾與荀慧生、馬連良合作，名噪一時。）、趙培壽（即解放前長期在上海黃金大戲院搭班的趙志秋，原學老生，後師趙桐珊改唱小生。）、汪家德（南通伶工學校出身的唯一丑角，始終留在南通，是更俗劇場——今人民劇場的基本人員。）。歐陽予倩還是功不可沒的。儘管如此，在梅歐閣建成四十年之後，也就是一九五九年的七、八月間，梅蘭芳和歐陽予倩都曾題詞、題詩予以紀念。他們回憶著四十年前，同在南通同臺演劇的情景，往事歷歷，如在目前，正如梅蘭芳的題詩中寫道：

南通佳氣多氤氳，人民政府舉政勤。故場重修梅歐閣，馳書千里來徵文。
文拙才微不得辭，新陳跡象縈我思。四十年前建閣初，客遊是邦周覽之。
憶昔我與歐陽子，後先見招皆涖止。粉墨生涯二人同，笙簧格調諸公喜。
有鄉先生能賞音，折節交到忘年深。為題小閣揮巨筆，欲使輕材登藝林。
宛陵廬陵兩宋賢，託古姓氏以喻今。斯際我儕識宏獎，悚惶詎免望於心？
自從奔波淹歲月，消息不聞聽消沉。幸哉盛世老獲睹，天清地寧咸鼓舞。
昔也衣冠優孟輕，今也教育師資伍。滿眼萬端經緯新，工農生產躍進真。
六億黎元欣作主，五洲兄弟倍情親。誰云滄海一粟渺，鞠部有責為功臣。
鯫生齒衰敢懈怠？日沾雨露回青春。南通人民意何厚？搜羅寵眷及兩叟。
誠知愛閣由愛人，勖其效忠明時久。我為此事頻蕤結，光榮黨與往者別。
淺言還報出肺肝，感惠揚仁不須說。歐陽吾友仍康強，大家庭中俱就列。
貢獻常忘艱巨增，辛勞復可晨昏徹。凡百遵循黨領導，區區素志堅如鐵！

從題詞、題詩中，我們可以親切感受到梅、歐之間的深厚友誼以及兩位大師為中國戲曲事業奮鬥終身的執著信念。

而原於一九一九年建立的更俗劇場，後來更名為人民劇場。一九九六年，城市規劃建設而拆除。二〇〇二年九月重建落成，十月十五日新的更俗劇院，舉行了梅歐閣紀念館開館儀式暨「大師風采・藝壇豐碑」展覽開幕式，紀念著三位藝壇前輩的深厚友誼。

情在可解不可解之間——張謇與沈壽

偶讀左舜生六十多年前的舊著《中國現代名人軼事》（香港：自由出版社，一九五一），在〈張季直及其事業〉一篇的附錄，特別提到〈張季直與沈壽〉。一九三〇年，左舜生讀到了出版不久的《張季子九錄》和張孝若寫的《南通張季直先生傳記》，使他下定決心要到南通去看一看。因為他認為：「當清民交替之際，國人談教育，談實業，談自治者必首舉南通，事雖發動於一隅，而影響則及於全國。」因此他對於張謇（季直）發生極大的興趣，雖然當時張謇已去世四年了，左舜生還是決計一遊。

到了南通，他看到的儘是張謇的事業。公園、博物苑、天文臺、圖書館、通州師範、女工傳習所。他明顯的感覺到張謇「手創之事業已衰相畢露」、「陷於停頓」，於是「不勝人亡政息之感」。他又說，雖然如此，到了南通境內，仍然覺得這裏家給人足，通州師範與女工傳習所也有良好的學風，公園、博物苑、天文臺、圖書館這些公共設施大抵基礎還在，就是政府沒能進一步建設好，只能由它們自生自滅罷了。

而關於張謇晚年與沈壽的一段歷史，左舜生此行，不免也要想起這段逸事。但是，他對兩位已不在世的當事人是相當敬重的。他在傳習所看到教師循循善誘，想到「壽執教時之規模，殆猶有存者」；他在謙亭小坐，看到佈置得體，便「想像當日茶灶藥爐之景象，慨歎不置」；尤其是當他這個頗以湘繡自誇的湖南人在博物苑看到幾幀沈壽的刺繡作品時，從此竟「絕口不敢談湘繡矣」。何況他所看到的還不是「沈繡」中的精品呢。

左舜生拜謁了張謇墓後，驅車前往黃泥山沈壽墓憑弔，「以表敬意」。當他站在沈墓前，「默念其與季直此一段因緣，終覺人生在可解不可解之間也」，有相當多的感慨。南通的友人講了些余覺在南通的情況給他聽，他覺得余覺的處境，也有值得同情的地方。也許是這些逸事及其背後的感情實在太「可解不可解」，激發了他的創作慾，他甚至想：「以此史材，結構成一劇本，得一能作內心表演之麗人飾沈壽以演出之，當不難博得世間若干兒女之眼淚也。」

沈壽（一八七四－一九二一）原名雲芝，字雪君，號雪宧，別號天香閣主人，清同治十三年（一八七四）生於江蘇吳縣閶門海宏坊。父親沈椿，曾任浙江鹽官，酷愛文物，富有收藏，後來開了個古董鋪。雪君自幼受到家庭良好的藝術薰陶。她七歲弄針，八歲學繡，由於天資聰穎，好鑽研，進步極快。起初她繡花草蟲魚，後來以家中收藏之名畫作藍本，繡製藝術性較高的作品。十六、七歲時，便成了蘇州有名的刺繡能手。她和姐姐沈立在蘇州海宏坊出售繡品，「二沈」繡品漸漸有名。當年，沈雪君與來蘇州遊玩的紹興秀才余覺（初名兆熊，字冰臣）在遊春時偶然相遇，兩人相識相戀，三年後，光緒十九年（一八九三）余覺來蘇州入贅成婚。

余覺年少有才，善於書法繪畫。婚後兩情繾綣，郎繪女繡，當時雪君的繡藝雖然高超，細膩精緻，但構圖立意仍未脫「金玉滿堂」、「福祿長貴」的庸俗模式。余覺善於接受新的事物，早晚研究，從構圖、色調、意境、成法各方面加以改進，繡品更加馳名。夫妻及姊在蘇州開繡館授課。光緒二十六年（一九〇〇）余覺回浙江以余兆熊之名參加鄉試，得中舉人，但未授官，仍回蘇州輔佐雪君事繡。他描寫婚後生活是「乃至半日廢書，半日研繡，余則以筆代針，吾妻以針代筆，十年如一日，繡益精，名益噪。」「余無妻雖智弗顯，妻無余雖美弗彰」，余覺在其《痛史》中寫的這些話，應該是很公允的。當時在上海有一家刺繡世家「露香園」，主人姓顧，創始於明朝，子孫多半擅長丹青，與刺繡相得益彰。入清後，「露香園」中所繡的花鳥條幅，幾乎被王公貴冑們視為拱璧，殊難求得，「顧繡」名聲大燥。現在余、沈合作完成的繡品真是璀燦奪目，出神入化。看過的人都說：「針端奪化，指下生春，已經凌駕露香園之上了。」

光緒三十年（一九〇四）十月，慈禧太后七十壽辰，清廷諭令各地貢壽禮，余覺聽從友人建議，決定繡壽屏進獻。他們從古書中選出《八仙上壽》圖和《無量壽佛》圖作為藍本，很快勾勒上稿。雪君在這組作品中傾注了很多心血，從用針到配色，她都反覆斟酌研究，經過三個月時間，終於繡成了一堂八幅的《八仙上壽》圖，以及另外三幅《無量壽佛》圖。余覺輾轉託人，呈獻清宮。慈禧見後，大加讚賞，稱為絕世神品。除授予沈雪君「雙龍寶星」四等勳章外，還親筆書寫了「福」、「壽」兩字，分送余覺夫婦（沈雪君從此更名「沈壽」）。並隨後奏准設立女子繡工科，專門培養刺繡人才，由沈壽任總教習，余覺為總辦，每人月薪二〇〇銀元。光緒三十年十一月，農工商部派余覺夫婦去日本考察，學習外國美術教育經驗，前後三個月。沈壽在傳統繡藝的基礎上，參照日本的美術表現手法，製作繡品，余覺融合西畫用外光來表現物體明暗的手法，共同創造了具有獨特風格的「倣真繡」。在沈壽所著《雪宧繡譜》中談到：「既悟繡以象物，物自有真，當倣真」。這樣的繡品，使畫面富有立體感，再現了大千世界的真實風貌，開創了蘇繡的新紀元。

宣統元年（一九〇九）沈壽運用倣真繡法，以鉛筆作稿本，繡製了《義大利皇帝像》和《義大利皇后像》。這兩幅作品一九一一年送往義大利萬國博覽會展出時，以其逼真的形象，精妙的繡藝，轟動了義大利朝野，獲得了博覽會的「世界最高榮譽獎」。展出後，清政府將這兩幅繡像送給了義大利皇帝和皇后，義國政府回贈一枚最高級的「聖母利寶星」。一九一二年十一月，義駐華公使又轉達了義帝和義后對沈壽的謝意，並贈給她一塊貼有皇家徽號的嵌鑽石金錶。這兩幅繡像在一九一五年美國舊金山的「巴拿馬——太平洋萬國博覽會」上，還獲得第一金質大獎，贏得了更為廣泛的聲譽。

宣統二年（一九一〇），清政府在南京舉辦南洋勸業會，時任江蘇咨議局議長的張謇被任命為審查長。當時有一幅顧繡董其昌書大屏需要鑒定。顧繡是明代上海露香園顧名世家的女眷所繡作品，很有名望。張謇特地請沈壽鑒定。繡品剛打開，沈壽即斷定為真品。沈壽之於繡，能悟象物之真，能辨陰陽之妙，自謂：「天壤之間，千形萬態，入吾目，無不可入吾針，即無不可入吾編繡。」張謇驚其才識，這也是後來在一九一四年決定於南通女子師範學校設繡工科，請沈壽來主持之緣起。

名報人及小說家包天笑就是在這次南洋勸業會時見到余覺、沈壽夫婦的，據他的《釧影樓回憶錄》中說：「那時沈壽年在三十多，端莊貞靜，不減大家風範，待客殷勤，餉我以茶點。但有兩女郎，一為十七八，一可在二十許，跳躍歡笑，頗為活潑。余覺告我道：『這兩人乃是小妾，癡憨如此，這個年小的，預備送到日本去學繡，日本有刺繡一科，屬於美術學校，中國卻沒有，得此基礎，將來庶幾有傳人。』辭出後，我想沈壽自己也還不過三十多歲，竟讓他的丈夫納妾，而且一納就是兩人，誰說婦女善妒是天性呢？（按，後知沈壽有隱疾，性冷感症，故亦無所出。）……我當時正在編《婦女時報》，歸時乃索得沈壽的照片，及其製品的照片。隨後，余覺又寄來他的赴日學繡的小夫人照片，姿容曼妙，手張日本絹傘一輪，含笑睇人，亦印入《婦女時報》中。」

據名報人趙世洵在〈續憶蘇州城裡幾位突出老輩〉[1]文中說，他聽聞吳子深說余覺有丁、葉兩位如夫人，都是蘇州人，都張艷幟於北京八大胡同，是余覺趁沈壽去美國參加「巴拿馬——太平洋萬國博覽會」，花了銀子，買回天津當做姨太太的。

包天笑又說：「越二年，余覺到時報館訪我，顏色甚沮喪，他說：『你知道我的在日本學繡的小妾，已背我隨人去了嗎？』問其所以，他說：『此人本為天津班子中人（天津妓院，均稱某某班），是北方人，今隨一趙某而去，亦北方人。那趙某是留學生，亦是革命黨，在日本演新劇，藝名趙嗜淚，原名趙欣伯。』我說：『你何以調查得如此清楚？』乃勸慰他道：『佳人已屬沙吒利，足下可以揮此慧劍，斬斷情絲了。』余覺道：『此事尚有新聞，最近聽說兩人為了革命，到武漢去，已被捕獲，存亡未知。你們報館，武漢當有訪員，可否請為一詢？』我那時正編地方新聞，因答應了他，一詢武漢訪員，來信模模糊糊。說是傳聞有一趙姓革命黨被捕，最近又有一女革命黨，髮髻中紮有白頭繩，傳為趙之配偶，趙則已伏誅了。我即以之覆余覺，其時在辛亥革命之前。越二十年，余覺館於我表弟吳子深家，課其子，告我道：『前所云我有一小妾在日本隨一趙姓而去的趙欣伯，並未死去，現已在偽滿洲國為立法院長了。』至其院長太太，是否在日本學繡的女郎，則未加考證呢。」（按：應該不是。趙欣伯的前妻已於一九二一年在日本身亡了，其立法院長太太，應該是後來繼娶的。）

趙欣伯（一八九〇——一九五一）字心白，河北宛平人。早年生活在日本，曾獲日本明治大學

[1] 趙世洵〈續憶蘇州城裡幾位突出老輩〉，香港《春秋》雜誌，第四四七期，一九七六年二月一六日出版。

法律博士學位。一九二六年受日本駐華公使館武館本莊繁的推薦，攜妻兒回到瀋陽，任張作霖的東三省保安司令部法律顧問。在任時，處處維護日本人的利益，是有名的奉天親日派。「九一八事變」前，他積極參與偽滿洲國的催生，被稱為「滿洲國的產婆」，甚至「滿洲國」這個「國號」以及改長春為「新京」都是他的主意。「九・一八」事變後，在日本關東軍的操縱下，與袁金鎧等人成立「遼寧省地方維持委員會」，發表「獨立宣言」。不久又接替土肥原賢二，當上日本關東軍操縱的奉天（今瀋陽市）市偽市長。偽滿洲國成立後，任偽立法院長，一九三三年因貪污等罪被去職，後旅居日本，宦海失意後他便決心理財，既在日本東京、箱根置房購地、收買珠寶，也在老家北京購置了大批產業。一九三八年回國定居北平，曾充任華北王克敏偽政權顧問。趙欣伯不但在政治上厚顏無恥，「摟錢」上更是「多管齊下」。一九四三年趙欣伯夫婦專程去日本清理自己的財產，將不動產托給日人鈴木彌之助代管，金銀珠寶則埋藏在自家住房的地下室裏。隨著抗日戰爭的勝利，日本撤退，趙欣伯再也沒有機會去日本經營自家的財產。而在此時他又因漢奸案被國民黨北平市當局逮捕，羈押在北平第一監獄。不久，他使出行賄的招數，弄了個「保外就醫」逍遙法外。正此時，東京國際法庭開庭，審理東條英機等日本戰犯。中國選派的大法官倪征燠急如星火地回國收集日寇侵華的證據，找到趙欣伯時，他答應寫證據材料。但後來他又反悔了，不單把已寫好的材料丟進火爐燒毀，還說不再寫任何東西。原來他聽說，「大日本皇軍」還會東山再起，趙欣伯的愚昧頑固可見一斑。一九五一年七月二十日，北京市公安局依法傳訊趙欣伯，他自知罪孽深重，急火攻心，血壓升高，猝死看守所。

新加坡學者朱魯大在《近代名人逸聞》（香港：南粵出版社，一九八七）一書中說：「《聯合早報・天下事》譯載了美國《新聞周刊》一篇〈中國人在日本的遺產官司〉，說當年落水做過

『滿州國』傀儡政府立法院院長的趙欣伯，死後在日本留下大批珠寶財產，他的遺孀碧琰和兒子宗陽為了爭取價值達兩千萬美元的財產，跟三位自稱是趙欣伯的妻子及七個自認是兒子的人，斷斷續續打了十一年的官司。不久前（按：一九八四年九月七日），日本法院才宣判他母子倆勝訴。」筆者據遼寧省檔案館的資料得知，趙欣伯的遺孀耿碧琰，瀋陽人，原名耿維馥。趙欣伯為紀念死去的前妻，將她改名為耿碧琰。趙欣伯的前妻王碧琰夫人，曾於日本大正十年（一九二一年）為帝國大學某醫局博士誤診錯行手術而殞命。趙氏大怒，以過失致死將某博士告發，告至大審院，結局竟至如最初之不起訴而完結，趙欣伯遂以此為他研究論文的題材向明治大學提出刑法過失論文，由日本文部省授予法學博士學位。至於余覺所提的在日本學繡的女郎丁氏（據吳子深的說法是余覺的丁氏小妾後來和趙欣伯私奔。），極有可能改名為王碧琰，因王碧琰也工刺繡。朱魯大認為「除了這位贏得官司的太太碧琰外，還有三個女人都堅稱是趙欣伯的妻子。可見趙欣伯生時一定是妻妾滿堂的風流人物。不特風流，而且還是個獵艷高手。」

一九一一年辛亥革命後，女子繡工科停辦。沈壽和余覺便到天津，開設了「自立女工傳習所」。一九一四年，張謇在南通創辦女工傳習所時，沈壽應聘任所長兼教習，余覺任南通平民工場經理。所內設速成班、普通班、美術班和研究班。速成班主要學繡枕套、臺布、服飾之類的實用品，普通班繡花卉、人物、飛禽走獸之類，美術班則學習比較高級的藝術繡，美術班畢業的優秀生再進入研究班。在教學中，沈壽主張「外師造化」。繡花卉時，她摘一朵鮮花插在棚架上，要學生一面看一面繡。繡人物，她則要求學生把人的眼睛繡活，繡出人的精神來。她在南通「授繡八年，勤誨無倦」（張謇語），沈壽以羸弱的體質承擔繁重的工作，數月後便病倒了。張謇愛沈壽的才華，更關心她的身體，除了遍請中西名醫為她治病外，將自己「濠陽小築」前院的「謙亭」讓給沈壽居住。這裏屋舍寬敞，又有園林之勝，距離刺繡傳習所又近，既可養病，又免除了到工作地點的跋涉之苦。張謇對沈壽關懷備至，內心深處充滿了愛憐之意。

沈壽精心繡製的另一幅傑作《耶穌像》，用一百餘種絲線繡成面部，表情逼真，繡工精細，在一九一五年美國舊金山的萬國博覽會上榮獲一等獎，當時有富商願出一萬三千美元求購收藏，沈壽堅決不賣。張謇也認為中華藝術精品是無價之寶，不可以金錢交易而流失海外，於是派人去美國將繡像取回，珍藏於江蘇南通博物院（可惜這件珍品在一九三八年日軍侵華時不幸散失，成為一件憾事）。沈壽深感「先生知我心」，而余覺則因失去一大筆財富而忿忿爭吵。沈、余之間的感情原本不睦，這時夫妻的裂痕就更深了，沈壽也由此引發了肝病。

沈壽一開始染病，張謇便經常探視，延醫診治，親自煎藥。又將波光瀲灩，垂柳依依的「謙亭」讓與沈壽養病。沈壽欣喜之餘，用自己的秀髮代線繡成了張謇手書的「謙亭」二字的白絹橫幅，獻給張謇以示報答。張謇賦詩答謝，

其一：

記取謙亭攝影時，柳枝宛轉綰楊枝；
不因著眼簾波影，東鰈西鶼那得知？

其二：

楊枝絲短柳絲長，旋綰旋開亦可傷；
要合一池煙水氣，長長短短覆鴛鴦。

這兩首〈謙亭楊柳〉詩，借物喻人，愛戀之情十分露骨。評者水心先生認為張謇「緣情綺靡，老尚多情。」而在余覺的眼中，這無疑是張謇的情挑之作。余覺在《余覺沈壽夫婦痛史》中說：「閱張謇此二詩，題曰〈謙亭楊柳〉，借物喻人，賦而比也，第一句記取謙亭攝影時，及末句東鰈西鶼云云，即知當日吾妻在謙亭東簾內，為張謇僱人攝影，張亦在西簾內，以自己之影，同時攝入，人在簾內，只見影像，故詩之第三四句云：『不因著眼簾波影，東鰈西鶼那得知？』噫！鶼為比翼鳥，鰈為比目魚，皆夫妻之喻，吾妻非張謇之妻，何可比為鶼鰈。其第二首詩首聯云：楊枝絲短柳絲長，旋綰旋開亦可傷。明知吾妻屢違張意，不肯仍居謙亭而言，一則意短，一則情長也，兩詩皆用一綰字，綰者勾引也，一則曰柳枝宛轉綰楊枝，自言極力勾引也，再則曰旋綰旋開亦可傷，自言一再勾引不成也，故第三第四句曰要合一池煙水氣，長長短短覆鴛鴦也。」

對於張謇的一往情深，沈壽卻出奇地冷靜。她先後回了三首詩給張謇。

前二首是詠〈垂柳〉：

其一：

曉風開戶送春色，重柳千條萬條直；
鏡中髮落常滿梳，自憐長不上三尺。

其二：

垂柳生柔荑，高高復低低；
本心自有主，不隨風東西！

第三首是〈詠鴛鴦〉：

人言鴛鴦必雙宿，我視鴛鴦嘗獨立；
鴛鴦未必一爺娘，一娘未必同一殼。

這無異於告訴張謇，羅敷有夫，古井不波。然而張謇這位多情的老人卻愈發殷勤小心地侍候沈壽。隨時關懷備至，即使忙中無暇，也會有情致綿綿的箋條傳到謙亭。

而此時的余覺已墮落到不務正業，守著小妾還又去嫖娼狎妓，花天酒地，惹出許多糾紛。他把一肚子怨氣發在沈壽身上，聽說沈壽與張謇的關係日益親密，便來大鬧，看到謙亭的照片和張謇的詩，竟至破口大罵，硬逼沈壽要回蘇州去，沈壽堅決不肯，余覺無奈，向張謇借一筆錢自己去上海辦自負盈虧的「福壽繡品公司」。在上海他更是沉湎酒色，不能自拔，將蘇州的房產全賣掉，拿去上海揮霍光了，再來找沈壽要錢，吵架……余覺這樣一再取鬧加重沈壽的病情，以致沈壽每天都離不開藥罐了。

張謇「懼其藝之不傳」，便在延請名醫為其治病期間，徵得她的同意，由臥病在床的沈壽口述，張謇記錄整理其刺繡藝術經驗，歷經數月，寫成《雪宧繡譜》一書。張謇在繡譜的序言中說：「積數月而成此譜，且復問，且加審，且易稿，如是者再三，無一字不自謇書，實無一語不自壽出也。」由此可見，這本繡譜確實是沈壽四十年藝術實踐的結晶。此書分繡備，繡引、針法、繡要、繡品、繡德、繡節、繡通，共八章。從線與色的運用，刺繡的要點到藝人應有的品德修養，以至保健衛生，都有比較完整的闡述，堪為我國第一部系統總結蘇繡藝術經驗的專門著作。一九一九年《雪宧繡譜》由翰墨林書局出版，之後，又譯成英文版，取名Principles and Stitchings of Chiness Embroidery（《中國刺繡術》）。一九二七年江蘇武進涉園重印此書。一九八四年南通工藝美術研究所出版了簡體版的《「雪宧繡譜」譯白》。二〇〇四年山東畫報社出版了《雪宧繡譜圖說》，將繡譜譯成白話並配以大量的圖片。

完成了《雪宧繡譜》後的沈壽已經耗盡了自己人生的最後一絲氣力，在與張謇神交九年後，一九二一年六月八日沈壽與世長辭，時年四十八歲。此時年近七旬的張謇全然不顧自己的身份、地位、名聲，撲倒在沈壽的遺體上嚎啕大哭，老淚縱橫。沈壽去世後，張謇按照沈壽的遺願把她安葬在能望見長江和蘇南土地的黃泥山南麓，墓門石額上鐫刻著張謇的親筆楷書：世界美術家吳縣沈女士之墓闕。墓後立碑，碑的正面鐫刻著張謇撰寫的〈世界美術家吳縣沈女士靈表〉。張謇杜門謝客，早晚與沈壽的遺像相對晤，一口氣寫了〈憶惜詩〉四十八首，纏綿悱惻。尤其是感念沈壽剪下自己的秀髮，繡成「謙亭」二字，贈與他的情意：

感遇深情不可緘，自梳青髮手摻摻；
繡成一對謙亭字，留證雌雄寶劍看。

還有回憶當時沈壽跟他學詩的情景：

聽誦新詩辨問多，夢如何夢醒如何？
夢疑神女難為雨，醒笑仙人亦爛柯！

情之為物，不可理喻。如果用理智來分析張謇與沈壽的關係，那是說不清楚的，如果硬要說的話，是一種精神戀愛。宋金時期，元好問在〈邁陂塘〉中寫道：「問世間，情為何物？直教以生死相許，天南地北雙飛客，老翅幾回寒暑。歡樂趣，離別苦，個中更有癡兒女。涉萬里層雲，千山暮景，隻影為誰去！」，或是較佳的註解。

沈壽去世後，余覺撰《余覺沈壽夫婦痛史》，指責張謇與沈壽的關係，認為張謇「矯命霸葬，誣死蔑生」。余覺在上海最有名的小報《晶報》上逐日連載，喧騰一時。包天笑在《釧影樓回憶錄》中說，當時余覺在憤恨之餘，寫了一冊《痛史》，登載了張謇的親筆情詩，精楷石印（他本是書家，擅楷書與草字），來找他，要他介紹這《痛史》登上海各報。包天笑沒有接受，並且告訴余覺，以張謇在江蘇的名望，上海各報是沒有一家肯登的。後來余覺找上余大雄的《晶報》，余大雄常言，凡大報所不敢登、不願登的，《晶報》都可以登。果然《痛史》一出，上海灘為之轟動。鄭逸梅說袁寒雲很同情余覺的，在《痛史》刊出之前，他有一封覆余覺的信，公開在《晶報》上云：「冰人先生辱覆，悲感沉痛，欷歔久之。以尊夫人之才藝，竟遭此厄，冒終身不白之冤，抱彌天長恨而死，人神同泣，江海永哀，天下聞之，應為憤慨。若某老倫，人首獸心，妄竊時譽，三百年後，自有公論，秦奸鑄鐵，當世未嘗不赫赫也。真投彼豺虎，豺虎不食之徒。尊夫人在天有靈，必有以誅。亟望見過，暢言其詳，弟雖不才，尚能以口筆布遠其惡，使天下後世毋為所欺焉，兄以身受之痛言之，自足昭重，溫犀秦鏡，奸不可遁矣。……」後來袁寒雲又在他的《丙寅日記》中說：「吳縣余冰人針神沈壽之夫也，悲婦為奸徒所奪，撰《痛史》紀之，見寄一冊，漫題曰：『絕代針神余沈壽，彌天冤苦吁無門。可憐一張孤鶼語，盡是啼殘血淚痕。』冰人自號鶼口孤鶼。」而張謇也在他自辦的《南通日報》上刊載辯駁文章。余覺認為沈壽的墓碑不題余門沈氏等字樣，是不合理法的。余覺憤恨之極，想把沈壽的棺柩移葬他處，並聲言要和張謇打官司。紛擾喧鬧了些時日，到張謇也病死後才不了了之。雙方在報上對罵，互相揭短，但卻沒有一人為沈壽著想，讓我們對沈壽何其不幸，慼慨繫之！

中學西漸的第一人——被歷史遺忘的陳季同

在近代中西文化交流中，始終激盪著兩股相互碰撞的潮流，那就是西方文化思想的逐漸傳入中國，所謂「西學東漸」；另一方面，中國傳統文化也逐漸走向世界，所謂「中學西漸」。在這交流之中，翻譯成為不可或缺的樞紐工作。我們看晚近的翻譯史上，由西書中譯者可說相當多，例如嚴復就是其中的佼佼者，「嚴譯名著」影響到幾代的中國人；而單就莎士比亞的作品，就有朱生豪、梁實秋、孫大雨、卞之琳等等名家卓越的譯品；但若就中書西譯方面就顯得貧乏許多，但後者的意義顯得更來得重要些，它是一種文化的輸出工作。而要能擔當此重任者，其中西文化的根抵要極其深厚，而非只是語言能力足夠就行，因此辜鴻銘就曾被視為是近代中學西漸的第一人，而在他之後，也僅有林語堂可以當之。

辜鴻銘這位滿清遺老在一九二八年風雨飄搖中死去，他的辮子、他的守舊，逐漸為人所淡忘；但他所譯的《論語》、《中庸》被介紹到西方去，再加上他的西文著作，曾引起俄國大文豪托爾斯泰及舉世公認的文評家勃蘭兌斯（Brands）的重視。而林語堂更是沒有接受魯迅的建議去翻譯一些英國名著；他反而懷抱著「兩腳踏東西文化，一心評宇宙文章」的雄心壯志，做起中書西譯的工作，他早年曾想把《紅樓夢》譯成英文，但後來考慮再三，覺得它距離現實太遠，因此他借鑑了《紅樓夢》的藝術形式，用英文寫出了長篇小說《京華煙雲》（Moment in Peking），它曾是諾貝爾文學獎候選的作品。但到了一九七三年十一月林語堂終究還是完成耗時十餘年的《紅樓夢》節譯本，惜未能出版（案：據南開大學外國語學院的宋丹博士表示林語堂英文打字稿，現存於日本某家市立圖書館，林語堂將《紅樓夢》的書名譯為《The Red Chamber Dream》。書名下印著「A Novel of a Chinese Family」（一部中國家族的小說）原稿共八五九頁，包括林語堂的解說、序章以及作為主體的六十四章和終章，是對《紅樓夢》一百二十回的編譯。）一九八四年有日本佐藤亮一根據林語堂未出版的英譯本譯成日譯本。而之後他又以英文出版了《孔子的智慧》（The Wisdom of Confucius）、《老子的智慧》（The Wisdom of Laotse），全面向外面人介紹儒家及老莊的思想，在在引起國際上的關注。當然在譯書之前，林語堂以英文撰寫《吾國吾民》（My Country and My People）與《生活的藝術》（The Importance of Living），成為歐美暢銷書排行榜的年度冠軍。《吾國吾民》與《生活的藝術》成為當時西方社會眺望中國的一扇窗口，林語堂扮演向西方介紹中國文化的這個角色，無疑地是極其重要的，它成為林語堂在中西文化交流中的主要貢獻。

其實早辜鴻銘二十年，早林語堂五十年，就有人在做這樣的文化輸出的工作，他應該是真正的中學西漸的第一人，他就是集翻譯家、西文作家、詩人和文化使者於一身的陳季同。

陳季同（一八五二－一九〇七），福建侯官（今福州）人。清同治六年（一八六七），他十六歲時考入福建船政局附設的求是堂藝局前學堂讀書。學堂的教師多為法國人，用法語講課，所用的教材也是法文書，因此陳季同在此打下了紮實的法文基礎。光緒元年（一八七五）年初，船政第一屆學生畢業。陳季同與魏瀚、劉步蟾、林泰曾等人，以「在學堂多年，西學最優」，被船政局錄用。同年三月隨法人日意格赴歐洲採購機器，遊歷英、法、德、奧四國。一年後返國，光緒三年（一八七七）三月三十日，福建船政局選派三十五名學生從福州啟程赴歐洲學習，其中有後來成為著名人物的嚴復、馬建忠、劉步蟾、林泰曾、鄧世昌、薩鎮冰等人。而陳季同在這次赴歐時的身份，已提升為文案，遠較這批留學生高出許多。到法國後，陳季同進入法國政治學堂（Ecole libre des sciences politiques）及法律學堂（Ecole de droit），學習公法律例。光緒四年（一八七八）陳季同充當中國首任出使英法大臣郭嵩燾的法文翻譯，郭嵩燾對年輕的陳季同評價甚高，他認為陳「再經歷練官場，中外貫通，可勝大任矣」。而陳季同果然沒有讓郭嵩燾失望，幾年之後，他在外交界就嶄露頭角了。當時亨利・比盧瓦（Henri Bryois）就曾在《北華捷報》（The North China Herald）上說：「在他之前，中國使館形同虛設，僅僅充當一個拖著長辮、身穿藍袍、頭皮光光的大人物的住宅。從外交角度坦率地說，因為有了這個年輕翻譯的活動，中國才開始在歐洲嶄露頭角。」

陳季同在歐洲共居住了十六年，他的成就不僅體現在外交上，更體現在文化上。但可惜得是陳季同的事蹟正史不載，辭書不收，就這樣被歷史遺忘將近一個世紀，直到二十年前才有學者論及。而大陸學者李華川博士更曾遠赴法國查遍外交部檔案及巴黎的圖書館，以三年的時間寫就了《晚清一個外交官的文化歷程》一書，於二〇〇四年八月，由北京大學出版社出版，是全面評價陳季同的開始。據李華川的蒐集陳季同有八本法文的著作，分別是：一、《中國人自畫像》（Les Chinois peints par eux—memes），二、《中國人的戲劇》（Le theatre des Chinois），三、《中國故事集》（Les contes Chinois），四、《中國的娛樂》（Les plaisirs en Chine），五、《黃衫客傳奇》（Le roman de lhomme jaune），六、《巴黎人》（Les Parisiens peints par un Chinois），七、《吾國》（Mon pays），八、《英勇的愛》（Lamour heroique）。而這些著作還有英、德、意、西、丹麥等多種文字的譯本。李華川認為在清末的文人中，沒有人比陳季同在西方更引人注目。

其中《中國人自畫像》和《中國的娛樂》兩書，在西方影響尤大，甚至都被譯為英文，就如同半個世紀後林語堂的《吾國吾民》與《生活的藝術》所產生的影響一般。陳季同寫這兩本書的目的是要讓西方世界了解中國，了解中國人的生活、習俗和娛樂，從而更好地了解中國人的內心世界。前者他以生動而富有情趣地描述中國社會有關政治、經濟、宗教、教育、文學等各個側面。後者則是從娛樂的視角：遊戲、儀式、節慶，來描述中國。在一百多年前陳季同已意識到：不同文化在文化取向、生活方式、價值觀念、思維方式、社會規範是不同社會價值觀的真實寫照，而不同社會又具有不同的風俗習慣和社會期望；由其間的差異性所造成文化碰撞，文化衝突，交際失誤產生的後果也往往是十分嚴重的。他的批評雖有批評中國傳統習俗，但更多是針對西方。他說：書中「對西方風俗習慣的批評隨處可見。千萬別忘了我寫作時用的是鋼筆，而不是中國的毛筆，並且我已經學會了按歐洲人的方式來思考和寫作。」

而對於《中國人的戲劇》一書，李華川認為是中國人以西方方式論述中國戲劇的第一部著作。陳季同觸及中西戲劇中一些本質的問題，可說是相當精闢的。他認為中國戲劇是大眾化的平民藝術，不是西方那種達官顯貴附庸風雅的藝術。在表現方式上，中國戲劇是「虛化」的，能給觀眾極大的幻想空間，西方戲劇則較為寫實。在布景上，中國戲劇非常簡單，甚至沒有固定的劇場，西方戲劇布景則盡力追求真實，舞台相當豪華，劇院規模很大。《中國故事集》是陳季同的譯著，他選譯《聊齋誌異》中的二十六篇故事，並改譯原有的篇名，而代之較為西化的篇名（例如將〈畫皮〉改為〈吸血鬼〉，〈聶小倩〉改為〈神奇的盒子〉），其次對原文也作了刪節，簡化了原本複雜的敘述，它成為《聊齋》最早的法譯本，也引起較大的關注，法國名作家法朗士（Anatole France，一八四四—一九二四）都曾為他寫書評。《黃衫客傳奇》是陳季同的長篇小說創作，它雖是取材於唐代蔣防的《霍小玉傳》，但《霍小玉傳》只有四千餘字，《黃衫客傳奇》卻寫成一本三百多頁的長篇小說。它是一部現代意義的歐式小說，它與中國傳統小說迥然有別，這在陳季同之前，似乎還沒有人做過類似的嘗試。《吾國》是陳季同輯錄一八九二年以前在歐洲撰寫的單篇文章而成的集子，而《巴黎人》則是他以一個中國人的眼光去看巴黎人的日常生活並加以評論。至於《英勇的愛》是陳季同已回到中國後創作和出版的法文劇本，他曾熟讀法國戲劇大師莫里哀的作品，自稱「莫里哀的弟子」，又受到法國劇作家拉比什「輕喜劇」的影響，《英勇的愛》是一部獨幕輕喜劇，共分九場。作者全盤打破中國傳統戲劇以演唱為主的表演模式，代之以西方話劇的對白形式。

學者錢林森對於陳季同有極為深刻的評價，他說：「做為中國文化和文學的闡釋者，做為中西交通最初的溝通者，陳季同的創造最具價值的部分，不是他直面西方文化時所流露的自豪、甚至自誇的情愫，而是他正視西方文化時所擁有的比較意識（如《中國人的戲劇》）、自省意識（如《巴黎人》），以及在移譯、闡述、運用中國文學和文化時所表現的現代意識、創造意識和世界眼光（如《中國人的戲劇》、《中國故事集》、《黃衫客傳奇》、《英勇的愛》）。他在這方面的嘗試和實踐，無疑又擔承著一個先行者的角色，並取得了成功。……當時法國文壇的領軍人物法朗士等，便是通過陳季同和他的作品一窺中國文化的。」

「十幾年致力於讓歐洲認識中國」的陳季同，卻以私債風波把他的成果毀於一旦，使他在外交界的努力化為泡影，他在光緒十七年（一八九一）以代罪之身回到中國。後得李鴻章的庇護，在清償債務後，留在李鴻章幕府中襄助洋務文案。光緒二十一年（一八九五）乙未割臺時，陳季同曾於同年五月十四日抵臺，他原本是奉李鴻章之命為其子李經方交割臺灣給日本做準備的，但他耳聞目睹臺灣人的誓死抗日，他卻站到臺灣老百姓的這一邊。王松《臺陽詩話》說：「乙未，臺灣改立民主國，即陳季同先生所建議也。」他當時是仿效法國的民主政體，為臺灣紳民拒奉朝廷割地之命尋求一合理解釋。他為尋求法國的支持，還登上法國軍艦，向法國政府送交相關信函。五月二十五日「臺灣民主國」正式成立，連橫在《臺灣詩乘》中說：「乙未之役，臺灣自主，奉巡撫唐景崧為大總統，以禮部主事李秉瑞為軍務大臣、刑部主事俞明震為內務大臣、副將陳季同為外務大臣。」只是臺灣的軍力無法抵擋日本的重兵，最後唐景崧等官員內渡，民主國也為之煙消雲散了。

著名的小說家和翻譯家，同時也自稱是陳季同的學生的曾樸說：「回國後，李鴻章極器重他，屢次派往外洋，官至總兵。後來因事件忤了鴻章，就退居上海，過他文人浪漫的生活。先生不獨長於法文，中文也極有根底，尤其是詩歌；性情質直而熱烈，不受羈勒；晚年頗染頹唐色彩，醇酒婦人中，往往作狂草，唱悲歌。」

之後，陳季同在上海首先參與創建中國女學堂，後又創辦《求是報》（International Review）。此時他的主要工作轉向中國知識界傳播西學。他在《求是報》中翻譯、介紹西方自然科學和法律、政治制度，宣傳了維新思想，傳播了西方的政治、法律觀念。他是最早翻譯《拿破崙法典》的，因為他精通法國的政治律法，「雖其國之律師學士號稱老宿者莫能難」。即便晚年閒居滬上，「西人有詞獄，領事不能決，咸取質焉；為發一言或書數語與之，讞無不定。其精於西律之驗如此。」

陳季同在當時就很清楚地意識到中國文化不應故步自封，應該走向世界，他說：「我們在這個時代，不但科學非奮力前進，不能競存，就是文學，也不可妄自尊大，自命為獨一無二的文學之邦。……我在法國最久，法國人也接觸得最多，往往聽到他們對中國的論調，活活把你氣死。」其所以會如此，他認為「一是我們太不注意宣傳，文學的作品，譯出去的很少，譯的又未必是好的，好的或譯得不好，因此生出種種隔膜；二是我們文學注重的範圍，和他們不同，我們只守定詩古文詞幾種體格，做發抒思想情緒的正鵠，領域很狹，而他們重視的如小說戲劇。我們又鄙夷不屑，所以彼此易生誤會。」

他不遺餘力地向西方宣傳文化，其用意在讓世界真正了解中國，讓中國能夠融入世界。他曾向曾樸談過如何消除中西文化的隔膜和誤會，他說我們首先應確立「不要局限於一國的文學，囂然自足，該推擴而參加世界的文學」的態度，然後「要參加世界的文學，入手方法，先要去隔膜，免誤會。要去隔膜，非提倡大規模的翻譯不可，不但他們的名作要多譯進來，我們的重要作品，也須全譯出去！要免誤會，非把我們文學上相傳的習慣改革不可，不但成見要破除，連方式都要變換，以求一致，然要實現這兩種主意的總關鍵，卻全在乎多讀他們的書。」這種國際的眼光在當時可說是領先於許多知識份子的。當然它對於曾樸的走上研究、翻譯法國文學的道路，起了決定性的作用。在未來的三十餘年中，曾樸翻譯法國文學作品約有五十多種，他也始終未曾忘懷陳季同這位他的法國文學的啟蒙老師。

曾樸在給胡適的信中追述陳季同說：「我自從認識了他，天天不斷地去請教，他也娓娓不倦的指示我；他指示我文藝復興的關係，古典和浪漫的區別，自然派，象徵派，和近代各派自由進展的趨勢；古典派中，他教我讀拉勃來的《巨人傳》，龍沙爾的詩，拉星和莫里哀的悲喜劇，白羅瓦的《詩法》，巴斯卡的《思想》，孟丹尼的小論；浪漫派中，他教我服爾德的歷史，盧梭的論文，囂俄的小說，威尼的詩，大仲馬的戲劇，米顯雷的歷史；自然派裡，他教我讀弗勞貝，佐拉，莫泊桑的小說，李爾的詩，小仲馬的戲劇，泰恩的批評；一直到近代的白倫內甸《文學史》，和杜丹，蒲爾善，佛朗士，陸悌的作品；又指點我法譯本的意、西、英、德各國的作家名著。」可見其國際視野的眼光，在那個年代誠屬不可多得，也難怪曾樸讚其為中國「研究法國文學的第一人」。

今天臺灣的國中生在歷史課本的臺灣史部分，都可以讀到在臺灣民主國建立中，占有重要位子的臺灣布政使陳季同的名字。但是除了這一小段和臺灣有關的事蹟外，大家對陳季同的成就與貢獻，可說是茫然無知了。一個百年前傑出的文化使者，向西方傳播中國文化的先驅者，是不該再讓他湮沒無聞的，在他的法文著作陸續翻譯出版的今天，也是我們重新認識他的時候了。久違了，陳季同先生。

林紓的幕後英雄——魏易

林紓（琴南）被胡適和鄭振鐸稱為「是介紹西洋近世文學的第一人」，開始了中國「翻譯世界的文學作品的風氣」。「林譯小說」影響後來許許多多的現代作家，包括魯迅及周作人兩兄弟。當時他們在日本留學，只要林紓的譯作一出，他們便從書店買回，看完後還拿到訂書店去改裝成硬紙板書面，青灰洋布書脊的精裝書，以便於收藏。郭沫若也說他少年時最嗜好的讀物便是「林譯小說」。錢鍾書也從小就嗜讀「林譯小說」，他回憶說：「林紓的翻譯所起的『媒』的作用，已經是文學史上公認的事實……我自己就是讀了他的翻譯而增加學習外國語文的興趣的。商務印書館發行的那兩小箱《林譯小說叢書》是我十一、二歲時的大發現，帶領我進了一個新天地，一個在《水滸》、《西遊記》、《聊齋誌異》以外另闢的世界。」

然而林紓的翻譯小說，其實並非有意為之，而是純屬偶然。那是光緒二十三年（一八九七）林紓的愛妻劉瓊姿去世，他整日鬱鬱寡歡。在家人的勸導下，他來到馬尾朋友魏瀚的住處。當時是夏天，涼風習習，滿目荷葉。在魏瀚臨江而建的住所，林紓卻還是悲情難消，思念亡妻。正當魏瀚不知該如何勸解時，好友王壽昌來了，他也是林紓同鄉舊誼。王壽昌十四歲時考入福州馬尾船政前學堂製造班，光　十一年（一八八五）四月以優異成績被選送至法國巴黎大學，攻讀法律兼修法文，當時王壽昌正從巴黎留學歸來不久，在馬尾船政學堂任教。他在法國留學期間，曾閱讀大量的西方文學名著。王壽昌主動與林紓談起法國文學，還向林介紹了小仲馬的《茶花女》。王、魏兩人在法國都讀過《茶花女》，對這部小說交口稱讚不已，他們勸林紓把它「翻譯」出來，林紓接受了他們的建議。他們合作的方式是：先由王壽昌字字落實地說出法文小說原著的意思，林紓則在一邊握著毛筆迅速地用漢語把它寫成文章，林紓此時用的是帶有桐城派風格的古文！據回憶，林紓在譯《茶花女》時，因他的夫人去世不久，所以每譯到傷感處，林、王兩人竟會相對大哭，聲音直傳到門外，弄得鄰居不知道裏面發生何事。

兩人合作不到半年時間，全書譯完，名為《巴黎茶花女遺事》。並以王、林兩人的筆名：「曉齋主人」和「冷紅生」，在福州首版發行。沒想到一時洛陽紙貴，風行大江南北，人們稱之為「外國《紅樓夢》」。當時著名的翻譯家嚴復曾有詩曰：「可憐一卷《茶花女》，斷盡支那蕩子情」。林紓因此受到鼓舞，從此一發不可收，開始了他的「翻譯」生涯。

林紓從一八九七年翻譯《茶花女》開始，終其一生，所譯作品原著者清楚的有一八一種（有二二種生前未刊），其中英國作家六十二名，作品一〇六種（未刊五種）；法國作家二十名，作品二九種（未刊五種）；美國作家十五名，作品二六種（未刊十種）；俄國作家三名，作品一三種（未刊二種）；希臘、德國、日本、比利時、瑞士、挪威、西班牙各國均作家一名，作品一種。上述翻譯作品中除少量社會科學著作、人物傳記、戲劇、雜說、寓言外，基本上都是小說，且多數是長篇小說。林紓向國人介紹的國外著名作家有莎士比亞、狄更斯、司各德、笛佛、歐文、雨果、大仲馬、小仲馬、巴爾扎克、易卜生、賽凡提斯、托爾斯泰、孟德斯鳩、哈葛德等。世界文壇上著名的《老古玩店》（林譯為《孝女耐兒傳》）、《艾凡赫》（林譯為《撒克遜劫後英雄略》）、《大衛・考伯菲爾》（林譯為《塊肉餘生述》）、《董貝父子》（林譯為《冰雪因緣》）、《九三年》（林譯為《雙雄義死錄》）、《堂詰訶德》（林譯為《魔俠傳》）、《湯姆叔叔的小屋》（林譯為《黑奴籲天錄》）以及《魯濱遜漂流記》、《茶花女》等都有林紓的中譯本，而且絕大部分都是最早的中譯本。

這樣一位名滿天下的翻譯家，但是說出來簡直令人難以置信：林紓本人竟不懂外文！一位不懂外文的翻譯家！他的翻譯方法是請一位懂得西文的人口譯，然後由自己「耳受口追」，用略帶桐城派風格的文言文筆述成篇。這種翻譯方法在中國古代佛典和明清之際的「格致之書」中已經出現，因此林紓式的對譯在世紀初並未遭到人們的反對。據目前所知與林紓合作的「口譯者」除王壽昌、魏易外，還有曾宗鞏、陳家麟、力樹萱、王慶通、王慶驥、毛文鐘、李世中、嚴璩、嚴潛、林騶、陳器、林凱、胡朝梁、廖秀昆、葉于沅、魏瀚、蔡璐、樂賢共二十人。其中參與小說翻譯的有十八人，而合作作品較多的有魏易、曾宗鞏、陳家麟、李世中等人。林紓晚年曾說過：「今已老，無他長，但隨吾友魏生易、曾生宗鞏、陳生杜蘅（家麟）、李生世中之後，聽其朗誦西文，譯為華語。畏廬則走筆之。」

王壽昌是林譯第一部小說《巴黎茶花女遺事》的「口譯者」，如果沒有他，林紓未必能走上翻譯之路，雖然他們只合作一部作品，但卻佔有極為重要的地位。其後與林紓合作最多的是陳家麟；而魏易與林紓合譯的歐美作品達五十餘種，數量僅次於陳家麟，但「林譯小說」中諸多優秀之作，皆出魏易的口譯，因此魏易在林紓的翻譯生涯中所扮演的重要角色，是不言可喻的。

魏易（一八八〇—一九三〇）字沖叔（春叔），其先祖為唐代魏徵之後，世居河南，於宋代隨同高宗南遷，曾獲賜御書「讀書人家」匾額。魏氏歷遷浙江餘姚、寧波，其後乃遷杭州。魏氏遷杭始祖蘆溪公在仁和縣經營米業，以勤儉起家，至今杭州武林門外尚有「米市巷」之稱。數傳至祖父魏笏時因經洪楊之亂，米業損失慘重，家道因此中落。父親魏灝，以功名獲四川重慶道道台，不幸於攜眷赴任途中遇風覆舟殞命。遺下三個年幼的孤兒，分別是仲吾十四歲，簡侯十二歲，沖叔十歲。而當時母親已逝，幸賴母親陪嫁的使女率領孤兒扶柩返杭。使女目睹三位孤兒孤苦無依，決定獨立承擔撫養之責。魏易初受舊式教育，由於出身書香門第，深受翰墨，中文造詣甚佳，十六、七歲時，聽到上海梵王渡學院（即聖約翰大學前身）不收學費，就決定去就讀。三年後，他從大學畢業回到杭州，得遇林紓。林紓曾讚揚魏易云：「摯友仁和春叔，年少英博，淹通西文。」兩人在合作翻譯《黑奴籲天錄》長篇小說之前，就合譯過兩個短篇小說〈英女士意色兒離鸞小記〉和〈巴黎四義人錄〉，先後發表於一九〇一年十、十一月號的《普通學報》上。

《黑奴籲天錄》（Uncle Tom's Cabin，原名《湯姆叔叔的小屋》）是美國女作家斯陀（Harriet Beecher Stowe）所著一部流傳甚廣的反奴隸制小說。對於翻譯此書，魏易這麼說：「近得美儒斯土活氏所著《黑奴籲天錄》，反覆披玩，不啻暮鼓晨鐘。以告閩縣林先生琴南，先生博學能文，許同任翻譯之事。易之書塾，與先生相距咫尺，於是日就先生討論。易口述，先生筆譯，酷暑不少間斷，閱月而書竣，遂付剞劂，以示吾支那同族之人。」這書費時六十六天，在杭州求是書院內譯成。林紓曾一再表示其翻譯此書之目的：「余與魏同譯是書，非巧於敘悲以博閱者無端之眼淚，特為奴之勢逼及吾種，不能不為大眾一號。」可見林紓是想藉此來喚醒當時中國人民的愛國熱情，激勵中國人民反抗帝國主義列強，拯救中國於「國將不國」之境。因此它不同於原著的寫作目的，這決定了林紓與魏易不可能字字對譯，它必然要刪減、增添、改寫來達到他們的翻譯目的。

《黑奴籲天錄》出版後，其影響力不亞於《巴黎茶花女遺事》。當時在日本留學的李叔同、曾孝谷於一九〇六年在東京成立「春柳社」，就將《黑奴籲天錄》改編為一個五幕話劇，一九〇七年六月一日、二日在東京本鄉座公演兩天，引起東京戲劇界的巨大好評。一九〇八年「春陽」話劇團也將《黑奴籲天錄》在上海公演。此外，譯本還被改編為詩歌、繪畫等等。正如原著被認為是改變世界歷史的十六部作品之一，《黑奴籲天錄》也被認為是改變中國近代社會的一百種譯作之一。

一九〇二年，嚴復主持京師大學堂中譯書館，聘請林紓、魏易到館中為譯員，翻譯法國歷史《布匿第二次戰紀》和《拿破崙本紀》二書。同時魏易也擔任京師大學堂的英文教習。一九〇三年，張元濟主持商務印書館編譯所，擬出翻譯小說叢書，以每千字銀圓六元的高酬向林紓索稿。自一九〇四年起，林紓、魏易專為商務印書館譯小說。譯有狄更斯（Charles Dickens）著作五種——《滑稽外史》（Nicholas Nickleby）、《孝女耐兒傳》（The Old Curiosity Shop）、《冰雪因緣》（Dombey and Son）、《賊史》（Oliver Twist）、《塊肉餘生述》（David Copperfield），司各特（Walter Scott）著作三種——《撒克遜劫後英雄略》（Ivanhoe）、《十字軍英雄記》（The Talisman）、《劍底鴛鴦》（The Betrothed），歐文著作三種、科南道爾著作七種、哈葛德著作七種、其他著作十五種。

因為林紓「不審西文」，所以選什麼書來翻譯，是由魏易來負責，能夠選譯這些文學精品，也不能不佩服魏易的眼光。像對狄更斯的《塊肉餘生記》，林紓都自認為：「近年譯書四十餘種，此為第一，幸海內嗜痂諸君子留意焉。」而哈葛德的《迦因小傳》，原有楊紫麟和包天笑的譯本，但未能譯全，也是魏易的建議，林紓才重譯此書。因此學者郭延禮在《中國近代翻譯文學概論》中說：「假如林紓少了他（魏易），那麼決不會達到這樣的成功，那是可以斷言的。」

學者文月娥在〈魏易與林紓的合譯初探〉文中，提到魏易的貢獻也可以從學者陳平原的《二十世紀中國小說史（第一卷）》的表格中得到證實。表中列出了清末民初翻譯出版的世界小說名著，林紓占了九種，其中有六種是與魏易合譯的，它們分別是《黑奴籲天錄》、《撒克遜劫後英雄略》、《孝女耐兒傳》、《拊掌集》、《塊肉餘生述》和《不如歸》。這足以證明魏易的英文水平和其文學鑑賞能力。除此而外，鄒振環所著的《影響中國近代社會的一百種譯作》中，林紓所譯的《巴黎茶花女遺事》、《黑奴籲天錄》、《迦因小傳》、《撒克遜劫後英雄略》、《拊掌集》五部譯作入選，除《巴黎茶花女遺事》之外，其餘四部都是魏易與林紓合譯的。這也是對魏易的鑑賞水平及英文能力的充分肯定。文月娥的結論是林紓為中國近代翻譯文學的繁榮和發展做出了傑出的貢獻，也讓我們記住了「林譯小說」。魏易作為林紓的口譯者之一，對於「林譯小說」做出了重要的貢獻，他的名字雖然總是出現在與林紓有關的書目等資料中，可是除此之外，幾乎一無所有。他與林紓一道譜寫了中國和世界翻譯文化史上綺麗的詩篇，歷史是不應該忘記他的。

雖然按照當今學院派翻譯家的看法，林紓與魏易的翻譯不無可議之處。有些批評家早已指出，所有的「林譯小說」都有訛譯、錯譯或大段刪節的地方。錢鍾書在〈林紓的翻譯〉一文中也曾指出，林紓不但喜歡刪削原文，有時還忍不住插嘴，將自己的意思或評語加進去。這時魏易常常會加以制止，我們看到魏易的女兒魏惟儀在〈我的父親——魏易〉一文中說：「林先生不太了解譯書必須忠於原文，不可隨意竄改，往往要把自己的意思加進去，自然不免有時會與父親發生爭執；結果林先生總是順從了父親的意見，僅將自己的想法寫在眉批裡。」這也是我們現在看到的書中林紓冠以「外史氏曰」的按語，是由於魏易監督的結果。

錢鍾書在指出林紓的缺點外，他說後來他重溫了大部分的林譯，發現許多都值得重讀。林紓對原作除了煩刪外，還有增補的作用，功力甚至勝過原作的弱筆或敗筆，得出「寧可讀林紓的譯本，不樂意讀哈葛德的原文」的結論。而名翻譯家高克毅更說：「拿魏、林譯本來跟《Nicholas Nickleby》原書對照，我發現許多地方譯文流暢，簡潔而傳神，難怪英國翻譯大家韋理（Arthur Waley）要說林紓譯狄更斯的文字有去蕪存菁之妙。」

魏易在一九〇九年後，放棄教師及翻譯的工作，轉入仕途，擔任大清銀行的正監督秘書，因此停止和林紓的合作。辛亥革命以後，他與北洋政府中首腦人物關係密切，蒙熊希齡先生賞識，在熊希齡組閣時，曾任秘書長，同時兼順直水利委員會主任委員多年。熊內閣結束後，魏易棄官從商，改任開灤煤礦公司總經理。一九三〇年死於咯血之症，年僅五十。

魏易在和林紓的長時間合作中，也提高了自己的文學修養。一九一三年他自己獨譯了狄更斯的《二城故事》（即《雙城記》），此外還有法國作家勒東路易的《冰蘖餘生記》、大仲馬的《蘇后瑪麗慘史》和歷史學名著《元代客卿馬哥波羅遊記》，都是在與林紓分手後譯出的。

魏惟儀（前駐美大使沈劍虹的夫人）說：「最使我們這些子女慚愧的是，由於八年抗戰顛沛流離，把父親的書全部散失，他的書多半是由商務印書館出版。戰後我們曾去購買，但發現該館在閘北所藏舊書已全燬於戰火，父親的書於是成了絕版。三兄景蒙在世時曾到處託人搜尋只覓得數本。在這兒我要向高克毅先生致謝，他曾為我們尋得《孝女耐兒傳》，並影印後寄與三兄。」不幸的是魏景蒙於一九八二年去世，高克毅在文中說：「可喜的是，這項任務現在有惟儀接過來積極推動。她和劍虹兄曾去中央圖書館請求協助。隨後由該館出版品交換處代為函詢，獲悉美國哈佛燕京圖書館藏書內，竟有林魏合譯小說十八種；他如哥倫比亞、密西根、柏克萊加大等東亞

呂碧城和英斂之的凶終隙末——讀《英斂之日記遺稿》

她是一位奇女子，她是中國第一個女編輯，她曾提倡女權運動，辦過女學，先後任過教習及校長。她也是清末著名的女詞人，清末「文壇名宿」如樊樊山、易實甫等人對她的詩詞甚為推重，認為可以比美易安居士（李清照）。袁氏當國時，她被聘為總統諮議，常出入新華宮；洪憲帝制時，她退而投身商界，與西商逐利於滬上，因深諳陶朱之術，年紀輕輕就擁有數不盡的財富。她就是呂碧城。

呂碧城（一八八三—一九四三），安徽旌德人，出生在「書香門第」，父親呂鳳歧（字瑞田）曾任山西學政。姐妹四人，長姐惠如，次姐美蓀（眉生），她排行第三，妹坤秀。姐妹都工詩文，有「旌德一門四才女」之稱。盧冀野就曾為文讚美過「呂氏三姊妹」云：「旌德呂氏三姊妹，在中國婦女界總算是罕見的人物。碧城久居海外，死在異域，她這一生可謂不平凡的一生，才名洋溢，舉世傾心，固然了不得。就是大姐惠如，辦南京第一女子師範十幾年，她的畫，她的詞，造詣深，境界高；和她那冰清玉潔，孤寂的身世是相稱的。那自著『齊州女布衣』的美蓀，詩學鮑謝，終身西服，一嫁再嫁都是洋夫婿，僑寓青島幾十年，一手草書，不獨工力厚，氣魄之大直不類閨人手筆，她只和遺老們有往還。她的生活與文學藝術極不調和，此其所以成為呂美蓀的作風。然而兩位姐姐終竟要讓碧城一頭地。」而在當時曾流傳：「二十世紀頭一、二十年間，中國文壇、女界以至整個社交界，曾有過『絳帷獨擁人爭羨，到處咸推呂碧城』的一大景觀。」

儘管生於官宦之家，但呂碧城的少年卻是甚為不幸的。學者秦燕春就說過呂碧城的一生，「不僅落難太早、成名太早、成功太早、富貴太早，且在智慧層面『開化過早』了。」十二歲那年，她的父親不幸逝世，她的母親是繼室，和族人爭產，竟給強盜擄去。這也是她多年以後所說的「眾叛親離，骨肉齮齕，倫常慘變」。當時發兵救她母親的人是她家的世交樊樊山，樊樊山和她父親是同一年中進士的「同年」，時任江寧布政使。母親雖然得官兵救了回來，但當時的社會觀念，認為一個貴婦陷身賊巢，有失「清白」之嫌，乃是極不名譽的事。於是她九歲那年由父母作主定下的夫家就因此而提出退婚。那年她已經十五歲，是個頗為懂事的姑娘了。雖然她對退婚一事倒是不在乎的。她後來在自述中也說：「當時予雖微詫，亦未措意，後且忘之。而年光荏苒，所遇迄無愜意者；獨立之志，遂以堅決焉。」但當時對她恐怕還是打擊很大，也影響到她一生的不婚。

「退婚」事件之後，她到塘沽投靠她任鹽運使的舅舅嚴朗軒。此後她在舅舅家生活了六年，但她幾乎沒有留下任何回憶性的敘述，或許她對這寄人籬下的生活，感到不堪回首。嚴朗軒有個秘書叫方小州，方小州的太太大概是《大公報》創辦人英斂之的親戚，住在天津《大公報》館，經常來往塘沽、天津。有一次方太太去天津，呂碧城要求和方太太同去探訪女學，（案：天津有女子學校甚早，在清末可說是開風氣之先。周恩來的夫人鄧穎超，就是宣統元年在北洋女子公學師範科第一期畢業的。）方太太已答應，但臨行時被舅舅知道，把她大罵一頓，禁止她去天津。她不顧一切，第二天便即私逃往天津。但她「不惟無旅費，即行裝亦無之。年幼氣盛，鋌而走險。」到了天津，她寫了一封信給方太太，一面大發牢騷，一面暢談抱負。這封信給《大公報》

創辦人英斂之看見，大加讚賞。英斂之和嚴朗軒也相識，打算待她舅舅怒氣稍平之後，為她斡旋。英斂之知她沒有宿處，便通過方太太請她一同住在《大公報》館。

根據學者方豪所編錄的《英斂之先生日記遺稿》，光緒三十年（一九〇四）三月二十三日（陰曆，以下同）的日記云：「晡（案：申時，下午三時至五時），接得呂蘭清（碧城）女史一柬，予隨至同升棧邀其去戲園，候有時，同赴園，予遂回館，少秋來。晚，請呂女史移住館中，與方夫人同住，予宿樓上。燈下閒談，十二點，少秋去。」他們談得十分投機，呂碧城並即席揮毫，寫了一首〈滿江紅〉給他。詞云：

> 晦暗神州，忻曙光一線遙射，問何人女權高唱，若安達克？雪浪千尋悲業海，風潮廿紀看東亞。聽青閨揮涕發狂言，君休詫！幽與閑，如長夜；羈與絆，無休歇。叩帝閽不見，憤懷難瀉，遍地離魂招未得，一腔熱血無從灑。歎蛙居井底願頻違，情空惹。

英斂之雖是旗人，卻有維新思想，對呂碧城大為賞識，遂聘請她當《大公報》編輯，這在當時乃是空前創舉，她不僅是《大公報》第一位女編輯，也是中國第一位報紙的女編輯。那年她虛齡二十歲。

英斂之次日日記云：「是日天氣晴朗，午後，同內人偕碧城及方夫人並攜申格（案：英千里）乘東洋車出遊，至芥園，乘小船回至茶店口，復乘東洋車至《日日新聞社》少坐，出至河野照相館，同拍一照，復令內人同碧城共拍一照。」二十五日日記又說：「八點，山根來，為紹介與碧塵（案：碧城）筆談少時。十一點後，同內人及碧城、方夫人赴少秋約。飯後復至孟晉書社，為其購新書數種……為碧城購洋皂、香水四元。車歸。近暮，偕少秋同內人、碧城德義樓飯。歸後，樓上閒話。」對此呂碧城在〈予之宗教觀〉文中也說：「予初抵津，諸友偵知窘況紛贈舊衣服，及脂粉胰皂等日用所需，供應無缺，其事甚趣，誼尤足感。」

英斂之（一八六七—一九二六）比呂碧城大十六歲，已結婚生子。夫人英淑仲，本名愛新覺羅・淑仲，出身自滿清皇族，常在慈禧太后身邊伺候，因此與宮廷關係密切，《大公報》創刊時期有關宮廷動態的生動報導，都出自淑仲之手。

英斂之賞識呂碧城的才華，除了馬上刊登以「碧城女史」之名發表的〈滿江紅〉一詞外，還在隔日寫了〈讀碧城女史詩詞有感〉一文，讚許呂碧城的振興女權的思想，云：「試讀本報所登碧城女史其寄託之遙深，其吐屬之風雅，我中國女界中何未嘗無人聞？女史二十餘年，博極群書尤好新學，常卑中國之衰弱，而思有以救之，其之志甚大。……所謂時勢造英雄也，女史之言如此，聞者莫不欽佩，卓見我國家果能大興女學，盡脫卻女子之羈絆也。」同日《大公報》又刊載呂碧城〈舟過渤海偶成〉七絕一首。呂碧城詩詞刊發後，一時中外名流投詩詞鳴欽佩者絡繹不絕，諸如署名羅剎庵主、鐵華館主、壽椿廬主、摩兜堅室、姜庵詞人等，引起相當大的迴響。

英斂之對呂碧城雖以兄長自居，但心中仍有一種無限思慕之情，三月二十八日日記云：「……是日感觸無限，□懷悶感，於人情事態更進一層閱歷。」次日英斂之在日記上寫了一首詞云：

> 稽首慈雲，洗心法水，乞發慈悲一聲。秋水伊人，春風香草，悱惻風情慣寫，但無限悃款意，總託詩篇瀉。莫娛作浪蝶狂蜂相遊冶，嘆千載一時，人乎天也，曠世秀群，姿期有德，傳聞名下，羅袂琅琅剩愁懷，清淚盈把空一般。

當是為碧城而作的。日記又說：「怨艾顛倒，心猿意馬！」，可見他也為呂碧城而傾倒，只是他終究理勝於情。日記又有：「是晚十點，伯年同少秋去。內人閒談近兩點，伊欲進京讀書。」此時是呂碧城到報館的第六天，英夫人何以突然有「欲進京讀書」之念頭，無非是見到英斂之傾倒於呂碧城的才華，對其殷勤太過，而引起不快。其時外間對呂碧城和英斂之的友誼，已經頗有流言，英夫人也難免誤會。英斂之四月初五日日記云：「內人連日作字、觀書，頗欲發奮力學。……內人猶未眠，因種種感情，頗悲痛，慰之良久始好。」顯然他們夫妻的感情，已因呂碧城而有裂痕。

四月初三日呂碧城回塘沽舅舅家，適舅舅嚴朗軒被撤職，呂碧城和她的大姊似非離開不可，但呂碧城卻希望在北方繼續求學。英斂之四月六日日記云：「……是日早晚各接碧城一函，晚函託代伊覓學堂，伊頗不欲回鄉，寂寞黑闇世界也，情頗悵悒！」。次日呂碧城來天津，英斂之七日日記云：「……予與內人同留住一日。午後，偕內人同碧城車至傅潤沅（案：傅增湘）處，為碧城謀讀書事。值伊外出，……晚飯後，潤沅來言：明午前伊夫人來此，同碧城赴周緝之處，商館事，談極久去。」學者方豪說：「呂碧城讀書事，雖經很多人計議，卻沒有結果，實因碧城國學根柢已深，京津當時並沒有她可進的學校，於是轉想由她來辦一女學。」

而此時呂碧城剛好在《大公報》發表〈論提倡女學之宗旨〉一文（案：陰曆四月六日見報），她在與某先生書有云：「甲辰之歲，北方女學尚當草昧未闢之時，鄙人浪跡津、沽，徵諸同志，將有創辦女學之舉，恐棉力之難濟也，抒其芻論，假報紙遊說於當道。」而自四月十日籌備以來，經過兩個月零十日，英斂之可說無日不在為女學之事籌畫。六月初五日記云：「黃小宋以信來云：『少時來此談學堂事。』日西始至，言學堂，袁督（案：直隸總督袁世凱）頗願辦，與唐關道（案：天津海關道唐紹儀）已議。」次日日記云：「晚間潤沅來，言袁督允撥款千元為學堂開辦費，唐道允每月由籌款局提百金作經費。」經費有著落後，又忙著找校舍，二十七日日記云：「……談學堂房舍，意見紛歧，各中原因複雜，窒礙極多，斷難完美，予已決意不復為主張矣。奈一時未能抽身，苟可分勞處，仍盡予力之所到而已！」。英斂之之辛勞，大家卻意見紛歧，讓他頗有憤激之語；而此時呂碧城姊妹為恐太累英斂之，遂有打退堂鼓之想。七月二日日記云：「……細與碧城談前情，良久，始畦町盡化，城府捐除，大為快慰。……」九月十六日英斂之回想此次興辦女學的籌備過程，感慨萬端云：「此次辦女學堂，因無著力人幫忙，故事多掣肘；一人獨勞，又兼三弟姻事在邇，必須偕內人同去上海，故愈形忙迫。學堂已有頭緒，而嚴朗軒忽從中辭總辦職，他人因皆裹足，而予益復著忙矣。惠如、碧城因予夫婦去滬，惘惘若有所失，因失依恃也。雖經予託方藥雨、傅潤沅格外照料，亦恐不能及予之周到也。予力綿才短，雖此等平常創置，亦頗覺其困矣！」

陰曆十月一日北洋女子公學成立於天津，呂碧城出任總教習兼國文教習，主持全校事務。呂碧城在〈北洋女子公學同學錄序〉中說：「其時京津一帶雖有私立女學二三，皆家塾制度，若撥幣備案，就地區為公眾謀者，實以此校為嚆矢焉。」而呂碧城的兩位姊姊也在學校中擔任教職，英斂之日記中記載不少。至十二月初三日，英斂之日記中對呂碧城出現極不滿的批評，云：「晡，惠如偕守淵先歸學堂。與碧城、梅生（案：美蓀）略談學堂情形及辦法。碧毫無定見，未嘗出一決斷語。予默念日後艱難，及眾人退縮狀，自顧綿力，雖任勞任怨，奈反對者群為抵隙蹈瑕之計，而共事者又未必與我心心相印，息息相通也。為不快者久之！」。初九日日記又云：

「晡，梅生、碧城來，相與辯論有時。」次年陰曆正月初八日記又記：「晡，至女學堂，聞碧城諸不通語，甚煩悶。」後來英斂之更因不滿呂碧城憤而辭女學的董事。

呂碧城兩個姐姐來天津後，英夫人對她們比對呂碧城更好，且和呂碧城的大姐惠如結為金蘭姐妹。英斂之日記早在認識碧城不久的四月初十日就說：「九點，碧城之姊蕙如女史隻身由塘沽來，極端莊渾厚，可敬之至！」五月二十六日又記：「晚，蕙如姊來，帶來自撰與內人盟書，四六文頗佳。」而二姊美蓀（梅生）是在當年秋天和英斂之夫婦同到上海，返回天津後，又住在英家數旬。在次年正月十一日日記云：「予皆梅生照相館，只得一張，神情頗豪爽，絕似歐洲貴族婦女狀，因予為其安置照法也。」二十一日又說：「為眉生鈔詩。先是，眉生將其向作詩詞抄一本贈予，併囑予將舊作抄一本贈伊。」二十八日日記云：「惠如與內人合照相極佳，為從來各相所未有，頗顯一種清貴氣象。」在當時照相是極為時髦，英斂之在初見呂碧城也到照相館拍照，只是對於呂氏三姐妹，到此時只誇說美蓀照相「豪爽」，惠如照相「清貴」，久不提呂碧城了，顯示三姐妹在英斂之的心中已然主客易位了。在二月初五日記中又說：「……梅生自與予夫婦相遇，性情投契，儼如骨肉，相處百餘日，不惟無厭意，而甚恨時日之短促。」英斂之的對呂碧城的兩位姊姊照拂有加，是否也造成她們姊妹間的緊張關係，在二姊美蓀南歸的次日，大姊與碧城亦告失和。英斂之二月初六日日記云：「晚惠如來，因與碧城略口角，不欲再從事學堂矣。予與內人淑仲婉勸之。」七日日記又說：「午後碧城來字，向惠如謝罪，請其回學堂，惠如意已轉，晚歸去。」

儘管英斂之對呂碧城有所不滿，但他一直籌編著《呂氏三姊妹集》，並在〈序〉中讚許呂碧城云：「……誠以我中國女學廢絕已久，間有能批閱書史、從事吟哦者，即目為碩果晨星，群相驚訝，況碧城能闢新理想，思破舊錮蔽，欲拯二萬萬女同胞出之幽閉羈絆黑暗地獄，復其完全獨立自由人格，與男子相競爭於天演界中。嘗謂：『自立即所以平權之基，平權即所以強種之本，強種即所以保國而不至於見侵於外人，作永世之奴隸。』嗟乎！世之峩高冠、拖長紳者尚多未解此，而出之弱齡女子，豈非祥麟威鳳不世見者乎？……」。

光緒三十三年七月初三日英斂之日記云：「昨午後碧城來，因得梅生函，告以予聞外間謗毀事，來探問，併痛哭良久，留晚飯去。」二姐美蓀把聽到的外間流言寫信告訴她（或許是不便對她直說的原故吧），呂碧城因此去見英斂之，因覺受謗，故痛哭一場，後來兩人就疏遠了。同年十二月二十三日日記說：「……飯後三點同內人攜申格及懷清、雲鋤、少白、權仙看電影。歸，聞予等去後，碧城搜索箱篋，如鼠竊狀，可鄙可惡之至！」。

光緒三十四年九月七日，《大公報》刊登「耐久」的〈師表有虧〉一文云：「我近來看有幾位當教習的，怎打扮那麼妖艷呢？招搖過市，不東不西，不中不外，那一種妖怪的樣子，叫人看著不耐看……難道打扮的那個樣子，是招人輕薄呢？還是教人鄭重呢？或者恐怕人家不知道她是教習，故意的扮出一個特別的樣子來做招牌罷，怎麼這樣極鄭重的職任，偏偏打扮那麼輕浮呢？」。當時擔任教習的女性極少，呂碧城見文後馬上認為是影射自己，而該文章又在《大公報》刊登，自然她會怪罪於英斂之。九月十三日英斂之日記云：「碧城因《大公報》白話登有勸女教習不當妖艷招搖一段，疑為譏彼，旋於《津報》登有駁文，強詞奪理，極為可笑。數日後，彼來信，洋洋千言分辯，予乃答書，亦千餘言。此後遂不來館。」兩人至此決裂矣。

呂碧城初到天津、生活無著，英斂之為她解決了住宿和工作的問題，而且還在《大公報》上連續發表呂碧城的詩詞和文章，「由是京、津間聞名來訪者踵相接，與督署諸幕僚詩詞唱和無虛日」。呂碧城欲辦女學，英斂之除在《大公報》上提供版面為之鼓吹，還介紹她與袁世凱的重要謀士梁士詒、直隸提學使傅增湘等人結識。可見正是英斂之的提攜揚揄，為呂碧城打通了進入天津文化界、教育界的道路。在此後一段時間內，呂碧城也一直對英斂之心存感念，兩人保持了較好的關係。而女學堂在籌辦期間，兩人竟漸生齟齬，隔閡日深。至一九〇八年九月，兩人從此絕交。

呂碧城與英斂之何以凶終隙末？這是令眾人深感不解的。然究其原因，不外有下列三個：一、是英夫人的不快與干涉。英斂之一見呂碧城即為其才貌所折服，驚為「祥麟威鳳不世見者」。英夫人對此極為不快。後雖由呂碧城長姊惠如認英夫人為盟姊，以此身份往來，但英夫人內心的抵觸並未消除。這對英斂之不能不有所影響。而後呂碧城的長姊、二姊相繼到來，英氏夫婦對其照拂有加，甚至超過呂碧城，這對呂碧城也不能不有所影響。呂氏姊妹才華不相上下，但都個性極強，呂碧城後來和兩個姐姐感情弄得極糟，親姐妹幾乎變成仇人。據她自己所說是因為家庭的產業糾紛，她自己不把金錢放在心上，卻氣不過兩個姐姐的霸道。誰是誰非，局外人很難議論。她尤其仇恨二姐美蓀，直到晚年，她出版《曉珠詞》時，還在一首〈浣溪沙〉詞後，加上一注：「余孑然一身親屬皆亡，僅存一情死義絕，不通音訊已將卅載之人。其一切所為，余概不預聞；余之諸事，亦永不許彼干涉。詞集附以此語，似屬不倫，然讀者安知余不得已之苦衷乎。」《曉珠詞》於一九三七年出版，而三十年前，則當在天津同任職於女學期間。光緒三十二年七月初三日二姊美蓀被電車軋傷，住院期間，三十餘日中，英斂之每日必去醫院探視，有時一日兩次，而碧城僅去兩次，姊妹之情疏遠如此，此日後發生不愉快之事，已可見其端倪了。據鄭逸梅《味鐙漫筆》云：「……其姊美蓀，亦有詩才，惟不多見，或謂工力在碧城上。姊妹以細故失和。碧城倦遊歸來，諸戚勸之毋乖骨肉，碧城不加可否，固勸之，則曰：『不到黃泉，毋相見也。』時碧城已耽禪悅，空中懸觀音大士像，即返身向觀音禮拜，誦佛號『南無觀世音菩薩』。戚友知無效，遂罷。其執性剛愎有如此。」

二、是流言蜚語的傷害。呂碧城初到《大公報》時，英斂之常邀她同出同遊，在一個男女交際缺乏的社會環境裏，這自然會引起一些人說三道四。而呂碧城作為一個性格高潔的女子，對此又至為厭惡。光緒三十三年七月初三日，呂碧城曾為此專程拜訪英斂之，「探問外間謗毀事，為之痛哭良久」。但兩人之間的裂痕與誤會並未消除，反而進一步加劇了。

第三、也是最根本的一點，是呂碧城才學雖高卻涉世未深，性格過於孤高。講到學問、思想或道德，常對老輩陳腐之見表示不佩服並口無遮攔地抨擊，有時也難免涉及英斂之，這自然會引起英斂之的不滿。嚴復對此曾寫道：「外間謠諑，皆因此女過於孤高，不放一人在眼裏之故。英華（英斂之）、傅潤沅（傅增湘）所以譭謗之者，亦是因渠不甚佩服此二人也。……渠看書極多，然極不佩服孔子，坦然言之；……遂為守舊人所深嫉也。」嚴復與呂碧城也是因英斂之的介紹得以相識，並成亦師亦友的忘年之交。嚴復一九〇八年十月二十四日在給甥女何紉蘭信中說：「碧城心高氣傲，舉所見男女，無一當其意者。極喜學問，尤愛筆墨，若以現時所就而論，自是難得。但以素乏師承，年紀尚小（二十五歲）。故所學皆未成熟。然以比平常士夫，雖四、五十亦多不及之者。」又說：「此人年紀雖小，見解卻高，一切陳腐之論不啻唾之，又多裂綱毀常之說，因而受謗不少，初出山，閱歷甚淺，時露頭角，以此為時論所推，然禮法之士疾之如仇。自秋瑾被害之後，亦為驚弓之鳥矣。現在極有懷讒畏譏之心，而英斂之又往往加以評騭，此其交之所以不終也。即於女界，每初為好友，後為仇敵，此緣其得名大盛，佔人面子之故。往往起先議

李審言與樊樊山的文稿風波

李審言（一八五九——一九三一）與樊樊山（一八四六——一九三一）都是清末民初學術界的名人，若問誰的名氣大，則李審言（詳）萬不及樊樊山（增祥）；如果以學術成就而論，似乎樊樊山不及李審言。他們兩人同樣在一九三一年去世，樊樊山於春天死於北平，年八十六；而李審言則於五月死於故鄉興化縣，年七十三。

錢基博的《現代中國文學史》上編古文學之〈駢文〉一節，曾將劉師培與李審言合傳，而其子錢鍾書的《談藝錄》、《管錐編》更將李審言與章太炎並舉。李審言除以駢文、選學名顯當世，為時彥所推重之外，更是經史子集之書無所不窺、學問淵博的國學大師。也是著名的目錄學家、藏書家，揚州學派後期代表人物之一。李審言自幼刻苦好學，博覽群書，服膺乾嘉學人，尤推重錢大昕和阮元。他認為乾嘉學者著書，廣博無涯，但均失之繁瑣，而能「一摒矜張虛憍之習，接人以柑，使人心領神會，悠然自釋者，吾得二人焉，曰錢大昕，曰阮元，阮視錢文詞稍遜，然每事必盡其語，唯恐人小有未悉。」他出入於錢大昕的《潛研堂集》和阮元的《研經室集》之間，遂以「二研堂」名其所著之書。李審言治學謹嚴，論學精湛，能於人不經意處，溯其本源，發前人所未發，所謂辨章學術、考鏡源流是也。他的散文，受浙東學派的影響，為子部雜家之文，其主要特點是言之有物，在當時能自成一格。由於他在訓詁、文學批評及散文、駢文創作等方面的成就，使他逐步為人們所瞭解，並得到學術界、文學界的推崇。他的代表作有《愧生叢錄》、《藥裹慵談》、《選學拾瀋》、《文心雕龍補注》、《世說新語箋釋》、《汪容甫文箋》等。

李審言不僅對前人著述進行校訂，而且對同時代人的著作提出自己的意見。山陰徐嘉所著《顧亭林詩箋注》請李審言作序，李對其中缺漏和錯誤作了校訂和補正；繆荃孫刊刻《藝風堂文集》，李審言對稿本提出具體意見後，繆荃孫回信說：「照尊意改正，決不護短。」而當梁啟超撰《清代學術概論》出版後，李審言就梁著中論事多乖、引證疏謬之處，列舉數十條，在上海《神州日報》登載，梁任公為之氣沮，但未有答辯。李審言寫成《清代學術概論舉正》稿本，據其子李稚甫教授云：「蔡元培先生任中央研究院院長時，特囑許壽裳先生將此稿索去。」令人遺憾的是此書稿歷半個多世紀，竟失傳了，殊為可惜。國民政府成立後，蔡元培任大學院長（後改為中央研究院），聘請李審言、陳垣、魯迅、胡適等十二人為特約著述員，許壽裳代表蔡元培，邀他到南京整理生平著作，交付出版。一九四九年前，李審言的大部分著作一直未能出版。「文革」前，李稚甫教授應文化部之請，將李審言的十七種著作手稿獻給國家，由北京圖書館典藏，倖免於十年浩劫。另有李審言生平日記八十餘冊，交遊及論學文字、晚年詩文均在其中，據李稚甫一九九一年三月七日給學者蔡文錦的信中說，該批日記存放在揚州親眷處，在文革中被毀，這是無法彌補的損失。一九八九年《李審言文集》（上、下冊）由江蘇古籍出版社出版。

樊樊山是我國近代文學史上一位不可多得的高產詩人。他從十一歲開始寫詩，足足寫了七十五年。從二十四歲到六十四歲的四十年間，是他詩詞的高產期，幾乎每天必有幾首詩。他說：「生平以詩為茶飯，無日不作，無地不作」，一生中共寫詩、填詞三萬餘首。同治六年（一八六七），二十二歲的樊增祥赴省參加鄉試中舉，但以家貧，為人司書記以供菽水，會張之洞視學至宜昌，見其文，激賞之，薦為潛江書院山長，又移主江陵講席，後入京受業於李慈銘之門，慈銘為改課藝，盛稱其詩文筆扎，自是有聲於京師。光緒三年（一八七七）中進士曾任陝西宜川、渭南等縣知事。後累官至陝西布政使、江寧布政使、護理兩江總督。辛亥革命爆發，逃居滬上。袁世凱執政時，曾為參政院參政。

樊樊山早年喜愛袁枚，繼而好趙翼，後宗尚溫庭筠、李商隱，上溯劉禹錫、白居易。他「論詩以清新博麗為主，工於隸事，巧於裁對」，「尤自負其豔體之作，謂可方駕冬郎（韓偓）」（陳衍《石遺室詩話》）。集中次韻、迭韻之作很多，因難見巧，炫才誇富，失之浮豔俗濫。但他為人並不佻達，主張「詩貴有品」，雖自言「平生文字幽憂少」，但遭遇重大事變，也不能不變得「賈傅悲深」。在樊樊山的作品中有長篇敘事詩《彩雲曲》、《後彩雲曲》，前曲寫於光緒二十五年（一八九九），由此開始了有關賽金花的文學與歷史書寫。《彩雲曲》「為時傳誦」，他更於一九一三年作《後彩雲曲》，「著意庚子之變」，敘述了賽金花與瓦德西夜宿儀鑾殿的豔聞。其前後《彩雲曲》，膾炙人口，時人比之為吳偉業之《圓圓曲》，但卻有太多的文學想像空間。他又擅長駢文與詞，駢文辭不艱深，舒徐自如，情味濃厚；詞作也頗為清麗。詩集有《雲門初集》、《北遊集》、《東歸集》、《涉江集》、《關中集》等五十餘種，後皆收入《樊山全書》。詞集有《五十麝齋詞賡》，亦收入《全書》。

李審言在一九三〇年，也就是他死前的前一年，寫有一篇文章〈書樊雲門方伯事〉寄給北平的張次溪（案：張次溪是李審言的「准門人」），詳述他和樊樊山文稿糾紛的經過，張次溪把它交給徐凌霄、徐一士兄弟，後來就在天津《大公報》的附屬刊物《國聞週報》的「凌霄一士隨筆」刊出，在《李審言文集》亦收有此文。雲門是樊樊山的字號，方伯是布政使的雅稱，樊樊山最終的官職是江寧布政使。從李審言的文章觀之，在光緒三十四年（一九〇八）六月樊樊山任江寧布政使，由於李審言的知交繆荃孫（藝風）之推介，李審言把駢文稿交給繆荃孫轉給樊樊山，經過月餘後，李審言才去拜謁樊樊山。據文章中云：「余見樊山後，樊有詩寄藝風，末句『可有康成膩帢無』，蓋用《世說・輕詆篇》『著膩顏帢，逐康成車後。』戲藝風即以戲余，遂薄之不往。而索回文稿甚亟，樊棄之，不可得。藝風一再函問，不復。藝風覆余書云：『前日方伯談次，尋大作未獲，雜入文書中矣。昨又函催，亦未復也。』余復作書求之，亦未答。」又說：「樊名滿天下，後生小子唯樊為趨嚮。友人官京師，鈔示樊山近詩，有『新知喜得潘蘭史，舊學當推李審言』語，以是為重。數年後，上海有《當代名人小傳》出。其文人一門，有李審言潘飛聲同傳，云往樊某有詩，二人因得名。余之得名，非由樊始，海內先達，可以共證。然亦見世上擁樊者多，若以余一窮秀才，樊由庶常吉士官至藩司，一言之譽，足以定評。豈知余素不慊於樊耶？」李審言說他之得名，何待於樊樊山之吹捧。文中極致不滿之意。

在《李審言文集》中還有一封〈乞樊雲門方伯檢還學製齋文稿書〉的信，那是李審言寫給樊樊山，懇求他交還文稿，信是用駢體文寫的，其中有「昔塵覆瓿之製，曾無寫副之留」，可見李審言的文稿是沒有副本的，因此他急於索還。宣統元年（一九〇九）三月二十六日，李審言又給藝風老人一封信，談他問樊樊山索文稿之事，該信見《藝風堂友朋書札》，信云：「……詳有極不可解者，為謁樊方伯一事。古人無論貴寒士，投皆有賜答，而方伯於詳投詩，不及一答。及贈以徐箋《顧亭林詩》，乞其大集，又不一報。杜撰駢文四十五篇，別無清本，既不肯為作序，復求先生兩次索還，渠皆無回信，先生赴常州，詳又作一啟乞之，措詞極婉，又不一答。此非有深嫌宿怨，不至於此。自揣實無觸犯之語，而拙稿棄同投溷，豈不可痛！此等大人先生，再不敢與通信，惟有祈求先生，婉向方伯商之，將原稿擲還，婉之又婉，以不露聲色為妙，否則恐為齮齕也。……」但最終這希望是落空的，因此才有一九三〇年李審言再寫〈書樊雲門方伯事〉的一篇文章。

對於此事汪辟疆在《光宣以來詩壇旁記》書中亦收錄了李審言的這篇文章，並說：「樊山於光宣間負才名，詩筆側豔，而尤工判牘。顧其為人頗有可議者。樊山夙為李蒓客（案：李慈銘）所獎拔，且奉李為師。兩人沆瀣，可於已印行之《越縵堂日記》知之。顧蒓客晚年，亦頗致憾於樊。蒓客捐館時，樊山於其邸舍取去日記數冊，皆蒓客最後數年之筆，其後人故舊屢索不還。樊氏卒後，知交為理後事時，遍覓卒不可得。或云病篤之時，已取而納諸火矣。此一事也。又，易實甫為樊山文字骨肉之交，晚年喜為調侃，曾舉其流傳故事及詩文中俊語為諧文，固世人所同知也。實甫晚年曾取平生所為詩，精選數百篇將鏤板行世，繕寫既定，送樊山複閱。樊山亦久庋不還，屢索屢拒。其後此本是否歸諸實甫，後人不可知矣。此又一事也。李審言詳駢文，為江左作手。樊山為江寧藩司時，李以繆藝風介，謁見。先期，由繆呈李所為文一卷，樊亦留之不肯交出。及索回，則云：『已雜置官文書中。不得。』此又一事也。此皆為樊山居心叵測，為士林不理於口者。亦不知是何居心也。李審言有〈書樊雲門方伯事〉，即記其與樊山關係。」

其中汪辟疆文中所說的被樊樊山取去的《越縵堂日記》，「或云病篤之時，已取而納諸火矣。」是不確的。大概是汪辟疆採用了徐一士所渲染的樊樊山一怒焚書的說法。那是有好事者故作奇談，謂李慈銘有恨於張之洞，而樊樊山與張之洞親昵，李在《日記》中痛斥樊山，樊山見之大怒，竟把它投入烈火中燒掉了。查光緒十五年八月二十日的《越縵堂日記》，確實有李慈銘痛罵張之洞的記載，但正如黃秋岳所說：「讀《越縵堂日記》等，見其罵人處，多如牛毛，若以其中中之詞，謂為必有深仇固恨者，是不知其癖好如是也。」因此說李慈銘有恨於張之洞，是顯得太嚴重了，而後經樊樊山的協調，兩人關係已大為改善，這可見之於黃秋岳的《花隨人聖庵摭憶》一書所公布的一封樊樊山致張之洞的密函，該函不見於樊之文集，是黃秋岳抄錄自戴亮集所購藏的信札。其中有云：「……李蒓翁得御史後，牢騷漸平，（欲有所陳，尚未封上，但談時政，不事博擊。）函丈之意，祥已轉達，渠甚感幸也。……」該函無年份，但據「李蒓翁得御史後」推之，當在光緒十六年，可見兩人在當時已言歸於好了。

對被樊樊山取去的《越縵堂日記》，據劉亦實文章說：一九五六年，掌故大家鄭逸梅在蘇州吳江縣盛澤鎮會晤老詩人蘇繼卿偶然又說到此事。蘇老卻說道，抗戰前的一天，他在一家書鋪偶遇樊增祥的長女樊綺貞，便想到《越縵堂日記》的殘缺本，託書鋪老闆代為探問。樊綺貞說那《日記》一向由她父親秘藏著沒有毀失，直到父親於一九三一年秋逝世，家人才揀出讓給一書商。另據蘇繼卿回憶，那些《日記》幾經輾轉，被時任南京汪偽傀儡政府內政部長的大漢奸陳群獲得，藏存於他斥資修建的澤存書庫裏。一九四五年抗戰勝利後，此書庫及陳群公館被東南挺進軍總司令湯恩伯接收，運走兩大卡車古籍善本。而後澤存書庫併入中央圖書館。據此，鄭逸梅就預言「所謂已被毀的部分日記或許尚在天壤間，但不悉何時始得出現」。果然，半個世紀之後這部分日記終於被「發現」。一九八八年，由北京燕山出版社影印出版這《越縵堂日記》的最後一函——《郇學齋日記．後集》，凡九冊（其中二本各半冊，以故又說八冊），起於光緒十五年七月迄二十年正月元旦。如此一來，李慈銘日記遺稿得以完整流傳，其學術價值和意義自不待言。至於人們不禁要問，究竟樊樊山為什麼要把這函《越縵堂日記》深錮書篋，不公之於世呢？學者祁龍威說：「從《日記》裡，可以找到答案，蓋樊氏有所顧忌。因為作者尖銳揭露了當時的腐朽政治，如果樊氏經手予以刊布，必招時忌，禍且不測。」

但對於李審言的文稿又如何呢？香港掌故大家高伯雨晚年說：「六十年我讀李審言此文，也認為他的文稿必定為樊山燒掉了，因為樊的老師李慈銘最後那幾本日記，為樊山借閱，見其中有罵樊之語，遂不歸還，因此一九二〇年商務印書館影印《越縵堂日記》時，缺最後五冊（由光緒十五年至二十年，李逝世止），因有此前例，我對樊山好沒收人家的文字有了成見。其實樊山沒有毀滅老師的日記，樊死後七、八年，他的家人先後把他的遺書出賣，有一次賣書時，其中夾雜了好些文稿，李慈銘的《日記》亦在其中，整批給收買佬買了。後來《日記》流到上海，為汪政權的一個部長陳群買了，藏在他的澤存書庫中。中日戰爭結束，肅奸人馬沒收陳群書籍，存入中央圖書館。李的《日記》未為樊所毀，那麼李審言的文稿未必遭此厄運，只是下落不明而已。」高文寫於一九九一年，他是看過一九八九年出版的《李審言文集》，當時是還沒有找到這份失落的文稿。之後，是否有「發現」，亦未得知。

又汪辟疆在《光宣以來詩壇旁記》書中，談及李審言和況周頤（蕙風）之間的交惡。光緒三十二年（一九〇六）況周頤入兩江總督端方幕府，備受信任。此因況氏精通金石碑版之學，而端方於此收藏甲天下。況氏為之審定金石，代作跋尾，凡端方之藏書、藏石諸記，皆出況氏手筆，端方極器重欣賞之。因此次年況周頤刻《阮庵筆記五種》，端方為其題簽。況周頤因此遭人嫉妒，張爾田《近代詞人逸事》曾載云：「時蒯禮卿（光典）亦以名士官觀察，與夔笙（案：況周頤）學不同。每見忠敏（端方）必短夔笙。一日，忠敏宴客秦淮，禮卿又詆及夔笙。忠敏太息曰：『我亦知夔笙將來必餓死，但我端方不能看見其餓死。』夔笙聞之，至於涕下。」對此汪辟疆有不同的說法：「至於審言與況蕙風構釁始末，就余所知者，亦可略言。先是匋齋之督兩江也，合肥蒯光典以道員候補江寧，與繆藝風（荃孫）並為匋齋所器。審言以介先識蒯，又由蒯識繆。兩人言之匋齋，端乃委李氏充江楚編譯官書局幫總纂。時實無書可撰，支官俸，治私書，即《匋齋藏石記》是已。總纂即繆荃孫，時為匋齋撰《銷夏記》，專論列書畫，不遑兼顧，因舉臨桂況周儀領之。況擇拓本無首尾及漫漶不辨字跡者，悉以屬審言。而又時時探刺釋文何若，將以抵巇送難。顧審言於王述庵、錢竹汀、阮芸臺、翁正三、武虛谷之書，精研有素，況無以中也。況氏既負才，性復乖僻。時蒯頗右審言而詆況，每見匋齋，輒言況氏之短。一日匋齋召飲，蒯又語侵況，匋齋若不聞者。會督府議裁員，況名已在被裁之列。見者僉曰：『活該餓死。』蒯又以語端，謂不直其人多矣。匋齋太息曰：『我亦知夔笙必將餓死，但端方一日在，決不容坐視其餓死。』乃取筆抹去況名，並書打油詩以慰之，有『縱裁裁不到詞人』之句。況氏為之感泣。於是況李二氏構怨深矣。」

被稱為「江南才子」的盧冀野在〈文壇散策〉一文中談到李審言在聽得端方噩耗，檢出《匋齋藏石記》，題詩三首。此書是李審言在端方幕中費力不少而完成的。三詩中末一首云：「觥觥含悳出重闈，傳命居然奉敕尊。輕薄子玄猶在世，可憐不返蜀川魂。」世人把李審言的「輕薄子玄猶並世」誤成「輕薄子雲猶未死」，而認為該詩是指況周頤（夔笙）的。盧冀野則認為當指劉師培（申叔），他說：「罵申叔無行，是為家國大事：與夔笙等不過私怨，何至形於筆墨呢？」。但汪辟疆則認為「審言『輕薄』句，係指況周儀，非指劉師培。劉入蜀，乃在宣統初元端去兩江之後，非宣統三年端方督辦川漢鐵路、督兵入川時也。不過端入川時，劉適在蜀，任教國學院，端乃聘為顧問耳。」汪辟疆又說：「及匋齋於宣統三年十月初八日被殺於資州，事聞，審言適於案頭驟睹新刻《匋齋藏石記》印本，為賦三絕以哀之。詩云：『槐影扶疏紅紙廊，（『紅紙廊』，南京街名，在朝天宮之東。）冶城東畔又滄桑。摩挲石墨人空老，憶到江南便斷腸。』『脫略曾非禮數苛，上宮有女妒修蛾。濮陽金集儒書客，那得揚雄手載多。』『觥觥含憲出重闈，傳命居然奉敕尊。輕薄子雲猶未死，可憐難返蜀鵑魂。』此事余聞之泰興金蘅意太史鉽。蘅意與審言相諗，函札往來，余皆見之。審言知余，亦以蘅意也。惟金蘅意處有審言手稿，『子玄』作『子雲』，『川』作『鵑』，與陳衍《近代詩鈔》小異。第一首言曩時在南京紅紙廊修書之事，今則因府主已逝，不勝存沒之感。第二首言己之脫略，非疏於禮數，實以況嫉忌之故，然《藏石記》固多出於己也。第三首言況氏傳端命以傲己，今則蜀魂難返，而況氏固𢡟然尚在人間也。此一段故實，世人間有知之而不能詳，遂備記之。」當是更為正確的說法。

從外交總長到修道院神父的陸徵祥

他曾經是中國政壇和國際外交舞台上的一位顯赫的人物，但到後來卻成了隻身隱居於異國的一名修士。他的前半生毀譽參半，他的後半生功德圓滿。他的人生起伏不可謂不大，他就是陸徵祥。

陸徵祥，字子欣，上海人。生於清同治十年（一八七一）六月十二日。其父陸雲峰（誠安）為「誓反會」傳教員，每晨外出散發傳單，分送聖經。因之頗聞西洋之學，他不願獨子陸徵祥考科舉，於是在他十三歲時，便送他進上海廣方言館，習外國語。讀了八年，又送他進同文館，專習法文。在進廣方言館之前，他只進過兩年私塾，讀完一部《四書》和半部《禮記》，因此他的國學根底並不深厚，加上也沒有出洋留學獲得「洋博士」的頭銜。他的外交生涯完全得益於晚清外交家許景澄及楊儒等人的言傳身教，是在具體的外交實踐中鍛煉成長起來的。

光緒十六年（一八九〇）許景澄（文肅）任駐俄、德、奧、荷四國公使，他呈請總理衙門，調陸徵祥為隨員。於是陸徵祥於光緒十八年（一八九二）搭輪船出國，抵俄京聖彼得堡後，初任學習員，旋升四等翻譯；再升三等翻譯，加布政司理問銜，即選縣丞，後升二等翻譯。此後四年陸徵祥一直在許景澄門下「學習外交禮儀，聯絡外交使團，講求公法，研究條約」；許景澄也著意栽培，不僅培養訓練他作為一名外交官的基本技能素質，更注重對其道德人格憂國憂民情懷的陶鑄。馬關之辱後，他曾告誡陸徵祥「你總不可忘記馬關，你日後要恢復失地，洗盡國恥」。許景澄對陸徵祥的影響是深遠的，他總是以許景澄為榘範，亦步亦趨，甚至忘記其本鄉上海話而隨許景澄講嘉興話，因此駐俄使館同仁，稱他為「小許」。若干年後，陸徵祥仍然深情地提到「我一生能有今日，都是靠著一位賢良的老師」，其對許景澄的感恩之情，可說是溢於言表。

光緒二十二年（一八九六）冬，許景澄調職，繼任駐俄、奧、荷公使者為楊儒，他奏留陸徵祥，加同知銜，即選知縣；又奏加直隸州知州銜。光緒二十八年（一九〇二）胡惟德繼任駐俄公使，亦奏留陸徵祥，加參贊銜，又奏加三品銜，即選知府，旋升二等參贊。光緒三十二年（一九〇六）清廷升任陸徵祥為駐荷公使，離俄去海牙，首設中國使館。當陸徵祥離俄之際，俄皇尼古拉二世破格召見，且派馬車迎送。接見時，俄皇親手贈授勳章，而且俄后也出見，禮遇之隆，實屬罕見。宣統三年（一九一一）陸徵祥由海牙赴聖彼得堡，為改訂陸地通商條約專使。抵俄京後，駐俄欽使適被調回北京，陸徵祥遂被任為駐俄公使。

不久，武昌起義，清室遜位。袁世凱任臨時總統，唐紹儀任內閣總理。陸徵祥也於一九一二年五月，回國擔任第一任外交總長。從此，他由駐外使節進而掌握外交之樞機。他曾歷任趙秉均內閣之外交總長、熊希齡內閣之外交總長。袁世凱稱帝時，他又以國務卿而兼任外交總長。一九一七年，任王士珍內閣之外交總長。一九一八年又任段祺瑞內閣之外交總長，錢能訓內閣之外交總長。一九一九年，他以外長任首席代表出席巴黎和會。一九二〇年，辭外長職，結束了他的從政生涯。

陸徵祥在外交總長任內的兩件重大事件，一是簽字於日本所提出之「二十一條」；一為拒絕簽字於巴黎和會。這「簽字」與「拒絕簽字」兩件事情，都造成極大的影響。

一九一四年，第一次世界大戰爆發，日本以英、日同盟（協約國）為理由，強行派兵接收德國（同盟國）在山東膠州灣的租界地，以及膠濟鐵路沿線地帶，中國政府無力阻止。一九一五年一月十八日，日本乘歐美各國無暇東顧，不顧外交禮儀（條約當經由外交部），由駐華日置義公使直接向中國元首袁世凱提出了「二十一條」要求，包括：（一）關於山東省四項；（二）關於南滿州及東部內蒙古七項；（三）關於漢冶萍公司二項；（四）關於不割讓沿海事項一；（五）其他希望條件七項。逼迫中國政府承認日本取代德國在華的一切特權，進一步擴大日本在滿蒙的權益，以及承諾聘用日人為顧問。日本的要求接近等同將中國納入成為其保護國。日置義公使在將文本交給袁世凱之前，警告袁世凱要絕對保密，若透露出去，將產生嚴重後果。在談話中，日置義公使提到革命黨人「與許多在野的日本人關係密切」，「日本人無法制止這種人在中國興風作浪，除非中國政府給予友好的證明」。並表示大多數日本人「認為大總統是堅決反日的，大總統的政府與遠方國家親近而與鄰國為敵。如果大總統接受這些條件，日本人民就會相信大總統對日本是友好的，而日本政府那時也將有可能向大總統提供援助。」日本對袁世凱可說是軟硬兼施、威脅利誘，同時並行的。

而當時陸徵祥實已退居總統府外交最高顧問，身當其衝者原為外交總長孫寶琦與次長曹汝霖。然因孫寶琦在日置義公使面遞條約時，即大發議論，袁世凱斥為荒唐粗率，不足當此重任，乃「臨陣換將」發表陸徵祥接任外交總長。當中日雙方在外交大樓開議時，陸徵祥頗能以堅忍之精神、迂迴之戰略，逐條辯護，據理力爭。自二月二日正式開始談判，至四月二十六日，日本提出最後修正案止，歷時八十四天，正式會議二十五次，會外折衝不下二十餘次。

四月底，談判完全陷入僵局，日本再次調動軍隊，向中國發出最後通牒。袁世凱缺乏談判籌碼，只能一面拖延，一面讓其秘書顧維鈞將條款內容對外披露，希望獲得國際輿論支持，以抵抗日方壓力。但當時歐戰正酣，友邦亦無法分心東顧，國際援助無望，內審國勢又無力捍衛主權，於是只得委曲求全。至五月九日，在日本提出最後通牒脅迫之下，袁世凱及北洋政府乃被迫接受了二十一條要求當中的大部分條款，史稱「五九國恥」。

二十一條簽字後，陸徵祥即坦言「我簽字即是簽了我的死案，三五年後，一輩青年不明今日苦衷，只說陸徵祥簽了喪權失地的條約，我們要吃他的肉。」果如其然哉？並非如此，因為其一：陸徵祥在談判中完全稟承袁世凱的旨意，是在袁世凱所設定的框架內對日進行談判並最終簽字的，他的職業要求他必須服從國家政策政府意志，糟糕的結果使成為歷史無辜的犧牲者。其二：將二十一條最終之結果與日本原提案比，經過艱苦的談判，還是維護爭取了很大的權益的。其中第五號駁回，第四號也以「商人之產業，政府不能預定」加以駁回。其三：簽字後，陸徵祥以其豐富的歷史及外交閱歷，曾提出「參戰」及「到和會時，再提出，請各國修改」的補救建議。學者陳恭祿說：「就國際形勢而言，中日強弱懸殊，和戰均不利中國，衡其輕重利害，決定大計，終乃迫而忍辱簽訂條約，何可厚非？」而當時尚在美國留學的胡適也在日記中寫道：「吾因此次對日交涉，可謂知己知彼，既知持重，又能有所不撓，能柔也能剛，此則歷來外交史所未見。」名報人王芸生也評價說：「綜觀二十一條交涉之始末經過，今以事後之明論之，中國方面可謂錯誤甚少。若袁世凱之果決，陸徵祥之磋磨，曹汝霖、陸宗輿之機變，蔡廷幹、顧維鈞等之活動，皆前此歷次對外交涉所少見者。」可說是持平之論。

一九一八年，第一次世界大戰結束，中國因緊隨美國加入協約國參戰而成為戰勝國，並應邀參加巴黎和會。一九一九年一月十八日，舉世矚目的巴黎和會在法國凡爾賽宮隆重開幕。當時中國代表團成員有五個全權代表，其中有擔任團長的外交總長陸徵祥、駐美公使顧維鈞、南方政府代表王正廷、駐英公使施肇基、駐比公使魏宸組。但作為戰勝國之一的中國，在和會上反而成為被宰割的對象，中國要求索回德國強佔的山東半島的主權，但英、法、意主張將德國的利益轉送給日本，美國提出暫交英、法、意、美、日五國共管，遭到日本拒絕。中國代表團向和會提出兩項提案：取消帝國主義在中國的特權；取消日本強迫中國承認的「二十一條」，收回山東的權益，但提案被否決了。因為一九一七年參戰命令公佈後，段祺瑞即與日本有西原大借款，又訂軍事同盟，且在山東問題之換文中，對於膠濟鐵路之日本提議，中國駐日公使章宗祥於答文內，竟寫有「欣然同意」一語，以致中國代表團在巴黎手腳被縛，當時顧維鈞在和會宣稱：「一九一五年之約（二十一條），為日本哀的美敦書所迫而成，當時為保全東亞和平，不能不稍隱忍。一九一八年者（山東問題中日換文），亦即根據前約而來。」似亦氣壯詞嚴，卻經不起美總統威爾遜的一駁。美總統指出：「一九一八年九月，歐戰停戰在即，日本決不能再強迫中國，何以又『欣然同意』與之訂約？」顧氏雖仍有所答覆，但於「欣然同意」則無法加以解釋。因此中國代表團在巴黎和會之失敗，雖有多種因素，而「欣然同意」一詞，鑄成大錯，亦為重要原因之一。

巴黎和會徹底暴露了帝國主義的猙獰面目，巴黎和會關於山東問題的無理決定，極大地震怒了中國人民，也打破了中國人民對帝國主義的幻想。一九一九年五月四日，北京學生在天安門前集會，吹響了反帝愛國的戰鬥號角，「外爭國權，內懲國賊」、「廢除二十一條」的吼聲傳遍全國，爆發了「五四運動」。火燒趙家樓交通總長曹汝霖住宅，毆傷當時剛好歸國的駐日公使章宗祥，並直指曹汝霖、章宗祥、陸宗輿為賣國賊，要求政府予以罷免。

面對對德和約應否簽字，一度困擾著陸徵祥等代表團成員。如果簽字，山東恐無收回之日；

若不簽字，又擔心會得罪列強，更擔心因此而不能加入國際聯盟。因此陸徵祥去電北京請示，應否簽字。他建議政府：「隱忍簽字，而將山東條款保留。」亦即是在和約內註明中國對山東問題條款不予承認的保留意見，中國才能簽字。無奈此時國內為學潮所困，總統、總理紛請辭職，中樞幾於無主。直到五月二十三日，北京政府才發來「經熟思審處，第一步應力主保留，以俟後圖。如果保留實難辦到，只能簽字」。五月二十八日，中國代表團召開秘密會議，針對簽字問題：王正廷、顧維鈞、施肇基主張不保留絕不簽字；胡惟德、王廣圻同意簽約。陸徵祥於當天再電北京「請求」政府「立速電示」。六月十三日，錢能訓內閣垮臺，總統徐世昌任命財政總長龔心湛代理國務總理，組織看守內閣。又「電飭巴黎各委員，對於和約簽字問題，令其審度情形自酌辦理。」把球又踢回給陸徵祥。顧維鈞回憶說：「這自然把中國代表團團長置於極為嚴峻的困境。」

學者黃尊嚴指出，與陸徵祥畏首畏尾的心態及「保留簽字」方案遭到內外阻力後的一籌莫展有所不同，顧維鈞態度鮮明地力主拒簽，並採取了極富靈活性的談判策略。那就是：向和會不斷地提出各種最低條件的保留方案，「在力爭保留完全失敗之後拒絕簽字」，以「得到國內外輿論的支持」。因此他認為顧維鈞才是此次拒簽和約的頭號功臣。顧維鈞在回憶錄中說：「儘管國內輿論明確無疑，使人確信中國理應拒簽，但北京政府和巴黎的陸總長依然感到採取這一步驟責任實在重大，後果難以預料。陸總長本人起初贊同簽約，甚至即使不允保留，可能也會贊同簽字，但由於中國國內以及巴黎形勢的發展，在國內輿論強大壓力下，他最後也同意我的意見，反對簽字了。我至今難以推斷，如果北京最後的訓令是簽字，他是否會俯首遵命。」事實表明，一直猶豫不決的陸徵祥之所以最終同意拒簽，是在輿論的強大壓力下，聽從顧維鈞意見的結果。

一九一九年六月二十八日，和約在巴黎凡爾賽宮中明鏡殿簽字，各國代表均已蒞齊，中國代表卻缺席不到，一面以抗命拒簽，電請政府交付懲戒。詎至七月十日，外交部忽正式發表不簽字命令，陸徵祥一行，遂由原先的抗命轉為符合命令。於是當中國代表團從巴黎回國時，船到吳淞口，便受熱烈歡迎，岸上立有幾千人，高擎大書「歡迎不簽字代表」的旗子，臨風招展，盛極一時。

這次外交的失敗將陸徵祥所有的夢想催毀，隨後他決定退出外交圈，攜愛妻遠渡比利時。陸徵祥的妻子培德・博斐（Berthe Bovy）是比利時人。她的祖父和父親都是比國將軍，與當時比國駐俄公使洛凱Loghait係極好的親戚，培德・博斐隨洛凱常住俄京，且常出席各項應酬交際之場合，陸徵祥以善於應酬故，熟知外國交際之禮法，故中國公使必由陸徵祥同去任翻譯，而該時俄皇宮廷中，以陸徵祥風流瀟灑、年少英俊、談吐溫文，都有好感，因此外人皆樂與交接。陸徵祥與培德・博斐兩人一見傾心，遂諧燕好。於一八九九年二月十二日在俄京結婚。

陸徵祥初任外交總長時，出入內閣，總是沒有攜妻同行。他說：「我長外交後，先幾個月，未帶內人同來，因我結婚時，許多人反對，許景澄、楊儒兩欽使都不贊成。袁項城一次問我說：『陸夫人為什麼不出門，連拜總統夫人都不來。』我說：『內人現在已經完全中國化，像中國女子不愛出門。』項城含笑說：『這好極了，今晚總統府宴請英國公使，為他餞行，便請陸夫人來陪英國公使夫人。』我說：『內人一定來。』這是我的內人第一次到來中國赴宴會應酬。後來，項城任命我內人為總統府禮官處『女禮官長』，各國公使夫人，都很滿意。也是中國政府第一位女禮官長。」

在巴黎和會行前陸徵祥向培德夫人表示，要在和會上力爭廢除日本二十一條並收回日本強佔山東的主權。但是巴黎和會是列強的「分贓會」，當然是拒絕中國的要求。此際陸徵祥竟對培德夫人的承諾「置諸腦後」，準備在和會上簽字。然而就在簽字當天，巴黎華僑和留學生將中國代表住處團團包圍，阻止陸徵祥代表去簽字，陸徵祥因無法走出去，因此最終未在和會上簽字。回國時，陸徵祥受到愛國英雄式的盛大歡迎。後來培德夫人得悉丈夫未能簽字的「真實原委」，心中有一種被丈夫欺騙愚弄的痛楚，她決定離開中國和丈夫，回法國後在巴黎養病，臨終時給陸徵祥寫了一封遺書：「子欣，我的病大概沒有希望了，親愛的，你平生一切都對得住我，只是一件，我認為最不光彩（指簽訂「二十一條」一事）；你這件事，不僅對不起我，也對不起你的國家，並且對不起上帝。我死了之後，你最好趕快到比國從前我學習的教堂裏去服務，也許能得到上帝的赦免，還可望到天國去。子欣，永別了！」。

陸徵祥趕到巴黎，未能和妻子見最後一面；看到遺書後痛哭，絕食三日。他遵照妻子遺言，一九二七年十月四日，陸徵祥在比利時布魯日的聖安德魯修道院正式出家，成為了一名修道士，皈依天主教，從此不問政治。很多人對這位年近六十的人還來當普通修士感到不解。陸徵祥說：「說實話，我並沒有追求什麼，也沒有求光明，也沒有求幸福，我僅僅勉力盡我之職。……我一生僅在這時，追求了一件東西，我求一退省時機。我開始祈禱，我有意尋路走入仁慈天主的宅中。我尋路時，緊緊記著許文肅公（案：許景澄）的遺教：『當靠自己，勿靠旁人。』同時也記著先父『靠天』的遺訓。我那時既無父、又無師、又無妻。我只有一心靠天主，一心靠自己。仁慈的天主引我前進，我進了修會的生活中。」

此時的陸徵祥生活貧苦，有一次國民政府駐日內瓦國聯代表顏惠慶專程去拜訪這位老上司，但一見之下卻大吃一驚，原來陸徵祥一臉營養不良的樣子，簡直和街上窮困潦倒的老人沒有兩樣。顏惠慶馬上拿出錢來要送給陸徵祥，但被婉言拒絕了，陸徵祥稱自己立誓安貧從教，如果收錢也將交給院長。

成為修道士後，陸徵祥一直在為簽署「二十一條」之舉而懺悔，在他一九三七年給好友劉符誠的信，就說：「……以自身的經歷，此筆貽誤國事之大賬，早晚總要清算。貽誤國事，前清老臣既不能辭其咎，民國要人復不克卸其責，全國民眾終不能完全委諸領袖人物之肩背上，而不自認其貪懶自棄之一部分的責任。值此清算總賬之日，尚有不覺悟之輩，背國助敵，為虎作倀者，尚何言哉！尚何言哉！小兄於此筆大賬上欠負不輕，於前清賬上、民國賬上、國民分子賬上，都有重大的欠缺。既承竹篔先師（案：許景澄）之訓練指導，復許先室以殘身獻事上主，借以作補贖工夫，減輕我一身對世界、對祖國、對民眾之罪惡賬目，迄今思之，實出上主寵召之恩。小兄目蒿時艱，更感主恩於無窮期矣！惟此筆血賬何日算清結束，尚難逆料，惟主命是聽耳。」

一九三七年日本發動全面侵華戰爭後，陸徵祥雖已遠離國內戰場，但他並未置身事外，他以天主教徒的身份，積極向外界宣傳中國的抗戰。一九三九年初，南京主教于斌到比利時拜訪他，商議由他主編《益世報海外通訊》，介紹中國抗戰的情況，呼籲歐洲各國人民支援中國的抗戰。他在以「木蘭」為筆名的文章中寫道：「我們中國正在為捍衛世界的文明而戰……為了那些慘死於日軍屠刀下的無辜中國百姓，請別買日本商品，因為你們所付出的這些錢很快會被日本人變成槍炮來殺戮中國的婦女、兒童和老人。」

一九四五年八月，兩名專程從中國國內趕到比利時的名記者陸鏗和毛樹清採訪了陸徵祥。他們看到一位頭上有兩條受戒的線、鬢髮略現斑白，扁嘴，彎腰，年已七十三歲的老人，金絲眼鏡，全身黑色道服迎了出來的陸徵祥。他一方面對於曾替袁世凱簽署「二十一條」向中國人表示懺悔，他不無感慨地說：「三十年來我一直為此深深負咎，因此，從不願和人提起這件事。即使被問到，我也禮貌地拒絕回答。二位先生不遠萬里而來探候，無以為報，乃簡述往事。總歸一句話，弱國無外交。」另一方面他又對中國取得抗戰的勝利異常興奮，感慨終於「在有生之年得見國家一雪前恥」。陸鏗在他的回憶錄中說，陸徵祥談到過往十七年的修道生活，很興奮，他說：「我是一個錢沒有，而在這裡舒適地生活了十七年。修道院裡，不但有裁縫、木匠，而且五畜俱全。最初進院時，還有些小工廠。我越過越健康。做官三十七年，最後兩袖清風。二十一條簽訂後，本來曾以外交總長立場，建議袁世凱准設養老金制度。不久袁世凱下臺，建議也落空了。」陸鏗說老人幽默地告訴他們說：「幸虧找到這條路，否則恐怕早餓死了！」。

一九四九年一月初，陸徵祥走到了自己的生命盡頭，此時他仍然掛念著戰亂中的祖國，當修道院長到醫院看望他時，病危的陸徵祥用力說出了「整個地為中國，整個地！整個地！」。一月十五日，中國現代史上唯一的一位「修道士總理」病逝，終年七十八歲。

據《中國時報》駐倫敦特派員江靜玲二〇〇六年的採訪報導說，陸徵祥在聖安德魯修道院裡待了二十二年，始終謹守會規，辭世後簡單的與其他修士合葬一處。當年曾經跟隨過他的年輕修士們，如今都已是八旬老人了。在修道院圖書館侍奉的巴克特神父回憶，陸徵祥是個平和慈祥的長者，由於「陸」與當地語言「狼」諧音，所以他們管稱陸徵祥「老狼」。修道院裡有一個存放陸徵祥照片資料的小房間。巴克特神父指著其中陸徵祥穿著修士服的一張照片說，「他真的是從基層修煉起，看，他的修士服前襟只有那麼短。」巴克特神父表示，修士服的前襟愈長愈表資深。小房間書桌一角，壓了一張巴黎和會座次表。詢問後來在比屬剛果服侍三十年的巴克特神父，是否知道「老狼」入修院前的事蹟，巴克特神父想了一下說，「一個非常特別的中國人，不會再有這樣的人和例子了。」

在荷蘭海牙康有為與陸徵祥的相遇

歷史有時是如此的奇妙，能讓兩個人如此的巧遇，而結下數十年的情誼，是相當少見的，陸徵祥和康有為就是這樣的例子。你很難想像一個是晚清的外交官，一個是戊戌政變後朝廷要捉拿的命犯，一個從俄國初調到海牙當駐荷公使，一個已經在海外流亡八年的要犯，他們在海牙一晤，陸徵祥居然成為康有為的救命恩人，而且直至康有為去世，他們相知相惜，情如兄弟！

話說光緒十八年（一八九二），陸徵祥由總理衙門派以傳譯生名義，隨許景澄出使俄、德、奧、荷等國。次年升任駐俄使館四等翻譯官。一八九五年升任駐俄使館三等翻譯官。一八九六年升任駐俄使館二等翻譯官。一八九六冬，許景澄調職，繼任駐俄、奧、荷公使者為楊儒，他奏留陸徵祥。一九〇二年胡惟德繼任駐俄公使，亦奏留陸徵祥，旋升二等參贊。陸徵祥在俄國公使館從傳譯生到二等參贊，一做就是十四年。光緒三十二年（一九〇六），陸徵祥被清政府委任為中國駐荷蘭第一任全權公使，在海牙首設使館。根據康有為女兒康同璧所編《南海康先生年譜續編》記載一九〇六年十二月初，流亡在外的康有為「往荷京，遊其王宮，議院及藏書樓。」也因此得識駐荷蘭公使陸徵祥。康有為當時還是清廷的「通緝犯」，陸徵祥竟然敢在海牙接見了他。私通亂黨，這樣的罪名可不小！但儘管如此，他們還是見面了，這也成就後來兩人很深的情誼。

據後來任臺北總教區總主教及輔仁大學校長的羅光說，一九三六年他始與陸徵祥聯繫，當時羅光是晉鐸未久的年輕神父，在羅馬傳信大學教書，對於促進中梵建交極有熱誠，陸徵祥的外交背景及人脈，自然是羅光亟欲聯繫及了解的；而陸徵祥久遁居海外，顯得相似背景的同胞，亦引為忘年之交，兩人通信甚繁。羅光後來曾兩度親往比利時採訪陸徵祥。陸徵祥去世後，羅光又協助整理其遺著，更出版了《陸徵祥傳》。據羅光一九三九年七月三十日〈訪問陸徵祥神父日記〉中陸徵祥說：「我第一次認識康有為是在海牙，康有為那時亡命海外，到海牙後寫一片，言久已聞陸欽使為有道君子，且為維新欽使，敢請來客寓一會。當時欽使見維新黨人，事情很危險，因為一經奏聞朝廷，立即撤職。我卻不怕，因在俄館時，許師（案：許景澄）已明明告我。……我回片說：『今晚來會。』康有為見面後，說自己足跡達天下，只有俄國未去。在法國時，曾請唐欽使發給遊俄護照。唐使不允，怕人奏聞朝廷，致干未便。是以願請陸欽使頒發。我答以本意很想頒發，然康先生去俄，必遭性命的危險，故有所不敢。康有為愕然，我乃告訴他，當我在俄時，西太后下諭各國使臣，要求駐在國政府，一見康梁，即擒捉交與中國。各國都以公法不引渡政治犯，拒絕不答。俄國政府則想結好清廷，圖在滿州佔便宜，所以當我陪楊欽使（案：楊儒）見俄外務大臣時，外務大臣言俄將破公法之例，如康梁入境，立即拘擒，交與中國政府。康有為聽了這段話，感激至極，稱謝者再，日後常稱我為救命恩人。」這是兩人首次見面的情況。

後來兩人都回國了，一九二〇年春，陸徵祥收到康有為贈送給他的義大利所造瑪利亞像，於是三月十二日陸徵祥給康有寫信說：「日前由海部陳副官交到木箱一隻，嗣奉手書，敬承一一。辱荷以義大利所造瑪利亞像見惠，瞻天人之色相，詫神工之美術，歡喜讚歎！……因念在歐時，東道未周，不足執維高躅，耿耿無已；今則報過於施矣，愧甚愧甚！」是感念之餘，也贈送其先師許景澄全集一部和拓本五種等等，信云：「茲寄上先師《許文肅公全集》一部暨拓本五種，附

《政聞報》一冊，內有公祭田忠祠並該祠內容之插畫。即祈察入。祥侍文肅最久，受知亦最深，三十年來稍諳外交並略知檢束身心者，皆一本於文肅。追念師承，為之泫然！」信中又說：「生平崇拜大著，又酷愛法書，如承賜寄文集一二種，並親題數行墨，則每一展卷，如對故人，想亦我公之所許也。」

康有為收到信後，在同年四月八日覆信給陸徵祥云：「茅山葬弟還，（此次葬幼博弟，即戊戌蒙戮者。）奉到惠書，及《許文肅公集》暨四君題詠，捧讀感歎。除聯文直外，三忠皆嘗捧手。當時遠亡在外，驚聞惡耗，惋痛至深。袁忠節交至深，早得其哲嗣贈遺集。若《許文肅公集》，則今乃得讀之。披覽循誦，感慨前塵，起哀起敬。人之云亡，邦國殄瘁，豈不然乎！明公崇其祠祀，刻其遺書，不忘所自，高義感人，益令鄙人惻惻也。僕則受公之惠，未能有報。杜工部詩曰：『誓將與夫子，永結為弟昆。』永矢弗諼而已。今寫楹帖一聯，中堂一幅，拙著十四種，拙書墨拓八種，附以近像，聊為紀念，伏希察存。謹泐布謝，敬請子興老弟興居萬福。」康有為除滿足陸徵祥的要求贈與自己的著作、楹帖、中堂外，對於陸徵祥在一九一八年以外交總長的身份，呈請為徐用儀、許景澄、聯元、袁昶四人建立「四忠」祠，並由外交部總、次長率屬春秋致祭。又由部中官員編印《許文肅公遺稿》二十卷。這「四忠」除了聯元（文直）外，其他三人康有為都與他們有過深淺不一的交情，而當他捧讀《許文肅公遺稿》時，他深感陸徵祥能為其恩師立祠及編印遺稿，來報答許景澄對其之厚恩，「不忘所自，高義感人，益令鄙人惻惻也。」於是他想到十四年前陸徵祥對其救命之恩，久未報答，心情激動，在信中引用杜甫詩「誓將與夫子，永結為弟昆。」，其中「結為兄弟」這件事對康有為而言是何等大事，也是絕無僅有的。

康有為一生自稱「康聖人」，只喜「抗顏」為人之師，即令已經中了舉人的梁啟超都要拜當時僅是秀才的他為師，而有「舉人倒拜秀才」之說，梁啟超是比康有為小十五歲，或理所當然。但即令年紀大，而且也中過舉人，後來曾在日本橫濱任大同學校校長的鍾卓京，也是要拜師而才成為康門弟子的。甚至在一八九六年時已經是領導廣州起義的革命領袖孫中山，在廣州雙門底教書樓開業行醫，因與在萬木草堂講學的康有為相距不遠，孫中山託人向康有為致意，希望有會談機會。康有為居然要孫中山辦一份門生帖子來拜師，孫中山當然沒有接受，因此兩人未曾會見。而陸徵祥聲譽和地位不比孫中山、梁啟超為高，而康有為居然要和他「結為兄弟」，這不能不令人驚訝。其原因就如信中所說：「受公之惠，未能有報」也。

陸徵祥的母親吳金靈，在他八歲時去世。而在一九〇一年父親陸雲峰又去世了，當時他在俄國任職，因此連見父親最後一面的機會也沒有，對此他內心，常感到歉疚。而到了一九一二年五月，他回國擔任國務總理兼外交總長。在北京作官，父母的墳墓都在上海，每年春秋兩季的掃墓都無法做到。因此他決定遷父母墳墓到北京，以便於祭弔。他在接受羅光的訪問時說：「我在北京既住了好幾年，乃思遷祖母及父母的墳到北京。可是中國風俗，對於遷墓他鄉，很表反對。我乃說，不是遷墓，實是奉養。我居官京師，父母在，必迎養至京，父母死了，遷柩到京，便於日常掃墓，這也是迎養。我在京不能南歸，以至數年不能掃墓，掃墓尚是小事，我願建一座相稱的祖墳。前日葬親，我是小官；於今既做了國務總理，父母之墳，不能不加飾。同仁中有許多反對的，徐世昌總統則贊成。他說：『生於南土，葬於北望』，這在古書上也有成例。我乃在北京找墓地。」由此我們可見陸徵祥的孝心。

至一九二〇年十一月十四日，陸徵祥將祖母及父母的遺骸，移葬北京阜成門外，大柵欄利瑪竇墓園附近不遠的西城區百萬莊路八號新墓園。時任民國大總統徐世昌及各部部長、社會名流、親戚朋友共五百餘人出席遷葬儀式，總統府的憲兵隊與軍樂隊奏樂如儀。該墓園坐東南朝西北——朝向西北羅馬教廷的方向。其建築由比利時工程師督造，仿古希臘神廟樣式，樑柱為花崗岩雕琢，牆體磨磚對縫，屋頂為黑琉璃瓦起脊，上裝十字架，融合了中國傳統建築和羅馬式天主教建築於一體。內簷為半圓式穹窿頂，並有彩繪仙女、天使、藍天、星辰等圖像。墓外抱廈的橫樑上刻有一行法文「FAM ILLE LOU」（意為「陸氏家族」）。墓廬以磚石砌築，分上下兩層，上層為祭堂，下層為墓室，祭堂又分前後兩室，前室供奉家族靈位，後室供奉天主，集合了祭祀與天主教禮儀的功能。根據周莎〈陸徵祥家族墓廬概述〉一文的記載，祭堂前室正門的兩側為康有為所題的門聯：「至孝能營萬家塚」，「陰德預大駟馬閭」。橫批是「豐德壽後」。而前室正中石嵌刻陸徵祥生父、生母及祖母的生卒時辰。刻石上方，有宣統皇帝溥儀的老師陸潤庠一九〇一年題寫的輓陸徵祥父親陸雲峰聯：「道貌嚴凝中外咸仰」，「家風宣振先後同符」的漢白玉刻石。而橫批「世貴名榮」則為清光緒十二年進士，授翰林院修編，刑部主事的盛沅所題，他是民國時期的書法家、教育家、慈善家。而祭堂前室四壁嵌有北洋政府首要、各界名流如袁世凱、段祺瑞、馮國璋、黎元洪、徐世昌、胡惟德、伍廷芳、吳芨孫等四十多位名人的題詞石刻，都出自琉璃廠的刻石名家，堪稱「近代名人題刻博物館」。後室正中有宣統皇帝溥儀的「孝思維則」題刻。環壁為晚清書法家朱壽鵬所書墓誌，以及四首五言題詩，書者分別是徐世昌、熊戈水、張謇、梁士詒；七首七言題詩，書者分別是孫寶琦和杜蘊寶。諸多墨蹟，行楷隸篆俱全，堪稱墓地書法之經典。墓室中間有聖臺，原來擺放兩個銅像，一個是義大利雕塑家專門鑄造的「孝子救親」，一個是法國藝術家鑄造了陸徵祥的「哭親像」，長跪於墓前。

對於「哭親像」的由來，陸徵祥在一九三九年八月一日接受羅光的訪問說：「我在凡爾賽和會時，寓舍前有兩個法國兵看門。後來我買了兩個銅鑄的法國兵，釘在陸公墓門。法國兵替我的老人家看門，老人家必喜歡。我對夫人說：『我常出門，不能每天到父母墳前拜掃，還是鑄一銅像代替我。』夫人以為很好。銅像鑄完後，鑄匠請我去看。像作跪形，形態很好。我對匠人說：『像上少了一件東西！兩眼下該加些淚粒。』因為陸徵祥哭親，哭必有淚。匠人遂於銅像上加鑄淚痕。」另外「孝子救親」像是義大利雕塑家羅馬弱利（Genseppe Romagnoli）根據希臘古代傳說中愛能雅（Aeneas）英雄冒險於火中救父的故事而鑄以銅像。陸徵祥對「孝子救親圖」有云：「嗚呼！祭而豐，不如養之薄！生前未得侍奉，今日追悔何及。顧徵祥所不能已於此者，豈徒為先父母歿後追慕之表示，亦以誌遊子風木之痛，將與銅像而俱永耳。」陸徵祥還在墓地旁邊，修建了樓房，稱之為「慕廬」，準備做為暮年養老之所，並且在墓地旁打造了兩個墓穴，作為將來他們夫婦百年後安葬之處。只可惜後來他們都終老於異國，墓穴如今空空如也。

因為「慕廬」的原因，康有為寫信時就稱陸徵祥為「慕廬」老弟，據康有為七女康同環的女婿，曾在香港中文大學任教的李雲光教授說，一九二二年正月康有為有寫信給陸徵祥賀年，但兩封信內容相似，都未寫完，可能因康有為對其中辭句不甚滿意，換紙另寫，而丟棄後，卻被家人珍藏。其中一封云：「慕廬老弟：獻歲發春，伏惟萬福，前歲懽談，預擬遊歐過滬時再銜杯為懽，並與嫂夫人即令媛相見。頃得賀柬，乃知行旌已在瑞士山水間，以喜以悵。『慕廬』刻於柬中，賀書飛於萬……」原信僅止於此（此信並未寄出，後為李雲光所藏），信中提到陸徵祥的夫人培德・博斐（Berthe Bovy），她是比利時人。其祖父和父親都是比國將軍，與當時比國駐俄公使洛凱（Loghait）係極好的親戚，培德・博斐也就隨洛凱常住俄京，且常出席各項應酬交際之場合，而當時俄皇宮廷中，以陸徵祥年少英俊、談吐溫文，於是兩人一見傾心，遂諧燕好。他們於一八九九年二月十二日在俄京結婚。婚後兩人並無子女，康有為信中說令媛顯然是錯的，她其實是培德夫人的內姪女。康有為寫此信之際，陸徵祥早已辭去外交總長，帶著妻子前往瑞士，住在羅伽那城的益達別墅。因妻子身染重病，醫生建議宜往歐洲養病。而信中說「『慕廬』刻於東中」，乃是指陸徵祥寄給友人的賀年片上，印有一幅「慕廬圖」。

一九二二年遠在瑞士的陸徵祥寫信向康有為求寫亡父母的墓誌銘，康有為此前只給自己的生母勞太夫人和髮妻張雲珠寫過墓誌銘，除此而外大概只寫過〈清故署禮部左侍郎翰林院侍讀學士徐公神道碑〉，據李雲光教授說寫徐致靖神道碑此墨蹟，「共有兩千多字，寫得整齊勻稱，一筆不苟，一反平常寫字『如刷如掃』的作風，可以想見康氏書寫時拘謹情況。這幅裱為手卷的墨蹟，由我岳母珍藏，一九七〇年曾在香港大會堂展覽過。當時我岳母告訴我，因為徐氏和他的兒子仁鑄、仁鏡都是維新變法的積極支持者，政變後下獄，所以破例為他們寫碑文。」又康有為曾聲明不為他人作墓誌，在給友人的信中云：「雲柯仁兄：兩奉書悉。僕生平未嘗為人作壽序，亦不為人作墓誌，請遍考都人。昌黎諛墓之譏，差幸可免。間有一二篇，亦必熟識可信者，而後為之。若使不識者而為之，則諛墓矣。僕而諛墓，文又何取焉。此界硜硜不能破，望諒之。」但康有為念及陸徵祥的救命之恩，便破例為其父母撰寫墓誌銘。他洋洋灑灑地寫了〈清誥賜資政大夫陸公雲峰既德配吳太夫人墓誌銘〉，其中還提到當年他要遊俄之事，而陸徵祥勸其勿入俄境，否則一旦誤入，「身首殊以歸中國矣。吾受大德，不敢以文辭。」最後則言：「徵祥為中國使才，蓋公生之教之成之。宜為銘。銘曰：『老松輪囷磊砢，屈巖阿也。芝蘭玉樹，生其根而交枝柯也。使相大營萬家塚，報罔極也。孝子孺慕，圖跪墓門，自責失子職也。談歐學而非孝者，視此宜式也。』」陸徵祥在收到此墓誌銘後，在同年三月二十一日有信回覆康有為云：「長素先生閣下：前奉到賜寄先墓誌銘，拜領之餘，歿存均感。從此先人志行得隨椽筆以傳，尤深榮幸，曾經專電奉謝，託由譚君秋颿轉致，諒邀臺鑒。……茲乘駐和王劫使夫人歸國之便，帶奉瑞士雪景及花景三幅，聊代鮮花之獻，用先函達，屆時該件送到，敬祈哂存為幸。」

一九二三年三月九日康有為又致信陸徵祥云：「獻歲開春，伏維萬福。承電賀至感。去夏悼亡治喪，秋營葬茅山，至今壙事未了。天寒手僵，不能作書，作亦不佳，恐辱尊命。俟春暖和，乃能寫碑報命。」信中說：「去夏悼亡治喪，秋營葬茅山」是指康有為的大房張雲珠（一八五五—一九二二），字妙華，於一九二二年七月十五日（陰曆五月二十一日）卒，卜葬於江蘇金壇縣茅山元祚村之原，康有為寫有〈清封一品夫人南海康氏顯妣張夫人之壙志〉。同年陸徵祥有信致康有為云：「客歲接誦悼啟，驚悉尊閫夫人遽爾作古，老年喪偶，其何以堪。想先生久歷坎坷，神傷雖甚，應付達觀，惟當時道遠，不克致送禮儀，茲謹具紀念銅牌一事，以備銜諸墓道，不啻長睹慈雲，惟祈哂存示覆是幸。」

一九二六年四月二十六日，培德夫人在瑞士去世，陸徵祥馬上辭去公職（他當時任中國駐瑞士公使）為夫人守喪。次年，他送夫人靈柩回到比利時的布魯塞爾。培德夫人下葬後，陸徵祥的紅塵生活也結束了。陸徵祥在傳記《回憶及浮想》中袒露心聲：「當我妻子去世後，我立刻感到孤獨，我一生只在此時尋求一件東西，我求一退省時機。在退省中，我有意尋路走入仁慈天主的家中。」一九二七年十月四日，也就是培德夫人去世的第二年，陸徵祥正式加入比利時布魯日聖安德修道院，成為修士，取名天士比德，過起了極其清苦的隱修生活。一九三一年，陸徵祥為紀念恩師許景澄遇難三十周年，已在修道院的他撰文紀念，其中有段文字回憶他與培德結婚時，許景澄對他笑說，你沉醉於學習西方，連太太都娶了外國人。將來假若你太太過世又沒有兒女，希望你能進修道院去，這樣學外國學得更徹底。當時陸徵祥年少不以為意，沒想到竟然被恩師言中了。三十多年後陸徵祥說：「丙寅春室人去世，祥以孑然一身，托上祖庇佑，居然得入本篤會，講學論道，以副吾師之期望，益感吾師培植之深厚，而為祥佈置之周且遠也。嗚呼！生我者父母，助我者吾妻，教育以栽成我者吾師也。今先後俱天國，而祥獨存，豈不悲哉？」因此他正式受洗，一生獨身一人。

陸徵祥在修道院時製作過一本家族紀念冊，即《陸氏博斐氏紀念冊》。內容包括一九二〇年十一月十四日遷葬祖母與父母的陵墓於北京陸公墓的照片、遷葬儀式，徐世昌總統府的軍樂隊奏樂。祖父母遺像、父母畫像及陸徵祥夫人培德・博斐及其家族成員的照片。全書照片皆為珂羅版精印，裝幀精美。其中陸潤庠為培德寫的對聯是：「東鰈南鶼有情人成眷屬，海程雲路無線電寄相思」該對聯寫於乙卯年夏六月，也就是一九一五年。另外康有為也為培德題寫對聯是：「琰才鴻案如賓敬，宋子齊姜合種良。」

一段救命之恩，對於康有為而言是終身難忘的。直到一九二七年二月六日康有為乘船赴天津，途經青島，二月十日在青島寫了家書，信末還補述一行：「瑞士陸公使子興要發帖。」因為該年三月八日是康有為的七十大壽（康的壽辰是陰曆二月初五日），他恐怕家人忘記給陸徵祥發帖，因此特別囑咐，可見康有為始終不忘舊情誼。這封信寄出後一個多月，也就是三月二十九日，康有為去了一位廣東同鄉家中做客。回家飲了一杯檸檬紅茶，突然腹痛如絞，請了兩位醫生診斷，一位日本醫生斷為食物中毒。延了二十多小時；於一九二七年三月三十一日（陰曆二月二十八日）清晨五時卒於青島寓舍。而同年十月四日，陸徵祥也在比利時布魯日的聖安德魯修道院正式出家了，兩人一段二十年的情誼終於劃上句點！

在李鴻章、盛宣懷之間的實業家徐潤

他剛開始只是一個洋行的買辦，後來變成當時最大的茶葉出口商、最大的房地產商，後來更成為最早的股份制企業的創始人；他創辦了中國第一家保險公司、第一家機器印刷廠，他還參與創建與經營了中國第一家機械化的大型煤礦……他頭上的光環如此光鮮，幾乎無人企及，他又因不斷捐官，最終以「浙江候補道」的二品官銜，成為叱吒風雲的人物，他就是徐潤。

徐潤（一八三八－一九一一），字潤立，號雨之，別號愚齋，是廣東香山縣北嶺鄉人。父親徐佩珩（寶亭）曾做過軍官，參加對太平軍作戰，他的伯叔都是買辦，伯父徐昭珩（鈺亭）是上海英商寶順洋行的買辦。四叔瑞珩（榮村）是上海英商顛地洋行的買辦。徐潤十四歲那年，他四叔從上海回鄉見他稍肯讀書，乃徵得其父母同意，帶他到蘇州跟隨名師。據他所寫的《徐愚齋自敘年譜》（案：以下簡稱《年譜》）咸豐二年（一八五二）說：「先四叔送余至姑蘇西園楊子芳老伯家讀書，至五月節，因口音隔閡，不惟書不能讀，話亦不明，於是仍回上海。先伯鈺亭公謂既不讀書，當就商業，因留寶順行學藝辦事，師事曾寄圃。」寶順洋行在上海早期的洋行群中，營業額之大，僅次於怡和洋行。徐潤極其勤奮好學，又有悟性，深得洋行上下看重，每月所入僅十元，前後數年，漸次升職。十九歲已任職帳房的「幫帳」（即幫理帳務）並兼充各職。咸豐八年（一八五八）八月，寶順洋行的大班必理氏（T. C. Beale）在上海病故，由韋伯氏

（E・Weber）繼任，韋伯氏一向很愛重徐潤。咸豐十一年（一八六一）副買辦曾寄圃病死，行東韋伯氏派他充任副買辦。徐潤在《年譜》中說：「頭緒紛繁，頗覺累墜，幸幫理有年，尚知條理。」

而早在寶順洋行當幫帳時，徐潤便與曾寄圃和一個朋友合資做私夥生意，在兩年之內，先後開設寶源、立順興、紹祥各商號，經營絲、茶、麻、菸葉以及鴉片，從內地收購茶葉、生絲等，轉賣給上海各洋行，這既為寶順洋行提供了合適的貨源，又為自己賺取了差價。同時又接近產茶區辦茶號，掌握茶葉行情和查源，減少層層剝削，大大提高利潤。徐潤私營的生意尚稱穩健，發了些財，便想衣帶榮身，這也是傳統商人在獲得財富後，不忘追求更高的名位，徐潤也不能免俗。於是從同治元年（一八六二）他便花錢由監生報捐光祿寺開始，同治二年（一八六三）又在江南糧臺報銷局加捐員外郎，並報捐花翎。而同年韋伯氏職滿要回英國，臨行之際教徐潤大力投資地產，《年譜》中說：「韋伯氏臨別贈言，與新大班希厘甸同一宗旨，均謂上海市面此後必大，汝於地產上頗有大志，再貢數語，如揚子江路至十六鋪地場最妙，此外則南京路、河南路、福州路、四川路等，可以接通老北門直北至美租界各段地基，爾儘可有一文置一文云云。」於是徐潤先後買了兩千九百多畝地皮，建造屋宇兩千多間，在光緒十年（一八八四）以前，他每年可以收租十三萬兩之譜。他投資地產，如果不遭遇意外，他的後人能夠席其餘蔭，繼續添購，則到民國初年，上海地產漲幅之巨，恐怕連「地產大王」哈同（當時哈同尚未發跡）見到徐家地皮之多，收入租金之厚，都要為之羨慕不已。

自同治三年（一八六四）以後，寶順洋行的生意漸差，到同治七年（一八六八），徐潤離開寶順順洋行後，在上海開設了寶源祥茶棧，而較早他在河口、寧州、澧溪等地所設的茶棧，生意極旺，暢銷國外，獲利甚豐。這年他又和上海的茶商及社會名流，在上海、漢口創立茶葉公所，他和怡和洋行的總買辦唐廷樞（景星）都被推選為董事。自此之後，徐潤漸漸參與社會活動，成為商界名流了。洪楊之役甫定，徐潤即自設寶源絲茶土號、順興川漢貨號，以外銷桐油、白蠟、茶葉、苧蔴等，在今日言之，當為國際貿易之先河。

同治三年，李鴻章勸徐潤在上海的安徽淮軍大營報捐以員外郎分發兵部行走。同治四年清廷任命曾國藩為欽差大臣，北上督師剿捻，以李鴻章署理兩江總督，負責調兵、籌餉等後勤事宜。同治五年李鴻章卸兩江總督署理之任，專主清剿太平軍殘部，調兵到浙江、福建，徐潤積極幫助李鴻章轉運糧餉、軍械，因此安徽淮軍屢克城池，徐潤也有功勞，於是李鴻章奏保他四品官銜。

李鴻章又對曾國藩稱讚徐潤深通洋務，因此曾國藩就派他主持挑選幼童赴美留學的事。根據《年譜》同治十年中說：「冬十月，奉南洋大臣、兩江總督曾札委，辦理挑選幼童出洋肄業，陳荔秋（蘭彬）、容純甫（容閎）帶領去美，每班三十人，共一百二十人，分四年出洋，經費由海關發給，坐辦劉開生觀察。」這些幼童，分期分批先到上海考試、預習，然後由徐潤等人作擔保送到美國留學。選派幼童赴美留學，是中國最早的留美畢業生容閎向清政府提出的建議。容閎是徐潤的同鄉與寶順洋行的同事。

容閎（一八二八—一九一二），字達萌，號純甫，廣東香山縣南屏村人。清道光二十七年（一八四七），美國教育家勃朗（Rev.SamuelRobbinsBrown）牧師帶著容閎、黃寬與黃勝三人一同前往美國留學。容閎赴美後於麻省之孟松預備學校（Monson Academy）就讀，清道光三十年（一八五〇）畢業後，入耶魯大學成為首名於耶魯大學就讀之中國人。咸豐二年（一八五二），容閎入籍美國，並於咸豐四年（一八五四）獲文學士畢業。同年回到中國。容閎回國後，最先在廣州美商兼代領事事務處任秘書，只三月即辭職去香港。在港先在高等審判廳任譯員。又聽師友之勸，擬學律師，而得罪於二英籍律師之間，終於放棄。乃於咸豐六年（一八五六）八月搭船至上海。先入海關任譯員，做了七個月之後，改入專營絲茶出口之某英商公司，半年後該公司又停業。咸豐八年（一八五八）八月寶順洋行的大班必理氏病故，必理氏為上海商界鉅子，開弔誄文需有英文，乃曾寄圃找容閎譯出，也因此結交新的大班韋伯。韋伯有意聘容閎出任公司駐長崎經理，容閎辭謝未就，但表示願以公司代表身份，至內地一探絲茶情形。寶順同意，時為咸豐九年二月，當為容閎與徐潤共事之始。兩人的書中均未提及，直至咸豐十一年（一八六一）韋伯升徐潤為副買辦時，告之徐潤：「至龔孝拱、容純甫兩先生，留之與否，君自決主。」是當時龔定庵的兒子龔孝拱和容閎都在寶順洋行。同治二年（一八六三），容閎到安慶謁見曾國藩，加入曾國藩幕府，努力推動曾國藩興辦洋務。同治三年冬，受曾國藩委派，為籌建江南製造局赴美採購機器，次年（一八六五）回國。所購一〇〇多種機器，成為第一個洋務企業——江南製造總局的主要設備。曾國藩遂保舉容閎以五品候補同知銜，任江蘇巡撫丁日昌的譯員。容閎先後翻譯了《地文學》、《契約論》等書。同治五年，曾國藩採納容閎建議，在江南製造總局內設立兵工學校，培養機械工程技術人員。同治七年，容閎上書江蘇巡撫丁日昌，轉呈軍機大臣兼總署大臣文祥，提出四條建議。包括：「一、組織輪船股份公司，不准許外國人做股東。二、政府選派一二〇名優秀幼童出洋留學，分為四批，每批三十人。三、政府開採礦產。四、禁止任何教會或派別的傳教士干涉中國司法。」當時洪楊之亂方平，百廢待舉，因此曾國藩與李鴻章商議後先奏准選派幼童赴美留學，才交徐潤辦理的。光 七年（一八八一）清廷中止留學計畫，將尚在留美的學生全部召回。被迫回國的學生一度受到冷落，後由徐潤出資並擔保，陸續分派到政府部門和電報、鐵路、輪船、礦務等近代企業服務。其中知名人物有鐵路工程師詹天佑、礦冶專家吳仰曾、民國政府首任總理唐紹儀、北洋大學校長蔡紹基、清華大學首任校長唐國安、民初外交部長梁如浩等等。他們在推動中國走向近代化的過程中，留下了自己的足跡。

同治十一年（一八七二）三月，總理衙門再度致函曾國藩、李鴻章，詢問採用輪船承擔漕運一事，希望他們拿出一個切實可行的方案。一個月後，曾國藩溘然病逝，事情完全著落在時任直隸總督兼北洋大臣的李鴻章身上。同年十一月輪船招商局成立於上海。多年以後，李鴻章仍將開辦招商局一事看作自己事業上最璀璨的一次成功，其自稱：「招商輪船，實為開辦洋務四十年來最得手文字。」招商局在最初由李鴻章和舊船運業商人朱其昂等投資，官款成分較重。由於資金尚不足二十萬兩銀，運轉為難。同治十二年（一八七三）李鴻章只得將招商局由官辦改為官督商辦，委任唐廷樞為總辦，徐潤、朱其昂、盛宣懷為會辦，唐廷樞、徐潤負責輪運和招股業務，朱其昂、盛宣懷負責漕運和官務，試圖引入完整的西方管理模式來運作企業。由於唐廷樞兼辦開平煤礦，因此招商局實際上由徐潤主持。他明確規定招商局的經營以攬載為主，漕運為次；並開辦保險公司，承擔營運風險。光緒二年（一八七六）徐潤又與唐廷樞等人集股創辦仁和水險公司，這是中國人自己開辦的第一家保險公司。它不僅為招商局的輪船和貨物作保險，而且還承保外商的輪船和貨物，生意興旺，獲利豐厚。光緒四年（一八七八），徐潤又成立了濟和水火險公司。這兩家保險公司，實為中國保險事業之濫觴。後來他將這兩家保險公司轉讓給招商局經營。

光緒二年冬，美商旗昌輪船公司有全盤出讓之意圖，徐潤為招商局購入旗昌公司之輪船十六艘及各地貨棧地產，僅二百二十二萬兩。徐潤在《年譜》中說：「除輪船不計外，即以碼頭棧房而論，如金利源、金方東、金永盛，一連三處碼頭，可泊輪船六七艘；中棧碼頭一處，水步最深，可靠外洋大輪，又寧波碼頭及相連順泰碼頭棧房均係扼要之區，乃即議定商買。」徐潤說當時唐廷樞、盛宣懷等「均不在滬，數日之內，由余一人決議」。其實從光緒三年十月李鴻章在〈致丁雨生（日昌）中丞〉的信中說：「招商局兼併旗昌，其議發自閣下，而成於幼丹（沈葆楨），鄙見初不謂然。」也就是說，此事倡議者為福建巡撫丁日昌，決策人是南洋大臣兩江總督的沈葆楨。經沈葆楨定局之後李鴻章採取了積極支援的態度，而最後由徐潤去執行。當時旗昌公司的輪船已經非常殘舊了，看來並未能獲大利。但徐潤的眼光似乎不是放在這些舊船上，他看中的是旗昌的棧房、碼頭，這些使得招商局此後數十年間賺了很多錢。而收購旗昌，使招商局的規模和實力大增，從而控制了長江航運、沿海航運的大部分經營權，奠定了中國近代航運業的基礎。

光緒二年十二月二十四日李鴻章有私函給唐廷樞、徐潤，讚揚他們收購旗昌輪船，謂「而兩兄之肩負更鉅，責成更重，無惜勤勞，秉公籌畫，庶克有濟，弟實時刻為之惜惴惴也。」對徐潤稱兄道弟，讚美之詞，溢於言表。但儘管如此，後來兩江總督劉坤一卻參奏此事，指徐潤之購買旗昌舊船，等於以新製之價購入，使招商局吃了大虧。又說當時旗昌即將倒閉，股票跌得厲害，而招商局此舉，無疑地挽救了旗昌，讓它獲得大利。對此李鴻章馬上為徐潤辯護，說招商局此舉「利權可漸收回」，「大局轉移，在此一舉」。並說，徐潤是個「殷實明幹」的人才，頗堪信用。

而徐潤與盛宣懷的嫌隙早就開始了，當年李鴻章延攬唐廷樞、徐潤與盛宣懷、朱其昂入招商局，後來在同治十二年改換主持人，盛宣懷曾嘗試爭取擔任總辦，但因其商人的人脈不足，總辦終由唐廷樞擔任。這是盛宣懷第一次爭權的失利，李鴻章在給友人的信中說：「盛杏蓀機智敏達，而乏毅力，其條陳固欲辦大事，兼作高官，官既未操左卷，事又無從著手。」但權力慾望極高的盛宣懷，並不因此而放棄，他結合朱其昂、朱其詔兄弟來對抗唐廷樞、徐潤。在招商局改組後一年，盛宣懷想通過朱其詔在招商局安插自己的親信，朱其詔覆函：「本擬設法位置，實緣商局用人景翁（案：唐廷樞）早已定奪，局中所有伙友，渠一概不用，以致無從報命。」此事一直讓盛宣懷耿耿於懷。而光緒二年冬在收購旗昌公司時，徐潤在簽完草約後，才到湖北與盛宣懷商討籌款之事，盛宣懷在給徐潤的信中對此滿腹牢騷地說：「且歸併旗昌一切布置，均不及會商而已定矣。」他並說他是「不諳商務之人」，不應在商局中「空掛虛名，致誤實事，故即稟請派人更換。」

光緒三年間盛宣懷曾向南洋大臣沈葆楨冠冕堂皇地說他在招商局濫竽四年，早在光緒元年赴湖北時就想辭去招商局會辦之職，只因顧及開辦艱難才沒提出，今想專心於湖北鐵礦的開採，免得「兼營兩誤」。其實盛宣懷是想爭取督辦，若不成就辭職，對此沈葆楨心知肚明，因此覆函：「所有招商局務仰仍照前認真籌辦，以副委任。」並不同意他的辭職。而李鴻章也認為「現自買併旗昌以後，太谷爭衡，船多貨少，每月耗折數萬金，非智者見機而作之時，必應與同事諸人摶心揖志共支危局。」言下之意告訴盛宣懷不應在此時藉口離開招商局。光緒三年李鴻章也曾致信於沈葆楨說：「唐、徐、朱近均和衷，惟杏蓀多齮齕」，對於盛宣懷的諸多行為是感到不悅的。而同時也稱讚徐潤對招商局的貢獻，信云：「兩年以來，局事最為紛拏，徐雨之獨力搘撐，艱苦萬狀，而粵人性愎，不受諫諍，同事多與齮齕，然無雨之，則已傾覆。」對於徐潤因併購旗昌而受議，曾來天津要辭職一事，李鴻章說：「未敢遽允。」而對於盛宣懷與朱粹甫「儻再求退，可否聽其自去，免致意見歧出，風浪暗生。」是李鴻章對於盛宣懷不斷地排擠徐潤也看不下去。

光緒六年（一八八〇）秋，國子監祭酒王先謙彈劾招商局唐廷樞、徐潤等人利用購買旗昌輪船公司股票營私舞弊，也涉及盛宣懷。盛宣懷毫不留情地逐項與予辯駁，目前在盛宣懷檔案中留有兩份親筆底稿，一是為唐廷樞而辯駁的；一是為自己辯駁的。他用大量事實針鋒相對地指明王先謙的彈劾是捕風捉影的。但過了不久，盛宣懷便把責任推得一乾二淨，在光緒七年二月寫給胡光墉（雪巖）的信中說：「招商局事權悉在唐、徐二人，眾所共知，執事久在上海，亦難逃洞鑒。若捨唐、徐而問及鄙人，猶如典當捨管事管帳而問及出官，豈不誣甚。侄一人得失何作輕重，但聖明之世似不應有此莫須有之奇案。」盛宣懷認為自己背負了近似「莫須有」之罪名。但經江南製造局道李興銳、津海關道鄭藻如、江海關道劉瑞芬複查，發覺盛宣懷在購買旗昌時，有「扣豨入己」和「侵漁中金」而難逃干係。於是盛宣懷在光緒七年被迫離開招商局，李鴻章「准其不預（招商）局務」，而盛宣懷對此次離局心中滿是怨恨，他十年之後給招商局會辦謝家福的信中還有「弟從前去差，皆雨之去我也。」之語，可見其積怨之深。

光緒九年（一八八三）中法交惡，法國艦隊封鎖上海港，並揚言要炮轟江南製造總局。港口封鎖，外貿停滯，直接導致銀根趨緊。許多錢莊票號因收不回貸款，被迫破產；許多企業因貸款不能及時結算，無力償還貸款。眼看整個金融危機正席捲上海，徐潤在《年譜》中說：「舉市所存現銀不到百萬，恐慌不堪言狀。巨家如胡雪巖、劉雲記、金蘊青皆相繼壞事，其餘號商店鋪接踵傾倒，不知凡幾，誠屬非常之禍。」雖然徐潤至此時所累積的財富高達三百多萬兩，但他買房地產所貸款的二十二家錢莊同時上門要債，而且要求要現款，徐潤的房地產和股票一時之間也無法變現。於是乾通莊的馮澤夫提出把徐潤欠各錢莊的款額當做股金，對徐潤的房地產公司作投資，「乃商於謝綏之，託其運動盛杏蓀與股一半，公司即可成立。詎謝綏之云盛亦一空心大老，無力於此，似不可談。」這是盛宣懷面對徐潤的落難，可謂見死不救。於是徐潤只得忍痛把多年經營的房產如青雲里、靖遠街、元芳路、杏花樓等三十二處，「不能不以賤價脫手，以三百數十萬成本之產業，只攤作二百餘萬之款清償完結，受虧至八九十萬，豈不痛哉！」。

而十年來招商局擴展太快，欠債頗巨，加上此金融風暴，一時之間招商局也處於難以應付的局面。於是李鴻章命盛宣懷來招商局整頓，以解燃眉之急。盛宣懷再度入招商局後不時將局中的窘境和唐廷樞、徐潤之處置不當的情形，稟告李鴻章。在光緒九年十月七日李鴻章的批示云：「輪船招商之設，原冀收回洋商已據之利權，立中國經久不敝之商政。……乃唐、徐二道，因開平、承德礦務，擅自挪移局本、息款八十餘萬，幾致掣動全局，實有應得之咎。」李鴻章最後指示：「盛道在滬日多，應令隨時隨事就近稽查商辦。該局嗣後有關興革變通之事，鄭道、徐道等仍須與盛道商定會稟，不得稍有諉卸。」同時間盛宣懷給李鴻章一封信，表達他對唐廷樞、徐潤的不滿，他說：「招商局職道數年辛苦在此，一生蒙謗在此，全家養命之資亦在此，不料總辦之朦混糊塗至於此極也。……事後同局皆言：雨之早已不管局事，終日營私；景星亦只管造輪船、挪局款，其開平用項不下二百萬，自己亦並不看帳，一片糊塗，專說大話。」然後盛宣懷向李鴻章獻計說：「擬先去其弊之大者，全在用人上講究，然非舊統領暫離營盤，則壁壘何能一新！」是建議李鴻章要撤換唐廷樞和徐潤。他信中還軟中帶硬地說：「職道日夜焦思，只好看景星如何，再定去留。總之，職道留一日苟能有益於局務，則必留；職道去一日苟能無損於局務，則必去。」而這份稟文終於打動李鴻章的心，李鴻章適時要盛宣懷重回招商局，委以督察重任，這也決定了唐廷樞和徐潤被革職的命運。

在此之前徐潤抵押輪船招商局股票貸款，挪用公款十六萬二千餘兩的事被曝光，與其素有利益糾葛的招商局監督盛宣懷借機發難。當時徐潤已將所有財產通通賠抵給錢莊了，只能將手中僅剩的現銀六千八百餘兩償還招商局，盛宣懷在給李鴻章的電稿中說：「徐道等向左相稟借不允。

徐私欠百餘萬，錢莊皆不允轉，擬盡產交抵，聲名大裂，局欠益難，人情洶洶，勢甚危岌。」這也是實情，此刻的徐潤可說是「家業蕩然，生機盡矣」，在別無辦法之下，他向招商局商量，他說：「余與局中當事諸公熟商，以余駐局坐辦十一年，僅支薪水二萬五千兩，應否公道補回。」是希望看在以往在招商局工作多年，能否將所欠的餘款抵銷。但盛宣懷好不容易逮到對付徐潤的機會，就說招商局開會決定以前帳目「業已稟上，無可改動」。就算徐潤請求「敢請代為陳情，暫准寬展限期」；「代為乞恩，准其仍以各項產暫抵局欠，免其置議」，盛宣懷也不為所動，反而落井下石。他即「查有虧欠局款情事」，並與江海關道邵友濂「確查帳目，督同清理。」於是李鴻章根據盛宣懷的清查報告向朝廷上奏：「惟徐潤原欠銀十六萬二千餘兩，前交銀七千餘兩，又以房地產契抵銀十四萬數千兩，核計尚未足數。」並說徐潤「假公營私，馴至虧欠局款，實屬瞻玩。」，最後「應請旨將二品銜浙江候補道徐潤革職」，光緒十年十二月，徐潤正式離開招商局。

徐潤因籌款不易到光緒十一年還拖欠招商局欠款，盛宣懷則再度向李鴻章稟告：「徐道以商契作銀六萬六千餘兩，地皮作銀七萬七千餘兩，毫無實濟，應令上海道會同招商局核實估計，必令足數方准暫抵；如不足值，仍責令如數補繳，斷不准短少絲毫，自罹重罪。」並指責徐潤「身敗名裂，商局幾為拖倒，屢經嚴飭先還公款，置若罔聞，實屬藐玩法章，敗壞風氣。」而對此指責，徐潤有他的說法：「寶源祥公司卻有不可收拾之勢，於招商局根底深厚，固無恙也。盛杏翁借端發難，個人具稟南北洋大臣，以該局本根不固、弊竇滋生、幾難收拾。潤既挾孤直之行，素無奧秘之援，致奉參革，兼以泰山壓卵，誰敢異言，致潤有屈莫伸。」徐潤並算出招商局還有餘銀一百零四萬多，「足見商局之穩固，可大白於天下，不知杏翁當日何所見而云然，其居心尤不可解。」同時徐潤對李鴻章也不無微詞：「偏聽獨任，痛心千古，付之一嘆而已。」

但欠款在無法通融之下，徐潤只得以抵押錢莊所剩餘的四段房產拿來抵押，另外又「向親友告借船股（案：招商局輪船股票）八百八十三股，歸局抵銷清楚。」才算完全清償這次的債務。在這次抵押四段房產中，最令徐潤憤憤難平的當屬乍浦路段的四畝二分三六，當時以二萬二千兩作價抵給招商局，到光緒二十三年被盛宣懷買去，盛宣懷賺了一倍之多，還得了便宜又賣乖地對人說：「此地未贖於雨記面上不雅，我為贖之，免得多掛一筆帳」。徐潤對於盛宣懷的作法，在多年後回憶時仍氣憤不已地說：「既沾其利，復沽其名。但為勢力所壓，知者不敢言，不知者反以為待我之厚。口蜜腹劍，良有以夫！」。另外徐潤在十六舖碼頭黃金地段有兩處地產，均已建築房屋，每年可收租銀三千四百餘兩，被盛宣懷以低價強買下，原因是怕唐、徐二人在此另闢輪船碼頭與招商局爭勝，徐潤氣憤而無奈地說：「此亦杏翁居心太苛，……公乎？私乎？一笑置之而已。」

李鴻章在關鍵時刻啟用盛宣懷，排擠掉徐潤和唐廷樞，是有原因的。招商局原本是中國第一家「官」與「商」結合興辦的企業，這種官商結合的模式，被稱為「官督商辦」。李鴻章將其解釋為「官總其大綱，察其利病，而聽該商董等自立條議，說服眾商」。即朝廷只定方向，搞監督，不經營。但實際上招商局各總辦、會辦、幫辦人選均由李鴻章札委，無合同、無任期，去留無定。因此唐、徐二人提出「局務由商任不便由官任」，要求剔除官辦因素，按照「買賣常規」招募股份，重訂的局規提高商股地位，增強商董權力。徐潤不僅自己入股外，還動用親友招股，據《年譜》中說：「股本初時，奉發公帑及新舊所招股本僅有六十萬兩，嗣因經費不敷，陸續籌添，光緒八年，招足一百萬兩，九年招足二百萬兩。職道首先附股，前後計之，共有四千八百股，合計銀四十八萬兩，此外設法招徠，各親友之入股者，亦不下五六十兩，是招股已經手過半。於人心未甚深信之際，集此巨款，頗非易易。」唐、徐希望招商局運營走上正軌，須保證其運營的獨立性。應盡量避免官方的干預。換言之，唐、徐二人希望國有資本從招商局中退出。這是李鴻章所不能容忍的。

招商局創立之初，是「商為官用」。此官督體制中商從屬、依附於官，而官則未必信任商；官權與商利的矛盾難以紓緩。處於主導地位的官對商卻心存疑慮，不肯放棄控制。另外權責界線模糊，更使招商局的帳目成了一筆糊塗帳！尤其是李鴻章為彌補各洋務企業間資金周轉的缺口，經常隨意挪借、調撥資金，例如暫挪五十五萬餘兩於開平煤礦，導致匯票不能轉期。而借款無擔保，參股非自主，拖欠掛帳更是司空見慣，企業財務屢受牽連。雖然李鴻章最後領銜奏請「責令緩繳利息，按年還本，所有盈虧，全歸商認，與官無涉」。商人為官所用，利潤理歸「公家」，這不僅引發徐潤、唐廷樞等人強烈反彈，更危及商人投資的信心。

而徐潤等人也利用官方的勢力，從事自己包括房地產、錢莊、茶棧等業務的經營，甚至把自己的船隻也安排在招商局從事貿易。而等到自己企業發生問題時，又敢於私自挪用招商局的款項。此時李鴻章感覺自己被利用與戲弄，震怒之餘便向徐潤等人清算，也是可以理解之事。但盛宣懷因起初在招商局的失勢，大權旁落於徐潤，於是此次李鴻章要其以監督身份，清查招商局，他對徐潤等人確實有落井下石之虞。他不斷地追繳徐潤的欠款，確實有公報私仇，藉機懲辦徐潤以洩心頭之恨。但因盛宣懷的入主，招商局此後，一切事務，包括用人、財務等等，全由督辦總理，各地分公司的總辦、各條船的買辦，則由督辦任免，而督辦的任免則須經北洋大臣批准。因此「官督商辦」只是為了安撫公司內部的人心；而經營大權，實已偷樑換柱，已很大程度上隸屬於政府，或許描述為官營企業更恰當。因此學者蘇小和認為：「唐廷樞、徐潤當然是難得的職業經理人，屬於買辦型企業家。但是，當他們捲入不確定性的官商結合模式之後，那些從買辦階層積累而來的現代企業管理經驗，迅速被強大的官場博弈碾碎。」

徐潤離開招商局除要籌還所欠招商局的款項外，但他仍雄心勃勃，想東山再起，光緒十二年（一八八六）他向朋友借資二十多萬兩，來經營茶莊。不巧的是因為天氣太乾，「出貨粗劣、色味不佳，因此均不得利，空忙一春，所搭各茶莊虧缺萬餘」。此後徐潤說他不敢再問津茶葉了。離開招商局之後，徐潤把主要精力都投入考察礦務中。光緒十四年（一八八八）臺灣巡撫劉銘傳邀請他赴臺辦雞籠（基隆）煤礦，他坐「飛捷船」去，僅住一月，水土不服，抱病而回。光緒十六年（一八九〇）徐潤還清招商局欠款後，經李鴻章向清廷奏請，准予開復原官。於是李鴻章之兄兩廣總督李瀚章委他會辦香山縣天華銀礦，後來因為招股未足而停辦。光緒十六年（一八九一）他又奉李鴻章札委，復回開平礦務局會辦礦務，他又夥同李雲書、周金箴等友，合辦錦州大凌河天一墾務公司，又倡辦建平金礦。

同年招商局、電報局職董謝家福力薦徐潤重回招商局，十月十七日致盛宣懷函中說：「獨於商總一項，竹坪已死，景星多病，只有雨之可用。」因為「有一雨之，然後可引出個後輩英雄，不致雨之死後無人可用。」而同時在給李鴻章的夾單中也說：「借徐道之聲氣，隨時物色商務人才，以備異日各局各船之用。」十月二十一日謝家福再致盛宣懷函：「此為准請雨之為商總言之，若非雨之，恐與沈不合也。」謝家福從招商局的穩定發展和培植人才的角度著想，但他萬萬沒想到盛宣懷記得是十年前的舊帳，盛宣懷回函：「弟從前去差，皆雨之去我也。……請閣下閱弟查參雨之全卷，自知我兩人不能再合，……與其將來太阿倒持，不如堅持意見。」終究沒有接受徐潤再入招商局。

徐潤的第二次再入招商局是已經再過十多年後的光緒二十九年（一九〇三），那時李鴻章已經過世兩年了，直隸總督兼北洋大臣袁世凱撤掉盛宣懷、鄭應觀等人，任命自己的親信楊士琦為上海招商局總辦，並讓離局多年的徐潤回任會辦。徐潤回局後先查光緒十年盛宣懷、馬建忠兩人向匯豐銀行借款三十萬英鎊之事。又對於當時傳言徐潤「起造金利源三層樓房指為無謂之舉，又造富順、廣利大輪利於粵人往來，此二事費去百餘萬，所以有『任性妄為從不商於別員』之語」，對此密告信函，徐潤甚感不滿，於是徐潤說：「因此條陳內有虧折一百五十萬之數，就事而論，漫說浙江一候補道，即使浙江現任大憲亦擔當不了」，因此徐潤矛頭指向盛宣懷等人對他的造謠和污衊，他憤憤地說：「此宗公牘僅可瞞得住官場，不能瞞得天下商民，然其心險手辣，公理何存焉！」

光緒三十二年（一九〇六）因楊士琦回京任職，袁世凱遂委任徐潤代理招商局總辦。而盛宣懷對徐潤積怨更深，他時刻伺機反撲，想要奪回招商局之大權。光緒三十三年（一九〇七），徐潤咳嗽舊疾復發，到澳門養病兩個月，三月方才回返上海，上書袁世凱關於招商局整頓之事，不料此稟被袁世凱一一駁回，謂「以六十萬之所需籌借一百萬債款，則此溢出之四十萬，虛耗六七厘之借息，於股商虧損甚巨」，因此論定徐潤：「如此疏忽，殊出意外，諒係病後心神不足，致籌劃各事失算良多，無以對股東之付託」。最後決定「徐道應毋庸到局，給假三個月以資調養，假滿後另候差委」。徐潤知道事情已起了變化，他感嘆道：「蓋有人中傷之，亦定數也。」而盛宣懷在徐潤養病期間，來個釜底抽薪、一箭雙雕的陰招，在上海愚園召開江浙股東大會，將招商局向農工商部註冊登記為股份有限公司，並推舉專人赴京辦理。徐潤聽聞這個訊息，氣絕兩次。他說：「余自失於不稟報北洋之誤，憤火中燒，又以積勞太過，二十四、五兩日寓咏德家氣絕兩次，幸得夏士丁醫生施治，轉危為安。」學者張世紅認為盛宣懷的用意其一是在使招商局脫離袁世凱的控制而重歸屬於盛某人的門下，其二是為了攻擊徐潤，使這位代總辦難堪。因此「由盛宣懷導演的『註冊』一事在報紙上出現後，袁世凱就感覺到體弱多病的徐潤代總辦的時期已經過去，留著已毫無用處，於是就以『註冊』未向他報告及節略上徐潤的幾句話為由，不容分說將其撤職。」據徐潤三妹婿蔡述堂觀察的推論：「查正二月間兄在粵病重之時，呻吟床席，不獨外人皆為兄危，即自問亦不料有今日，所以運動家有四五之多，皆欲謀得代理總辦差使者也。其入言之人，有謂雨之病已垂危，有謂子元、叔平事不得了，有謂雨之自己恐要倒帳，種種讕語，動人聽聞，此所以有唐鳳墀代徐雨之札也。今茲事變，兄猶不能無疑，而意中或恐項城（案：袁世凱）指兄為盛之私人。正月間商股風潮激刺，盛為滬商股東首領，曾派鄭陶齋、朱小莊、陳斗垣、溫欽甫運動港粵商股，杏花樓之會廣告冒名推兄首席，或起疑兄無意招商局，與盛合力反對項城，宮保（案：袁世凱）因此借題發揮，亦未可知。」袁世凱升任徐潤為代理總辦，原是想依靠徐潤從盛宣懷手中奪回招商局的控制權，但袁世凱沒料到盛宣懷把持招商局多年，羽翼已成，頗難扳回。而徐潤也原想為袁世凱賣力，他也拉攏一些香港的股東站在自己這一邊，但萬沒想到在他到澳門養病時，中了盛宣懷的伎倆，導致多疑的袁世凱在光緒三十三年五月解除徐潤代理總辦之職。

徐潤再度離開招商局，在無差一身輕之下，開始整頓自己的事業，他把景綸衫襪廠的外股收買，增加資本，改為獨資經營的企業，同時又擴充設備，業務蒸蒸日上。不久楊士驤接任直隸總督兼北洋大臣又委派徐潤稽查省港招商局事務，他此時年已七十一歲了，又上天津，到廣州、香港走了一遭。宣統三年（一九一一）二月初九日，徐潤病終滬寓，享年七十有四。

書，陳寅恪的父親陳三立於光緒十二年（一八八六）中丙戌科進士。但，實際情況是光緒十五年（一八八九）己丑科才實獲。因為身為行草大家的陳三立不屑於科舉書法必須的「館閣體」而當年落選，三年後再度進京才補中。這個證據不見諸書本，它來自陳氏家族門口立的那塊名為「進士礅」的碑，上面分明刻的是「光緒己丑主政陳三立」。這樣的糾偏非但不來自書本，而是以實物糾書本之偏。這是蔡登山親去陳氏老家江西修水跑田野的結果。

還是在十九世紀，法國史學家泰納就史料問題做過這樣一節在我看來堪稱經典的表述：「最可信的證據總是目擊者的證據，尤其是在證人為人正派，認真專注，頭腦聰明時；在他即時按事件本來面目就地記錄時；在其唯一的目的明顯在於保存或提供資料時；當他的著作並非出於某種事業的需要而寫成的論戰之作，或面向公眾的雄辯辭章，而是一篇司法陳詞，一部秘密報告，一分機密函件，一封私人信件，一本個人記事本時。一份文獻越是接近這種類型，就越值得信賴，越能提供更出色的素材」（《現代法國的起源》卷一，作者序第一頁）。泰納是十九世紀法國「實證主義史學」的代表，以上即是他有關實證史學的表述。他的多卷本法國大革命的研究，其史料主要正是來自他自己搜集和查閱的各種機密函件、私人信件、外國旁觀者記錄等。不瞭解蔡登山是否研究過泰納，但他的寫作分明是在泰納的道上。比如書中有關端方等人的文章，其史料並非出自書本，而是來自近年拍賣市場上剛出土的私人信札的收藏。本書注釋不多，但大體是來自各種書法文物之類的交易會。蔡自己也這樣表述：為了這些新出土的材料，「我跑遍了大型的圖書館，甚至查了拍賣的圖錄，拜訪不少收藏家，才寫出這二十二篇文字。」（第七頁）。因此，這本書既是從文案上寫出來的，同時也是從「田野」中跑出來的。

文史寫作不獨史，還有文的一面。這一面通常與歷史中的人相關。畢竟歷史總是由人與事構成。人事合一：人以事見，事由人成。落實到文史寫作上，記事則史，寫人則文。文史之文，指的就是歷史人物的書寫。「典型在夙昔」，這種書寫的源頭可以追溯到漢代司馬遷。司馬氏以人物記傳的方式從事歷史撰述，史耶，文耶，兩者互文而又水乳交融。《史記》的功績在於給中國文人開創了一個文史合一的書寫範式，它構成了中國文人得心應手的一種寫作傳統。

《情義與隙末》並非為人物立傳，而是對被早已寫過的人物重新審視。它抓住的不是人物平生，而是關注與大局或變局有關的歷史節點。同時，特別注意其中的細節。本書開篇即曾國藩，此人構成了此書寫作的一個單元，目錄前三篇俱與其有關。這是一個挽救了清王朝命運的人，所謂「中興之臣」。蔡登山筆下的曾國藩，正處在一個歷史發展的可能的節點上。此刻清王朝不可避免地走下坡路，太平天國給它以致命的重創。如果不是曾國藩的湘軍，清王朝自己已經喪失了收拾局面的能力。與其中興，不如新興。不僅被俘受審的李秀成反勸這位勝利者拋棄滿清而自立格局。就是湘軍中的袍澤，亦有這方面的議論。畢竟滿清於漢，是外族統治，屈辱自不免。此刻未必不是可乘之機。那麼，歷史是否可以開一新局，蔡氏正是在此運筆。此事起於青萍之末，但終未運斤成風。它止於所當止，曾國藩不動聲色地按下了它。歷史無從誅心，但細節可以顯示心志。該書採用的細節是，左宗棠有一聯請胡林翼轉曾國藩，用以試探。聯曰：神所依憑，將在德矣；鼎之輕重，似可問焉。這是《左傳》中楚子問鼎的典故，鼎作為國家政權的隱喻，這裡的意思不能再明白。胡林翼轉曾國藩後，曾一字之易，將「似」改為「未」。這一細節雖然來自文人筆記，就像劉邦「分我一杯羹」，缺乏史證；但作為文筆，從「似可問」到「未可問」，兩人不同的性格，尤其是曾國藩的老成持重，躍然紙上。歷史沒有發生新變，讀者不免在此沉思。這就是細節的妙用。

無論文學中的虛構，還是歷史中的寫實，細節寫人，無可或缺。太史公和魯迅，筆下人物的生命力無不以細節致勝。蔡氏書中，細節不缺。它不是史部，是文部。文史文史，文之於史的意義，就在於它可以通過包括細節在內的各種文筆，以增其可讀。

附錄二　槐影扶疏紅紙廊

雷雨

與蔡登山先生算是老相識了。通過邵建兄，與他聯繫上後，雖然不常聯絡，疏於問候，但辦什麼事情，都是爽快明朗，信義昭昭，很令人感慨。去年的盛夏酷暑時節，也是八月十六日，他有新書《多少往事堪重數》，在五臺山的先鋒書店舉行分享會，吳奔星先生的公子吳心海先生主持。當晚，天氣驟變，風雨交加。我說，最是風雨故人來啊，蔡登山先生年逾花甲，但精神矍鑠，精力超人，他是探究問題的登山者、他是往來於兩岸之間的使者、他是急公好義的宋江式的出版者，這三者的身份，蔡先生遊刃有餘，從容不迫，發揮到了極致，令人由衷感佩。今年的八月十六日，同樣的地點，蔡登山先生又攜新書《情義與隙末》來與南京的舊雨新知分享。蔡登山先生風塵僕僕而來，幾乎沒有喝一口水，就滔滔不絕侃侃而談了近一個半小時。細讀蔡登山先生的《情義與隙末》一書中所收錄的二十二篇文章，他所論及的幾十個人物，他所提及的事件，他所下過的功夫，實在令人欽敬之至。

細看此書，你會發現蔡登山先生切入問題的角度很好。晚清人物，掌故軼聞多多，筆記資料汗牛充棟，似乎給人以目不暇接、眼花繚亂之感。但蔡登山先生別具隻眼，他從情義與隙末的獨特角度來審視梳理似乎已經被人所熟悉的人物，還是給人以耳目一新之感。張蔭桓是清末影響很大的人物，也是眾說紛紜、很難蓋棺論定的人物。張蔭桓並無科場功名，但練達聰穎，視野開闊，辦事爽快，思慮周全，深得翁同龢信任，張蔭桓也通過翁同龢一路扶搖，平步青雲，但張蔭桓進入光緒皇帝的視野在光緒面前分量日益加重之後，他與翁同龢的關係就微妙緊張起來。翁同龢日記中多次提及張蔭桓，張蔭桓日記中自然也有翁同龢。翁同龢最終抱恨終天，死在常熟，滿腹辛酸，無人可談。但翁同龢總算大體上得以善終，此後還有一個似乎來路不明的謚號文恭。張蔭桓戊戌政變後，雖然受到了衝擊，但慣於審時度勢、明哲保身的張蔭桓，還是有些手段托庇於人，沒有被劃入康黨之內，但他流放到新疆烏魯木齊之後，時過兩載，又被追責砍頭，卻是為何？蔡登山先生以〈翁同龢與張蔭桓之間〉〈繁華畢竟歸搖落〉兩篇文章，來探究此事，引人入勝，堪可反復細讀。梁鼎芬與文廷式是好朋友堪稱莫逆，但文廷式後來居然把梁鼎芬的夫人據為己有，這個龔夫人嫁給文廷式之後，還居然與梁鼎芬有些往來，這樣的近乎奪妻之恨的事情，有著怎樣的來龍去脈？其間有著怎樣的隱秘內情？蔡登山通過〈梁鼎芬的丟官與失妻〉、〈文廷式的革職與脫險〉來鉤沉重述這段不無奇葩、近乎香豔的往事，真是很有意思的談資。眾所周知，左宗棠與曾國藩一直不大融洽，但曾國藩百年之後，蔡登山先生考證，左宗棠對曾家後人卻關愛有加，這真是先有隙末隔閡，最終情義綿綿了呢。

細讀此書，你會發現蔡登山先生選取的人物故事也很好。曾國藩很熱，他自己的文本，關於他的文本，如過江之鯽。但蔡登山不是去與唐浩明等就曾國藩的一生行狀進行比較爭鋒，他選取〈曾國藩何以速殺李秀成〉、〈空留高詠滿江山〉，截取李秀成與曾家兄弟的交集、曾國藩與王闓運的互動，來探討人性的複雜幽深、時局的撲朔迷離、歷史的波譎雲詭。賽金花的故事、張謇與沈壽的交往、英斂之與呂碧城姊妹的交往，甚至陸徵祥的命運結局，都是很有意思的故事，蔡登山娓娓道來，仍舊新料很對呢。

細觀此書，蔡登山先生對資料考辨的謹慎認真、對謀篇佈局的考慮、對自己遣詞造句的琢磨，都令人驚歎，這樣的文字經營態度，實在是很值得稱道。如今，中國大陸，關於歷史的通俗讀物車載斗量，不勝枚舉，在看到的確有不少很值得肯定的文本的同時，也應該毫不諱言，有太多的粗製濫造，有太多的敷衍了事，有太多的誤人子弟，有太多的錯誤百出，有太多的漫不經心。但蔡登山先生無論是論說陳季同，還是月旦李審言與樊樊山，甚至還有楊崇伊與端方、張謇與沈壽，他都秉持嚴肅認真的態度，有一說一，持之有故，不妄加揣測，不放言高論，不凌空蹈虛，這樣的文風，真應該為他大大點贊啊。

厚今薄古不可取，厚古薄今也不對。晚清是一個很獨特、很有意思的歷史階段。它距離我們看似遙遠，已過百年；實則很近，如在咫尺，當下的諸多人事、形勢，都難以擺脫晚清的影子。蔡登山先生對晚清的執著探究，讓我們重溫或熟悉或陌生久違的人物與事件，功莫大焉。

附錄三　隙末是金

周宗奇

收到蔡登山先生的新著，立馬驚豔於書名，三個層次分明，「隙末」尤亮眼，簡約看出一種蔡氏學術模式。

第一個層次，「重看晚清人物」。副題乎？題記乎？似覺均可。從來說文學即「人學」。焉知史學不是「人學」，治史不是「治人」？君不見，任何一部歷史，其中任何一樁事件，都是人為結果。所謂歷史，不就是當事人及其作為的展示與連結嗎？如果去掉這些人與事，歷史清單上還能看到什麼？說白了，歷史就是這些當事者創造的，不稱其為「英雄」可以，絕不可用什麼「人民」之類取而代之！打開任何一部史書，「人民」在哪裡？誰是「人民」？所謂「人民」，不過是某些「英雄」的借代罷了，或出於自謙，或出於「陽謀」之類，豈有他哉！

清末史格局也大，事體繁複，名人錯落，何以治之？當然以「治人」為先，治事隨之。而今蔡氏將何以治清末史？前行者濟濟，他必得另闢蹊徑，走自己套路，對各種當事人及其功過，以自己的角度「重看」之。

第二個層次，「情義」。既然「治史」即「治人」，那麼人者，何異於別類？有從生物學上講的，有從社會學上講的，有從歷史學上講的，還有從哲學上講的，唯獨沒有誰從感情學上講一講。依筆者愚見，人之為人，首因其是感情動物也。愈是能夠創造歷史的人，皆佼佼然人中龍鳳，其人性愈強悍，感情愈豐富，情變愈迅忽，喜怒哀樂，愛恨情仇，千變萬化，匪夷所思，遂致其言行自成風格，個性特別張揚，歷史面貌也就由此異相紛呈，曲折迴環，五彩斑斕。登山先生正是要借這「情義」之「終南捷徑」入局，「重看」他所要之「重看」。

第三個層次，一個「隙末」了得！既然歷史創造者皆受情感左右，情感何由構成？大海不棄涓滴，情海依然，故「隙末」不可忽視也。「隙末」的字面解讀是交誼不終，有「隙末凶終」之謂，彼此友誼不能始終保持，朋友變成了仇敵。典出《後漢書・王丹傳》：

「交道之難，未易言也。世稱管鮑，次則王貢。張、陳凶其終，蕭、朱隙其末，故知全之者鮮矣。」

這是「隙末」的「原教旨」，或曰狹義釋讀。

在蔡先生這裡別有巧妙，給「隙末」一個更為博大容深的廣義釋讀，大大逸出「原教旨」。比如本書首篇〈曾國藩何以速殺李秀成〉，曾、李二人原本並無友誼，始終是仇敵對手，並不合「隙末凶終」之成例。別的再如〈中學西漸的第一人——被歷史遺忘的陳季同〉等多篇，也都逸出了「隙末」的「原教旨」。那麼，怎樣理解蔡氏的廣義「隙末」呢？筆者的淺見，這裡「隙末」即細節，歷史的細節，事件的細節，當事人的細節，特別是這些創造歷史的「英雄」的情感、心理細節，在這裡統稱「隙末」又何妨？

說到細節的重要，何須贅述。古人早就說「天下大事必作於細。」（老子語）。今人連企業家都懂「細節決定成敗」。小說沒有精彩細節何以出類拔萃？歷史真相沒有準確細節支撐絕難服眾。用本書作者蔡先生的話說：

歷史真相，常常見之於細微之處，……有時雖是細微的事件，也會影響全域，甚至改變你對某人某事的既定印象。……可能會把你的整個論述推翻掉！

治史者，能不留心細節乎？但現實恰恰是，不少治史者往往熱衷於「宏大敘事」而忽略歷史細節。原因呢？作者也有見識：

歷史是條長河，蜿蜒漫流，既難見盡頭，亦不易溯源。……因之治史者，當要探河溯源，釐清真相，實非易事。又因為年遠代湮，檔案文獻多所散佚，加之人為有意的遮蔽、扭曲、竄改等等，都讓後人所見者離真相愈來愈遠。

還有沒有別的原因？比如「後人」不爭氣，學風澆薄，急功近利，眼睛只盯著廟堂，把現成的「正史」、「結論」現炒現賣，顛葫蘆倒馬勺地忙於「宏大敘事」，心裡根本就不惦記任何歷史細節。這樣的風景不是隨處可見嗎？學風之壞，不容「隙末」！

歷史細節如此重要，其存在於何處？官修史書固然亦有，但肯定多在私人與民間。私人者，筆記、日記、信札、文章、家乘、碑帖種種。民間者，則主要是方志、譜牒以及在野文人的海量私著等。此中埋玉藏珠，就看你想不想取得和如何取得。

有一種省事省心的辦法，坐於書齋或官辦圖書館之中，窗明几淨，冬暖夏涼，或網資或館藏，都是現成資料，照抄就行。不能說逮不著「隙末」，但一是少，二不新，三不確，是多少人嚼過的饃饃渣。另一種辦法可就苦了。蔡先生說：我「做了許多田野調查，發現許多與書本所述不符之處。」比如，書本的記載說，陳寅恪父親陳三立是光緒十二年（一八八六）丙戌科進士。錯了！是光緒十五年（一八八九）己丑科進士，整整差了三年。那麼問了，你這個「隙末」就一定正確嗎？這就得看蔡先生的田野調查報告了。一是發現了陳寅恪寫給父執許振禕的親筆信，把真相講得明明白白，原來陳三立三年前確實考過進士，因為「楷法不中律」，就是寫卷子那字不是當時朝廷喜歡的「黑、方、光」的館閣體，給刷下去了，「退而學書」，三年後這才中了進士。二是蔡先生親自跑到江西修水陳家祖宅考察，大門口就矗著個「進士墩」，上刻「光緒己丑主政陳三立」，鐵證遂如山。假如蔡先生不吃這份苦，閉門造車，也能舒舒服服、洋洋灑灑地寫一篇「宏大敘事」，可這樣的史篇有價值嗎？以訛傳訛，遺害無窮！這樣的「學術成果」不要最好！所以說，辛苦點吧治史人，一定要做田野調查，一定要到民間去，一定要特別關注民間文化和地域文化，一定要吃得下這份不得不吃的苦！

當然，不能說田野調查的成果全是寶，來自民間、私人的史料都絕對可靠。絕對不是的。同樣也是良莠混雜，真假待辨。考慮到為權勢者諱、為尊者諱、為逝者諱的史界老毛病，治史者同樣面臨著去偽存真，存良除莠的科目，你還得下一番大功夫，把真正可以佐證歷史真相的「隙末」篩選出來。沒有這一層努力，後果同樣可怕。這裡不妨小舉一例。「甲申之變」中，著名志士方以智三月二十一日被李自成軍捕獲，四月十二日乘間逃離北京南歸。清軍擊敗李自成軍進入北京是五月初三日。說明方志士與清軍根本沒打過照面。但方以智之嫡孫方象瑛者，著文說「先十四祖諱以智，……甲申鼎革，為本朝攝政睿親王所得，脅之降，不屈，王義釋之」。哈哈，這就哪跟哪了！可見治史者，欲求歷史真相，無論史料來自何處，都得狠下甄別、比對與辨識的功夫，雖可信至日記、家書之類，也不能十足採信，否則照樣會盲人夜路，難入正途，難得真相。

好了，最後一小結。蔡登山先生新著《情義與隙末——重看晚清人物》，從題目到內容，從理論到實踐，界定出一條明晰的蔡氏治史模式：治史重「治人」——「治人」重探求其感情世界——情海無涯，唯細微處見人性底蘊。「隙末」是金哪！

如果承認蔡氏這一治史、治學模式有效，那麼它的學術功績，就遠在文本之上了。筆者也見識短淺，於此向能者求證了則個。

二〇一九年九月六日於學灑脫齋

後記

我寫書甚少有後記的，但此次不同，總覺得有幾句話要說。我早年主要是研究民國人物的，但慢慢發覺這些民國人物其實在晚清就已經崛起了，溯本探源當然要對晚清有所瞭解，於是開始閱讀大量的相關資料。在十多年前，我就寫了不少有關晚清人物的文章，其中有幾篇還收在《讀人閱史：從晚清到民國》（二〇一一年十月，印刻出版），之後我又完成《楊翠喜‧聲色晚清》（二〇一六年八月，獨立作家出版）一書。此次新書《情義與隙末——重看晚清人物》可算是我寫晚清的第三部。新書之所以收入我早期的幾篇文章，絕不是我戀舊，而是我發覺這些文章還有些不足，不僅在史料上或是在推斷上，是還有補充的空間，於是藉此次出版，把它們做逐一修正，因此儘管題目相同，但內容已是修改過的定稿了。

在這些看似不太相關的文章中，其實它有一主題，因此當北京出版社高立志老師讀完初稿時，就在我原定的《重看晚清人物》書名中，標出「情義與隙末」。確實這是我研究這批人物的主線，它講的是人與人的關係，有「情義」相挺的，但更多是先是「情義」始，最後卻「隙末」終的，但由於他們都是大人物，因此他們個人恩怨，就不僅僅屬於個人，卻關乎歷史大局。而由於他們的「隙末」，我們才有機會看到相關的書信、日記、檔案的記載。由這些細節再去看當時的歷史事件，把它放到歷史的脈絡中，自然很多事情就豁然開朗了。

今年（二〇一九年）八月上海書展，我以此書在上海、南京、北京，做了好幾場新書發表會，同時也接受媒體採訪和學者專家的座談交流，反應極好，尤其許多讀者的提問都直指問題的核心。「歷史的真相來自細節」，是我多年來做研究的心得，我不會去寫「宏大事件」，也無法架構出龐大的理論系統，但若沒有這些細節、這些史料，你就無法釐清事實的真相。因此單憑推測臆論，其實是相當武斷的，結果常常會「厚誣古人」，這是我不願做的事。

書在簡體版收有二十篇文章，但在其編排付梓的過程中，我又陸續完成〈在荷蘭海牙康有與陸徵祥的相遇〉和〈在李鴻章、盛宣懷之間的實業家徐潤〉兩篇文章，卻已來不及編入了，因此就放入繁體版中。而未來還會持續寫作，因為我覺得這個主題似乎還沒有說盡，題材還很多，就等待日後繼續挖掘。繁體版也收入三篇對拙著的書評，其實簡體版上市至今短短一個多月已有十餘篇的書評，都寫得相當精彩，讀者可在網上收尋得到。因此繁體版比起簡體版足足多出五篇內容，這是首先要說明的，免得讀者以為是相同的版本。

南京的好友邵建兄在書評中，提到我有無受到十九世紀法國「實證主義史學」泰納的影響，孤陋寡聞的我至今還不知其著作，其實我做研究是本著「求真」的精神，沒有受到太多理論的影響。雷雨（筆名）的書評，用了「槐影扶疏紅紙廊」當標題，這是李審言的〈見匋齋臧石記印本感賦〉詩：「槐影扶疏紅紙廊，冶城東畔又滄桑。摩挲石墨人空老，憶到金陵便斷腸。」我在〈李審言與樊樊山〉一文，亦有提及該詩。「紅紙廊」，是南京街名，在朝天宮之東。雷雨是南京人氏，我到南京新書發表會，於是他人、物雙寫，自是妙手偶得。周宗奇老友在山西，多年前即已認識，但從未謀面，此次卻在北京相逢，他古道熱腸，性情中人，慨然拔筆相助！其他還有近十篇書評，無法一一論列，感謝諸多識與不識的朋友！

華東師大教授陳子善老師、中國社科院近史所馬忠文研究員、歷史學者姜鳴、傅國湧先生，都是卓然有成的專家學者，承蒙他們聯名推薦，更是銘感五內。

綴此數語，做點說明，權當後記。

血歷史167　PC0892

新銳文創
INDEPENDENT & UNIQUE

情義與隙末
——重看晚清人物

作　　者	蔡登山
責任編輯	杜國維
圖文排版	林宛榆
封面設計	王嵩賀

出版策劃	新銳文創
發 行 人	宋政坤
法律顧問	毛國樑　律師
製作發行	秀威資訊科技股份有限公司 114 台北市內湖區瑞光路76巷65號1樓 電話：+886-2-2796-3638　傳真：+886-2-2796-1377 服務信箱：service@showwe.com.tw http://www.showwe.com.tw
郵政劃撥	19563868　戶名：秀威資訊科技股份有限公司
展售門市	國家書店【松江門市】 104 台北市中山區松江路209號1樓 電話：+886-2-2518-0207　傳真：+886-2-2518-0778
網路訂購	秀威網路書店：https://store.showwe.tw 國家網路書店：https://www.govbooks.com.tw

出版日期	2020年1月　BOD一版
定　　價	360元

Printed in Taiwan

國家圖書館出版品預行編目

情義與隙末：重看晚清人物 / 蔡登山著. -- 一版. -- 臺北市：新銳文創, 2020.01
面；　公分. -- (血歷史；167)
BOD版
ISBN 978-957-8924-78-9(平裝)

1.人物志 2.晚清史

782.17　　108019219

讀者回函卡

感謝您購買本書，為提升服務品質，請填妥以下資料，將讀者回函卡直接寄回或傳真本公司，收到您的寶貴意見後，我們會收藏記錄及檢討，謝謝！如您需要了解本公司最新出版書目、購書優惠或企劃活動，歡迎您上網查詢或下載相關資料：http:// www.showwe.com.tw

您購買的書名：______________________________

出生日期：________年________月________日

學歷：□高中（含）以下　□大專　□研究所（含）以上

職業：□製造業　□金融業　□資訊業　□軍警　□傳播業　□自由業

□服務業　□公務員　□教職　□學生　□家管　□其它_____

購書地點：□網路書店　□實體書店　□書展　□郵購　□贈閱　□其他

您從何得知本書的消息？

□網路書店　□實體書店　□網路搜尋　□電子報　□書訊　□雜誌

□傳播媒體　□親友推薦　□網站推薦　□部落格　□其他__________

您對本書的評價：（請填代號　1.非常滿意　2.滿意　3.尚可　4.再改進）

封面設計____　版面編排____　內容____　文／譯筆____　價格____

讀完書後您覺得：

□很有收穫　□有收穫　□收穫不多　□沒收穫

對我們的建議：______________________________

____

____

____

請貼
郵票

11466
台北市內湖區瑞光路 76 巷 65 號 1 樓

秀威資訊科技股份有限公司 收

BOD 數位出版事業部

…………………………………………………………………………………

（請沿線對折寄回，謝謝！）

姓　　名：＿＿＿＿＿＿＿＿　年齡：＿＿＿＿　性別：□女　□男

郵遞區號：□□□□□

地　　址：＿＿＿＿＿＿＿＿＿＿＿＿＿＿＿＿＿＿＿＿

聯絡電話：(日)＿＿＿＿＿＿＿＿＿＿(夜)＿＿＿＿＿＿＿＿＿＿

E-mail：＿＿＿＿＿＿＿＿＿＿＿＿＿＿＿＿＿＿＿＿